电力零售市场机制设计与商业运营模式

尹硕 田春筝 杨萌 等 编著

内 容 提 要

本书聚焦电力零售市场机制设计与商业运营模式，从电力零售市场发展形势、市场主体利益关系、交易特性、交易机制、商业模式等环节展开论述。本书主要从国内外售电市场开展现状，新兴市场主体的用电特性及参与售电市场的利益关系，新兴市场主体参与电力零售市场的交易机制及关键技术，零售市场价值体系、服务模式与商业模式，分布式交易支撑技术及平台功能需求，售电市场短期运行模拟仿真，典型省份的零售市场发展路径设计等方面进行了说明。

本书适合电力市场领域科研工作者、电力市场主体及相关能源企业员工学习参考，研究成果对进一步实现电力市场经济运行，构建交易信息透明化、均衡各方利益的电力零售市场体系起到一定的推动作用。

图书在版编目（CIP）数据

电力零售市场机制设计与商业运营模式 / 尹硕等编著. -- 北京：中国水利水电出版社，2023.4
ISBN 978-7-5226-1244-7

Ⅰ.①电… Ⅱ.①尹… Ⅲ.①电力市场－零售市场－商业模式－研究－中国 Ⅳ.①F426.61

中国国家版本馆CIP数据核字(2023)第055150号

书　　名	**电力零售市场机制设计与商业运营模式** DIANLI LINGSHOU SHICHANG JIZHI SHEJI YU SHANGYE YUNYING MOSHI
作　　者	尹硕　田春筝　杨萌　等 编著
出版发行	中国水利水电出版社 （北京市海淀区玉渊潭南路1号D座　100038） 网址：www.waterpub.com.cn E-mail：sales@mwr.gov.cn 电话：（010）68545888（营销中心）
经　　售	北京科水图书销售有限公司 电话：（010）68545874、63202643 全国各地新华书店和相关出版物销售网点
排　　版	中国水利水电出版社微机排版中心
印　　刷	清淞永业（天津）印刷有限公司
规　　格	184mm×260mm　16开本　10.75印张　223千字
版　　次	2023年4月第1版　2023年4月第1次印刷
印　　数	0001—1200册
定　　价	**88.00元**

凡购买我社图书，如有缺页、倒页、脱页的，本社营销中心负责调换
版权所有·侵权必究

编委会

主　　编：尹　硕　田春筝　杨　萌
副 主 编：李晓蕾　李志恒　路　尧　杨钦臣　尚静怡
参编人员：邓方钊　邓振立　刘军会　张艺涵　张钧钊
　　　　　李虎军　李　迁　陈　兴　金　曼　郑永乐
　　　　　姜　欣　赵文杰　柴　喆　郭兴五　郭建宇
　　　　　顾晓希　谢安邦　潘　攀

Foreword 前言

自《中共中央 国务院关于进一步深化电力体制改革的若干意见》(中发〔2015〕9号)发布以来,我国新一轮电力市场化改革取得了一系列显著成效。近年来,电改逐渐步入深水区,竞争性零售市场建设以及相关前瞻性设计愈发重要。相比于传统电力市场,电力零售市场将形成一个涵盖多元新兴市场主体的竞争性市场格局,这些新兴主体包括售电公司、负荷聚集商、虚拟电厂、储能电站等。新兴事物的出现,也使得电力零售市场在运营管理的过程中面临着众多挑战,当前电力交易市场存在的问题也会被进一步放大。

在此背景下,本书着力从市场主体利益格局、零售市场建设的关键技术、市场的价值体系及商业模式三大板块开展论述:一是在利益格局分析部分,通过明确新能源、储能、电动汽车等新兴市场主体的出力特性和交易特性,进一步分析发电企业、售电公司等市场主体的价值取向转变及利益流动关系;二是在关键技术部分,结合电力物联网的发展特征,对新兴市场主体参与零售市场的准入标准、组织形式、交易方式以及信用评价等方面进行系统性阐述;三是在商业运营模式部分,首先明确基于开发共享理念的售电市场价值体系,进而阐述面向电力物联网的电力服务新模式,最后结合区块链、P2P技术,探索适应新兴市场主体的售电市场商业模式。

本书通过平台设计、模拟仿真、路径设计三个环节对零售市场机制设计及商业运营模式提供支撑与保障:一是在平台设计中,基于区块链技术和P2P电能交易混合拓扑进行平台构架设计;二是在模拟仿真中,构建新兴市场主体参与零售市场模拟仿真模型,并就报价机制、竞价策略、出清结果进行时域仿真;三是在典型省份路径设计中,以河南省为实证对象,结合河南省电力改革进程以及当前零售市场建设存在的问题,进行了多阶段路径设计,以期为全国统一电力市场体系建设做好衔接。

众力并则万钧举,人心齐则泰山移。中国特色电力市场体系建设面临的挑战不断,不允许也没有固定的模板去套用,需要我国电力市场建设者发扬

"摸着石头过河"的探索精神，踔厉奋发、笃行不息，为我国电力市场化改革贡献力量。

本书难免存在不足之处，恳请各位读者斧正。

作者
2023 年 3 月

目录

前言

第1章 概述 ... 1
1.1 研究背景与意义 ... 1
1.2 研究内容 ... 2
1.3 研究技术路线 ... 3

第2章 国内外售电市场开展现状分析 ... 4
2.1 零售市场 ... 4
2.2 国外典型售电市场 ... 6
2.3 国内售电市场开展现状 ... 9

第3章 新兴市场主体的用电特性及参与售电市场的利益关系 ... 15
3.1 新兴市场主体的出力特性 ... 15
3.2 新兴市场主体的交易特性 ... 20
3.3 新兴主体参与零售市场的利益流动关系 ... 25

第4章 新兴市场主体参与电力零售市场的交易机制及关键技术 ... 33
4.1 电力物联网的概念与特征 ... 33
4.2 电力新兴市场主体参与零售市场的准入要求及流程 ... 38
4.3 新兴主体参与零售市场组织形式及交易方式 ... 42
4.4 新兴市场主体参与零售市场的信用评价方法 ... 45
4.5 新兴市场主体参与零售市场的管理机制 ... 53

第5章 零售市场价值体系、服务模式与商业模式 ... 61
5.1 基于开放共享的售电市场价值体系 ... 61
5.2 面向电力物联网的售电市场服务模式 ... 71
5.3 适应信息多元市场主体的商业模式 ... 80

第6章 分布式交易支撑技术及平台功能需求 ... 95
6.1 区块链技术原理 ... 95
6.2 基于区块链的分布式点对点交易支撑技术 ... 117
6.3 分布式P2P交易的平台设计 ... 122

第7章 售电市场短期运行仿真 ……………………………………………… 130
7.1 电力零售市场短期运营模型 ……………………………………… 130
7.2 求解算法 …………………………………………………………… 138
7.3 仿真分析 …………………………………………………………… 139

第8章 适应河南电网的零售市场多阶段建设路径 …………………… 145
8.1 电力零售市场演化路径 …………………………………………… 145
8.2 当前河南省电力改革方向 ………………………………………… 146
8.3 河南省零售市场存在的主要问题 ………………………………… 149
8.4 河南省零售市场多阶段建设路径 ………………………………… 150

第9章 结语 ……………………………………………………………… 155

参考文献 ………………………………………………………………… 160

第 1 章

概　　述

1.1　研究背景与意义

1.1.1　研究背景

随着能源革命的不断推进，电力系统加快转型升级，逐步向能源互联网转变。能源互联网以坚强智能电网为依托，是互联网与能源生产、传输、存储、消费以及能源市场深度融合的能源产业发展新形态。但是，现行市场机制难以有效支撑多元主体广泛接入，现行价格关系难以合理反映用能成本、市场供求、资源稀缺和环保支出，将阻碍能源互联网发展和能源革命，生产力与生产关系之间存在难以调节的矛盾。在此背景下，亟需构建广泛接入、开放共享的新型电力零售市场机制和价值体系，实现能源互联网的价值提升，支撑能源革命和转型。

目前我国电力市场建设已初具成效，随着电力体制改革的不断深化，市场建设重心将由批发侧转向零售侧。放开售电市场是新电改的重要改革方向，也是落实供需结构性改革的重大战略举措。2015年，根据国家发展改革委 国家能源局《关于推进售电侧体制改革的实施意见》，售电侧开放首先选择在深圳、内蒙古、贵州等地进行试点，最先将放开特高压等级的存量工商业用户以及新增的工商业用电大户，并允许社会资本参与。

售电市场赋予了小微市场主体自主选择权，能够支撑分布式能源、虚拟电厂、电动汽车、交互式用能等多元新兴主体广泛接入，营造开放共享的市场环境。同时，竞争性售电市场能够发挥电网在能源传输转换的枢纽作用，以及交易中心在交易组织和市场管理的平台功能，打造零售侧的资源配置平台和综合服务平台，带动产业链上下游协同发展。因此，竞争性售电市场是能源互联网生态体系的核心价值体现，更是有效推进能源革命的新型市场机制。

在电力改革的背景下，市场主体数量将急剧增加，相比于传统电力市场，竞争性售电市场涵盖广泛接入的多元新兴主体，零售市场成为一个多元化的市场格局，既有从电网企业中蜕变而出的独立售电公司，也有牌照放开后的新进入者。这使得电力零售市场在运营管理的过程中面临着众多挑战。与此同时，当前电力交易市场存在诸多问题。如电力供需双侧诉求不一，发电企业希望争取更多交易电量保证利用小时数，且发电企业在竞价策略的专业性上不及售电公司，因此出现了大幅度的非理性降价；电力交易成果不能及时兑现，电力交易仅仅停留在账面上等。零售市场中不确定性因素越来越多，从市场准入机制，到交易的组织方案和流程，再到零售市场合同执行与结算，都会对零售市场的运营产生巨大的影响。售电侧放开后的交易过程中的具体情况十分复杂，也将面临多种风险。因此针对电力零售市场交易中的各个环节，需要设计适当的市场交易规则和运营模式。

1.1.2 研究意义

本书研究成果将对进一步实现电力市场运行经济性、交易信息透明化、各方利益均衡和安全高效的目标起到极大的推动作用。此外，研究成果也可指导电力交易中心提高市场交易效率和降低交易成本。研究成果应用和推广后，不仅能够满足市场主体参与市场竞争的需求，而且能够促进出清机制与竞价模式相适应，产生重大的经济效益和社会效益。经济效益方面，对于各市场主体，能够增强其市场意识，有效降低市场主体投资及运营成本；对于电力交易中心，能够提高市场交易效率，降低交易成本；对于电网，有助于提升供电的经济性，促进电力资源在区域间的合理配置，减少不必要的电网投资建设。社会效益方面，有助于全面提升市场主体的市场意识和风险意识，增强市场主体的竞争力和规避风险的能力；推动河南电力市场建设进程；塑造良好的电网企业形象，实现电力与社会协调稳定发展。

1.2 研究内容

（1）分析分布式能源等新兴主体的用电特性、市场主体的利益关系。调研国内外现有售电市场的开展情况，通过分析分布式电源等新兴主体的用电特性和交易特性，研究梳理各新兴主体参与零售市场的利益诉求及利益关系流动框架。

（2）基于交易准入、交易退出、交易方式与周期、信用管控等方面设计电力零售市场机制、关键技术。研究电力物联网下新兴市场主体的市场准入要求及其参与电力零售市场的准入流程，提出电力零售市场售电交易的组织形式及交易方式；基于多元主体参与电力零售市场的交易全过程，提出电力零售市场的信用评价和管理机制。

（3）研究基于开放共享的电力零售市场价值体系、服务模式、商业模式。基于电力零售市场中各市场主体的利益关系，构建开放共享的售电市场价值体系，提出面向新业态广泛接入的电力物联网的售电市场服务模式。针对多元售电主体投资回报途径和经济性问题，提出适应新型多元市场主体的商业模式。

(4) 研究交易共识和安全机制等分布式交易支撑技术、交易平台功能需求。针对售电市场下多元小微主体的交易特性，结合交易共识和安全机制等分布式交易支撑技术，梳理面向新兴主体参与电力零售市场对交易平台的功能需求变化，并提出相应的交易平台完善建议。

(5) 构建面向电力物联网的电力零售市场短期运营仿真模型，开展长期分阶段演化路径研究，提出电力零售市场的多阶段建设路径。基于新型多元市场主体的商业模式和交易策略，构建面向电力物联网的电力零售市场短期运营仿真模型，并通过分析电力零售市场长期分阶段演化路径，有针对性地提出电力零售市场建设的多阶段路径。

1.3　研究技术路线

总体实施方案路线如图 1.1 所示。

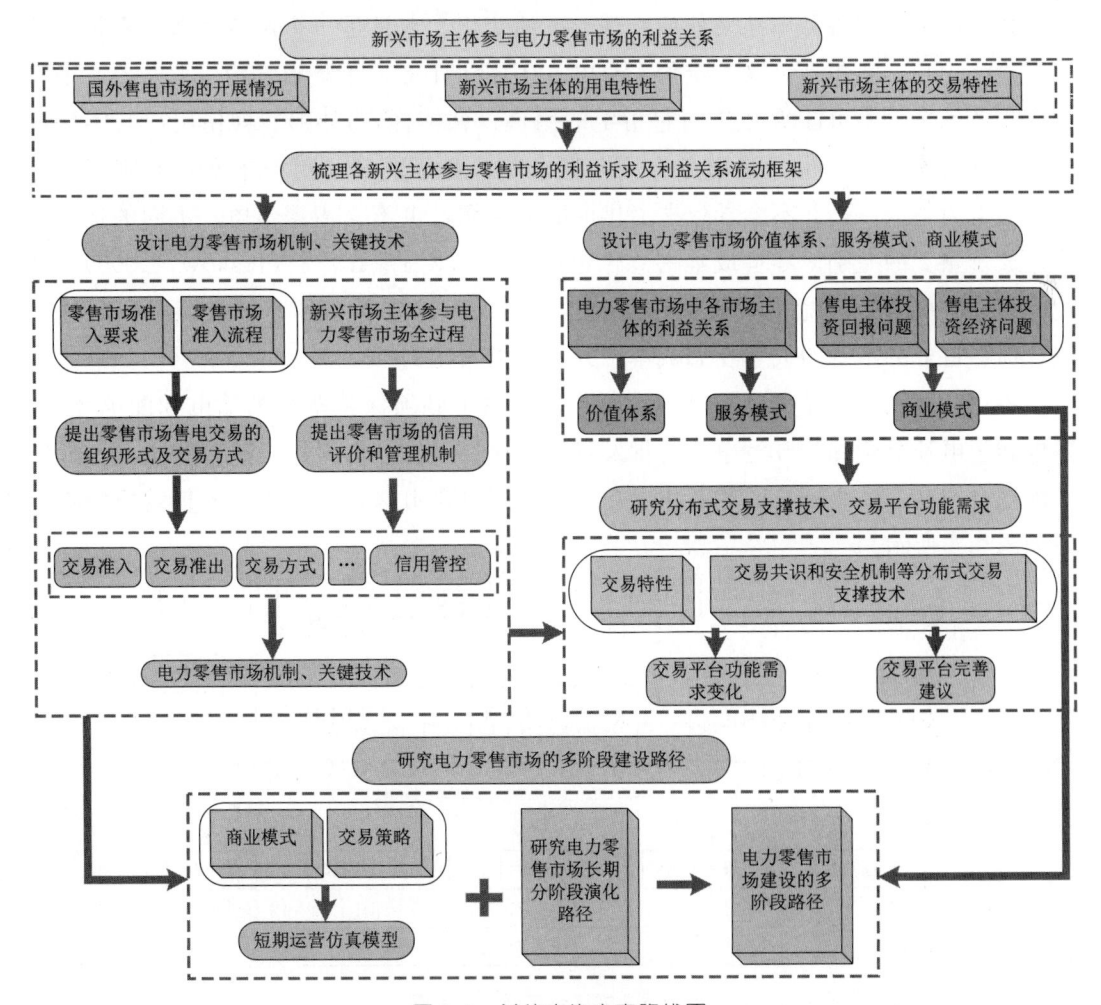

图 1.1　总体实施方案路线图

第 2 章

国内外售电市场开展现状分析

2.1 零售市场

在电力改革过程中,开放输电环节可以形成批发市场,开放配电环节可以形成零售市场。电力的零售并不涉及任何物理形态的变化,它只是一个商业环节。零售直接面向最终用户,它包括订购、定价、售电;还伴随计量、计费和收费。事实上一个发电商生产的电力不可能恰好流向它指定的用户(韩祯祥,1997)。即使用户与零售商之间建立售电合同,也只是财务合同,将来零售竞争展开,用户不幸选择到了"不好"的电力供应商,并不会导致电力供应的不可靠,也不会遭遇停电,不同的选择只会造成价格上的差别。零售成本占总供电成本的 3.3%~4.7%(Joskow,2000)。无论零售环节引入初步竞争,还是今后建立成熟的所谓零售市场,都应该意识到这一点,即零售业务本身的成本在总成本中并不占很大比例。

零售竞争模式是最彻底的电力竞争形式,除了必须保持垄断的输电和配电环节,发电和售电环节全部放开竞争。与批发竞争相比,不但允许大用户直接购电,也打破了配电公司向广大小用户的垄断供电,允许小用户自由选择供电商。零售竞争模式示意如图 2.1 所示。

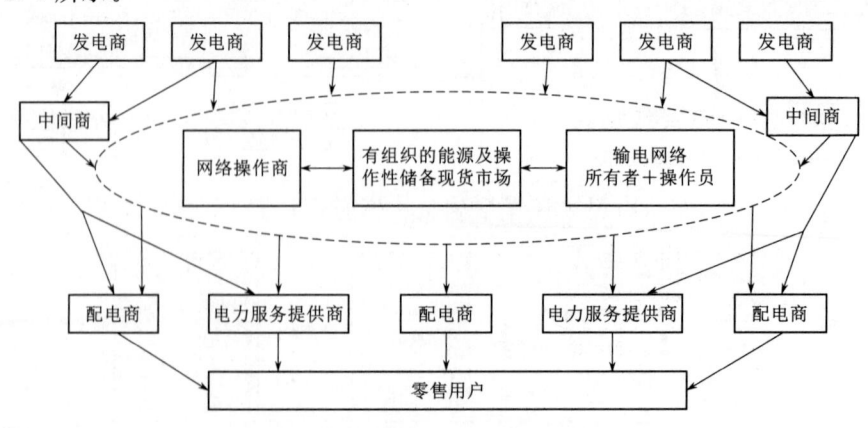

图 2.1 零售竞争模式示意图

尽管一些国家电力部门进行了一些电力零售竞争的实践，但纵观电力市场化改革方面的文献，对电力零售竞争的理论含义至今并无一个统一的精确定义。一般说来有两种说法：①电力零售竞争就是零售准入，即给予所有电力用户（包括大工业用户、商业用户和居民用户）以进入（批发）市场自由购电的权利；②电力零售竞争就是消费者选择权（Joskow，2000），即给予电力用户以在各电力服务公司（LSE、包括独立零售商、公用配电商及其他电力市场参与者）之间选择自己的电力服务供应商的权利。第一种说法实质是将最终用户带到已经实现较充分竞争的批发市场，从而实现零售环节的竞争。而第二种说法实质是在电力零售环节引入新的供应商实现多个厂商的供给，从而实现电力零售环节的竞争。两种说法实际代表了对零售环节引入竞争不同的路径建议。

世界上许多国家已经分步或同步完成了这两类市场，如图2.2所示。

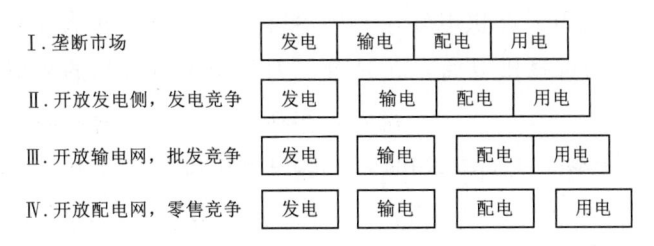

Ⅰ.垄断市场	发电	输电	配电	用电
Ⅱ.开放发电侧，发电竞争	发电	输电	配电	用电
Ⅲ.开放输电网，批发竞争	发电	输电	配电	用电
Ⅳ.开放配电网，零售竞争	发电	输电	配电	用电

图2.2 电力市场的开放步骤

1. 英国

英国在1989年通过的《电力法》为英国电力工业的重组和私有化奠定了法律基础。在发电领域实行完全竞争，开放输电网，并且在供电领域引入竞争，把配电业务和售电业务从财务和管理上分开。分阶段地，1990年大于1000kW的用户，可以自由选择供应商，1998年实现全部用户可以自由选择供电商。

2. 北欧（挪威、瑞典和芬兰）

挪威于1990年颁布《能源法》，对所有发电商和所有零售用户开放电网，自由办电厂。1991年，发电商、供电商和大用户进入电力库。在发电侧实行竞价上网，在配电侧实现零售竞争。在零售市场上，供电商可以直接给用户供电或者通过中间商和零售用户签订售电合同来提供供电服务。

瑞典于1992年颁布《电力市场竞争法》，开始进行结构重组和股份化。1993年提出自愿型电力方案（和挪威电力库联网），进行零售市场改革的研究。1995年颁布电力交易竞争法案，确定管制框架，设计改革方案。1996年正式进行改革，电网对所有发电商和零售用户开放，在法律上保证自由进出发电和供电领域，在零售市场上与挪威的做法相同。

芬兰于1992年进行结构性重组，1994年形成电力库，1995年实施《电力市场条例》。在自由化和电网准入上，同挪威、瑞典两个国家相同。在零售领域，不同的供电商和零售用户（1996年大于500kW的用户；1997年所有用户）签订供电合同开展竞争。

3. 美国加州

美国加州于1992年颁布《能源政策法案》，解除发电管制，允许发电公司之间进行趸售转供。1996年电力工业结构重组，自由进入发电领域，开放输电网，发电公司可以进行趸售竞争。1998年4月零售市场实现完全竞争，用户可以自由选择他们的供电商。

4. 澳大利亚和新西兰

澳大利亚于1994年进行电力市场试点，1995年新南威尔士州（NSW）进行电力工业结构重组。1996年颁布《国家电力市场运行规则》，国家电力市场正式开始运作，在发电领域实行完全竞争，在供电领域开展零售竞争。1996年大用户（年用电量大于160MW·h）可以自由选择供电商，2001年1月新南威尔士州的小型零售用户可以自由选择供电商。

新西兰于1992年颁布《能源公司法》，配电网实施股份化和私有化，取消供电专营区。1992—1994年实现趸售电力市场。1996年新的电力工业体制开始运作，电网对所有发电商和零售用户开放，发电和售电领域可以自由进出、公平竞争。在零售市场上，电力供应商直接竞争，或者通过中间商和零售用户签订售电合同。

5. 新加坡

新加坡从2001年开始放开电力零售竞争，新加坡电力市场成员主要包括市场监管者（EMA）、市场交易中心（EMC）、调度中心（PSO）、输配电运营商、发电商、市场服务商、电力零售商（MRP）以及客户。对终端客户而言，为他们提供营销服务的主要有输配电运营商、市场服务商和电力零售商三个市场成员。

建设一个成功的电力零售市场，在用户侧实现电力零售竞争，必须制定详细的法律法规来规范和指导，这些规范应该涵盖开展零售竞争可能涉及的所有方面。这些方面涉及市场准入、交易周期、交易方式、信用管控等。

2.2 国外典型售电市场

2.2.1 市场准入

售电公司的准入规则主要包括资产、技术、管理以及风险管理等方面。

1. 美国加州电力市场

资产要求：①参与电力市场交易时间少于6个月的售电公司，需要拥有超过50

万美元的资产；②参与电力市场交易6个月或更长时间的售电公司，需要拥有至少10万美元的资产；③售电公司资产不得少于其电力零售市场估计协议总额。申请零售业务的售电公司，需提交市场交易风险管控政策，具体包括风险管理框架、涉及市场交易范围、专业人员配备与培训、市场交易执行情况，以及风险控制限额等信息。

2. 英国电力市场

自电力零售市场全面自由化在1999年引入到英国后，无论是民用还是非民用客户均能自由地选择电力供应商。与发电、输电和配电公司不同的是，电力供电商被定义为支付配电网络费用并从电力批发市场中购买电力，再以一定的价格出售给自己顾客的商业实体。它的职能包括：①与发电公司签订合同来购买电力；②与配电公司签订合同来输送所购电力；③与用户签订合同来规定收费机制和服务内容等条款。虽然电力供应商不被强制要求提供确定额度的电力或服务特定区域的用户，但它的职责规定电力供应商必须拥有预测用户负荷需求的能力以及足够的资源来确保用户的负荷需求得到满足。

3. 澳大利亚电力市场

澳大利亚电力零售市场的参与者仅有电力零售商和用户，输配服务商只承担电力的运输并收取相应的"过路费"与设备维护费用。技术与管理要求：申请进入零售市场的实体，必须具有相应的专业技术能力与组织能力，能够服务能源行业，具体包括：①专业技术能力，为保证服务质量，售电公司必须聘请足够多的专业人员，定期培训以确保员工获得足够工作经验；②组织能力，申请零售业务的售电公司，需提供组织结构、业务单位、管理人员，以及之前参与市场交易的相关信息，以证明其组织能力。风险管理政策：监管部门规定售电公司的风险管理政策，还应包括运营与财务风险。

2.2.2 交易退出

美国加州电力市场由市场成员代表大会、输电网所有者协议管理委员会、计划委员会等九个部门组成，其有权利征得2/3的代表成员的同意，强制开除协议当事方。其他国家的交易退出并没有详细的规定。

2.2.3 交易方式

1. 美国加州电力零售市场

加州电力零售市场是美国唯一一个双侧同时开放的市场。加州电力市场采用多边协调交易模式。无论是发电商、中间商还是零售商，都必须经过计划协调公司向独立系统运营商（ISO）提交自己的能量计划和辅助服务计划及报价。由ISO负责的市场中，均采用单一拍卖机制决定电能、辅助服务信息和信息服务产品的价格。

2. 英国电力零售市场

英国电力有供电商通过系统调度中心直接与发电厂签订合同(此过程中,供电商只能选择一家发电厂),以及供电商在电力交易中心进行电力期货交易(这个过程中供电商可以根据用户需求的变动进行与多家发电厂电力的自由买卖,为用户提供满意的供电服务)两种交易渠道。

3. 澳大利亚电力零售市场

澳大利亚电力零售市场的零售电价由电力批发市场购电的成本、售电公司为电网公司代收的过网费、售电公司营运成本和合理利润,以及国家环境政策导致的附加成本构成。所有这些成本累加起来形成落地价,由零售电商售电公司统一收缴,并向配电与发电公司支付过网费与批发电价。根据自身实际情况的不同,用户可以在澳大利亚官方的售电公司比较平台上选择自己所在区域内所有可供选择的售电公司及其售电套餐,并随时进行转换。一般来说,零售用户签订的电价合同有标准合同和市场合同两种。标准合同只适用于小型商业用户和居民用户,基本没有议价能力。大工商用户则有能力自主选择售电公司以及更适合自己的市场合同。

2.2.4 信用管控

1. 美国加州电力市场

在美国电力市场中,其采用的信息披露机制更加强调发挥政府监管职能,即借助政府机构实现对信息披露平台的构建和管理,在此基础上,包括市场容量、交易结果在内的市场信息得以及时、准确地展示给电力用户和售电企业,不仅整个信息披露过程更加合理,同时也基本实现了全方位信息披露系统的构建,有助于保障电力零售市场的公正性和透明度。

2. 英国电力市场

英国集中披露机制又称 OFGEM(Office of Gas and Electricity Markets),其是一种以动态数据和定期报告为主的信息披露形式,多通过集中式信息展示来为电力用户提供电力零售市场的市场结构、交易运营和价格波动信息。同时,该披露机制更加强调信息反馈,能够定期将用户体验及用户评价进行汇总整理,为售电企业调整售电决策提供依据。

3. 澳大利亚电力市场

澳大利亚电力零售市场由政府监管机构介入保护小型商业用户和居民用户的利益。监管部门规定:本区售电公司必须为本区用户提供标准合同这一选项,其他外来售电公司可以不受此限制。标准合同包含以下条款和条件:①在价格上涨之前,零售商必须提前告知消费者;②标准合同的价格每6个月只能变动一次;③为欠款客户提供断电的缓冲时间。在实行电价管制的辖区,标准合同中的价格便是政府的管制价格。所有零售商都必须提供标准合约，而当消费者没有选择特定的电价计划时，标准合同通常是"默认"合同。

按规定，澳大利亚的电力零售商需要在连续购电一周后的 20 天一次性付清全部代购电款。在用电高峰时，零售商的资金周转压力上升，会给澳大利亚能源市场运营中心带来巨大的经营风险。因此，国家电力规则设有专门条款要求澳大利亚能源市场运营中心审慎地监督售电公司信用风险，避免信用风险溢出影响发电报价。

澳大利亚能源市场运营中心一方面使用售电公司代购电负荷结合实际市场价格数据估算它的可能购电成本，根据估算的购电成本决定售电公司最大授信额度，并要求其上缴不少于额度的授信保函；另一方面，为设定购电赊款限额，要求售电公司的未付款额不得超过限额，澳大利亚能源市场运营中心每日监控所有售电公司的未付款。当未付款超出赊款限额时，售电公司会收到追加保证金通知。如果售电公司未能在指定时间内按要求补充保证金账户，有可能会被停牌。若零售商退出市场，其负责的用户会由预先安排的保底零售商接受，发电方按比例分摊欠款造成的损失。审慎信用管理的目标是将售电公司违约概率控制在 2% 以内，而这 2% 的风险则由市场主体各自承担与管理。

2.3　国内售电市场开展现状

2.3.1　售电市场开放情况

新一轮电改启动以来，售电业务渐次放开，售电主体不断进入电力市场，市场角色越发突出。2020 年以来，在碳达峰碳中和目标的驱动下，以新能源为主体的新型电力系统建设全面展开，继工商业销售电价目录取消、新的售电公司管理办法出台后，2021 年 1 月，国家发展改革委、国家能源局联合发布了《关于加快建设全国统一电力市场体系的指导意见》，为统一电力市场体系下的售电市场建设带来新机遇。

我国电力市场建设稳步有序推进，多元竞争主体格局初步形成，市场在优化配置资源中的作用明显增强，市场化交易电量占比大幅提升。售电市场的发展与成熟，将激发电力供给侧与需求侧转型的动力，推动电力行业低碳发展。

2021 年 11 月，曾为售电市场发展提供重要制度保障的《售电公司准入与退出管理办法》（以下简称旧《办法》）废止，取而代之的是国家发展改革委、国家能源局印发的《售电公司管理办法》（以下简称新《办法》），对加快形成统一开放、竞争有序、安全高效、治理完善的电力市场体系将发挥重要的支撑作用。

在售电公司运营管理方面，新《办法》更注重可操作性。如要求选取经营稳定、信用良好、资金储备充足、人员技术实力强的主体作为保底售电公司；保底价格衔接代理购电价格和现货价格，在中长期模式下，按照电网企业代理购电价格的 1.5 倍执

第 2 章
国内外售电市场开展现状分析

行,在现货市场正式运行期间,原则上不低于实际现货市场均价的 2 倍;设置兜底原则,增加最后防线——全部保底售电公司由于经营困难等原因,无法承接保底售电服务的,由电网企业提供保底售电服务。

新《办法》中要求向社会资本开放售电服务,多途径培育售电侧市场竞争主体,再次明确了售电公司的基本分类和准入条件。售电公司的准入规则如下:

(1) 资产总额不得低于 2000 万元人民币。

(2) 资产总额在 2000 万～1 亿元（不含）人民币的,可以从事年售电量不超过 30 亿 kW·h 的售电业务。

(3) 资产总额在 1 亿～2 亿元（不含）人民币的,可以从事年售电量不超过 60 亿 kW·h 的售电业务。

(4) 资产总额在 2 亿元人民币以上的,不限制其售电。

随着改革的持续深化和市场的进一步发展,零售侧对电力系统和电力市场组织和运行的影响将会增大,应进一步鼓励市场主体参与市场,引导电力用户合理配置资源。目前,为响应国家放开售电侧改革方向,各省市零售市场开展情况见表 2.1。

表 2.1　　　　　　　　　国内典型零售市场交易方式概况

类　别	交易方式	资　料　来　源
广州电力零售市场	自主协商签订零售合同	2022 年广东省能源局 国家能源局南方监管局《关于 2022 年电力市场交易有关事项的通知》
山东电力零售市场	场外双边交易	签订双边合同	2020 年《山东省电力零售市场交易规则（试行）》
	场内零售交易	零售套餐	
四川电力零售市场	签订购售电合同	2022 年《四川省 2022 年省内电力市场交易总体方案》
云南电力零售市场	标准零售套餐 专制零售套餐	2020 年《云南电力市场零售交易管理办法》
湖南电力零售市场	签订购售电合同	2022 年《湖南省电力中长期交易规则（2022 年修订版）》
浙江电力零售市场	签订购售电合同 零售套餐	2022 年《浙江电力零售市场管理办法（征求意见稿）》
河南电力零售市场	双边协商 集中竞价交易	2022 年《河南省电力市场运营基本规则（试行）》
河北电力零售市场	零售套餐,签订合同	2020 年《河北南部电网电力中长期交易规则》（征求意见稿）
湖北电力零售市场	签订购售电合同	2020 年《湖北省电力中长期交易实施规则（暂行）》
江西电力零售市场	签订购售电合同	2022 年《江西省 2022 年电力市场化交易实施方案》
京津冀地区电力零售市场	双边协商、集中竞价、挂牌交易	2021 年《京津唐电网电力中长期交易规则》

其中，国家发展改革委已批复的各省份电改试点方案中，浙江、山东、广东、内蒙古等地的改革方向和工作任务显示出鲜明的地区特色。

2.3.2　市场准入条件

1. 广东电力零售市场

（1）依照《中华人民共和国公司法》登记注册的企业法人。

（2）资产要求。

1) 资产总额不得低于 2000 万元人民币。

2) 资产总额在 2000 万～1 亿元人民币的，可以从事年售电量 6 亿～30 亿 kW·h 的售电业务。

3) 资产总额在 1 亿～2 亿元人民币的，可以从事年售电量 30 亿～60 亿 kW·h 的售电业务。

4) 资产总额在 2 亿元人民币以上的，不限制其售电量。

（3）从业人员。拥有 10 名及以上专业人员，掌握电力系统基本技术、经济专业知识，具备电能管理、节能管理、需求侧管理等能力，有 3 年及以上工作经验。至少拥有 1 名高级职称和 3 名中级职称的专业管理人员。

（4）经营场所和设备。应具有与售电规模相适应的固定经营场所及电力市场技术支持系统需要的信息系统和客户服务平台，能够满足参加市场交易的报价、信息报送、合同签订、客户服务等功能。

（5）信用要求。无不良信用记录，并按照规定要求做出信用承诺，确保诚实守信经营。

（6）法律、法规规定的其他条件。

2. 山东电力零售市场

山东电力零售市场中售电公司准入条件与《售电公司准入与退出管理办法》一致。

（1）依照《中华人民共和国公司法》登记注册的企业法人。

（2）资产要求。

1) 资产总额不得低于 2000 万元人民币。

2) 资产总额在 2000 万～1 亿元人民币的，可以从事年售电量 6 亿～30 亿 kW·h 的售电业务。

3) 资产总额在 1 亿～2 亿元人民币的，可以从事年售电量 30 亿～60 亿 kW·h 的售电业务。

4) 资产总额在 2 亿元人民币以上的，不限制其售电量。

（3）从业人员。拥有 10 名及以上专业人员，掌握电力系统基本技术、经济专业知识，具备电能管理、节能管理、需求侧管理等能力，有 3 年及以上工作经验。至少拥有1名高级职称和3名中级职称的专业管理人员。

(4) 经营场所和设备。应具有与售电规模相适应的固定经营场所及电力市场技术支持系统需要的信息系统和客户服务平台，能够满足参加市场交易的报价、信息报送、合同签订、客户服务等功能。

(5) 信用要求。无不良信用记录，并按照规定要求做出信用承诺，确保诚实守信经营。

(6) 法律、法规规定的其他条件。

3. 浙江电力零售市场

(1) 按照《中华人民共和国公司法》进行工商注册，具有独立法人资格。

(2) 资产要求。

1) 资产总额不得低于2000万元人民币。

2) 资产总额在2000万~2亿元人民币的售电企业，具体可从事的售电业务年售电量为

$$Q_{售电量} = S_{资产总额} \times 30 \tag{2.1}$$

式中：$Q_{售电量}$为售电企业可从事年售电量，亿 kW·h；$S_{资产总额}$为售电企业资产总额，亿元。

3) 资产总额在2亿元人民币以上的，不限制其售电量。

4) 拥有配电网经营权的售电企业，其注册资本不低于其总资产的20%。

(3) 应具有与售电规模相适应的固定经营场所及电力市场技术支持系统需要的信息系统和客户服务平台，能够满足参加市场交易的报价、信息报送、合同签订、客户服务等功能。拥有10名及以上专业人员，掌握电力系统基本技术、经济专业知识，具备电能管理、节能管理、需求侧管理等能力，有3年及以上工作经验。至少拥有1名高级职称和3名中级职称的专业管理人员。

(4) 无不良信用记录，并按照规定要求作出信用承诺，确保诚实守信经营。

(5) 拥有配电网经营权的售电企业应取得电力业务许可证（供电类），并符合其他有关规定。

2.3.3 交易退出

1. 广东电力零售市场

(1) 市场主体自愿申请退出电力市场。售电公司拟退出市场的，应提前45天向交易中心提交预告知函，明确退出原因和计划的终止交易月。终止交易月之前（含当月），购售电合同由该售电公司履行；终止交易月之后，购售电合同转由其他市场主体继续履行，或由合同双方协商解除后终止履行。

(2) 市场主体被强制退出。交易中心收到启动强制退出流程通知后，将强制退出

事项及相关材料通过交易平台向社会公示 10 个工作日。公示满无异议的，交易中心经政府主管部门和能源监管机构同意，将售电公司从广东省准入目录删除，并通过交易系统向社会公布。公示期间，交易中心如收到实名书面异议，在核实异议相关情况后，报政府主管部门和能源监管机构处理。

2. 安徽电力零售市场

（1）市场主体被强制退出。其所有已签订但尚未履行的购售电协议由地方政府主管部门征求合同购售电各方意愿，通过电力市场交易平台转让给其他售电公司或交由省电力公司保底供电，并处理好其他相关事宜。省能源局确认市场主体符合强制退出条件后，由省电力交易中心通过省能源局网站、省电力交易中心网站、"信用安徽"网站向社会公示，公示期为 10 个工作日。公示期满无异议的，方可对该市场主体实施强制退出。

（2）市场主体自愿申请退出电力市场。合同期内原则上不得退出，如确需退出，须提前 30 个工作日向省电力交易中心提交退出申请，将签订的所有购售电协议履行完毕或转让，并处理好相关事宜。拥有配电网经营权的售电公司自愿申请退出电力市场时，还须妥善处置配电资产。若无其他公司承担该地区配电业务，由省电力公司接收并提供保底供电任务。

2.3.4 交易方式

1. 广东电力零售市场

广东电力零售市场电网公司、售电公司和用户（包括电力大用户、一般用户）签订三方合同。售电公司与用户签订购售电合同，约定售电价格套餐等内容，单独送电力交易机构登记；电力交易机构以三方合同、购售电合同作为售电公司、用户结算依据。

2. 山东电力零售市场

山东电力零售市场电力零售交易方式包括场外双边交易以及场内零售交易两种。场外双边交易是指售电公司和电路用户通过签订双边零售合同进行交易的方式。场内零售交易是指在零售市场交易平台由售电公司制定发布零售套餐、电力用户选择确认的交易方式。

3. 浙江电力市场

售电企业可以通过年度双边协商交易、合同分月计划调整、参加月度交易等方式，规避电量偏差调整风险；在此基础上，实际用电量与当月合同电量的偏差，纳入交易合同偏差费用。

年度双边协商交易开市后，售电企业通过电力交易平台按规定的模板格式提交购售电合同。一个用户只能与一家售电企业签订购售电合同，合同有效期到每年 12 月

31日。电网企业每月定期向电力交易机构推送所有参与中长期零售交易用户（含售电企业签约用户）的月度总用电量等相关信息，电力交易机构以此提供批发市场月度结算依据，推送电网企业进行结算。

2.3.5 信用管控

1. 广东电力零售市场

售电公司因运营不善、资产重组或者倒闭等特殊原因退出市场的，应提前至少45天通知国家能源局南方监管局、广东省经济和信息化委员会、电力交易机构以及国网企业和电力用户等相关方。退出之前，售电公司应将所有已签订的购售电合同履行完毕或转让，并处理好相关事宜，否则不得再参与市场。

广东电力零售市场合同价格、市场主体申报价格等信息属于私有信息，电力交易机构应在一定期限内保密。因信息泄露造成的市场波动和市场主体损失的，由国家能源局南方监管局、广东省经济和信息化委员会等组织调查并追究责任。

2. 山东电力零售市场

山东电力零售市场零售套餐或双边零售合同有效期内，因电力用户或售电公司其中一方原因导致合同无法履行时，电力交易机构可依据套餐或合同解约约定、仲裁机构裁决过进行处理，同时上报山东能源监管办和省能源局备案。

3. 浙江电力零售市场

售电企业因运营不善、资产重组或者破产倒闭等特殊原因退出市场的，应至少提前30个工作日通知省发展改革委（能源局）、浙江能源监管办、电力交易机构以及电网企业和电力用户等相关方，并向电力交易机构提交撤销注册申请。退出之前，原则上售电企业应将所有已签订的购售电合同履行完毕，并处理好相关事宜，否则不得再参与市场。电力用户无法履约的，应至少提前30个工作日书面告知电网企业、相关售电企业、电力交易机构以及其他相关方，并向电力交易机构提交撤销注册申请，原则上将所有已签订的购售电合同履行完毕，并处理好相关事宜。

第 3 章

新兴市场主体的用电特性及参与售电市场的利益关系

3.1 新兴市场主体的出力特性

3.1.1 风力发电

风电出力曲线进行特性：

（1）随机性。对于按小时统计的风电出力来说，各时刻的出力表现出明显的不确定性。

（2）间歇性。风速具有比较明显的间歇性，同时受到切入速度、切出速度的影响，所以曲线中存在部分风机出力为零的点。这些风机出力为零的点，既可能是由于未达到切入风速，也可能由于已经达到切出风速，风机已经切除，因而风机出力不具有连续性。

（3）季节变化特性。风电出力具有一定的季节变化特性，冬季风电出力最大，秋季风电出力最小，差别相对比较明显。同时各季节的出力曲线与典型日出力曲线差别较大，典型日出力曲线不能很好地反映各个季节出力变化特征。

研究风电出力特性，首先要建立风速的数学模型。大量文献表明，风速的数学模型（即风速的分布）与双参数 Weibull 分布较为拟合。双参数 Weibull 分布的数学函数表达式为

$$H(V) = \left(\frac{\beta}{\alpha}\right)\left(\frac{v}{\alpha}\right)^{\beta-1} e^{-\left(\frac{v}{\alpha}\right)^{\beta}} \tag{3.1}$$

式中：v 为风速；β 为形状参数；α 为尺寸参数。

同样，双参数 Weibull 的概率分布函数为

$$G(v) = \int_{0}^{+\infty} H(v) \mathrm{d}v = 1 - e^{-\left(\frac{v}{\alpha}\right)^{\beta}} \tag{3.2}$$

在较为理想的状态下每一组风速数据都有唯一的功率与其相对应，但风速—功率的关系在工程上是风机自身的特性影响的。风速—功率特性曲线如图 3.1（a）所示。

第 3 章
新兴市场主体的用电特性及参与售电市场的利益关系

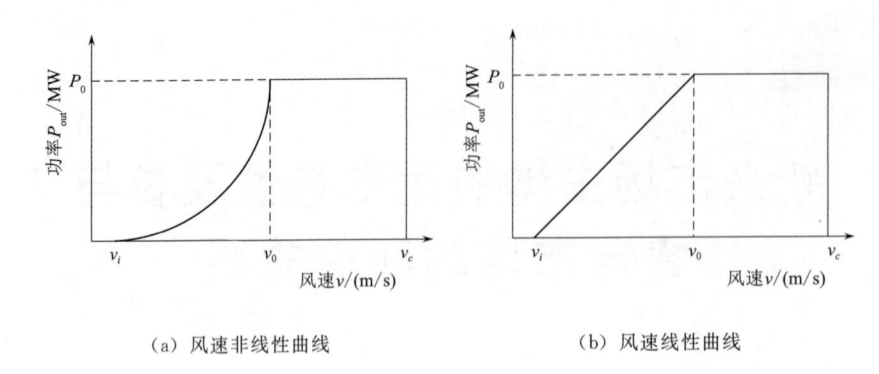

(a) 风速非线性曲线　　　　　(b) 风速线性曲线

图 3.1　风速—功率曲线

工程运用时可以用图 3.1（b）的线性曲线来代替非线性曲线，从而更易得到所需数据。当利用风速—功率线性曲线时，风机的输出功率分段函数数学表达式为

$$P_0 = \pi R^2 \rho v^3 \frac{\left(1+\dfrac{v_0}{v}\right)^2 \left(1-\dfrac{v_0}{v}\right)}{4}$$

$$P_{out} = \begin{cases} 0, & 0 \leqslant v \leqslant v_i \\ \dfrac{v-v_i}{v_0-v_i}P_0, & v_i < v \leqslant v_0 \\ P_0, & v_0 < v \leqslant v_c \\ 0, & v > v_c \end{cases} \quad (3.3)$$

式中：P_0 为风电机组额定出力；v_i 为风机切入风速；v_0 为额定风速；v_c 为切出风速；v 为风电机组轮毂高度处的风速；R 为风机半径；ρ 为风机所处空气密度。

3.1.2　光伏发电

分布式光伏发电具有间歇性强、随机性强的特点，会受到环境条件与其他因素的影响，例如：季节、地理区域、时间等。还会与相连的临近光伏形成电力负荷制约。光伏发电出力水平与地面接收太阳辐射的变化密切相关。光伏发电系统出力水平随着太阳辐射的变化呈现先增后减的特点，中午时分达到出力峰值，总体呈现"半包络"形状。半包络线的宽度与日照时间有关，半包络线的高度与季节、气象条件有关。为此可以从季节属性与气象条件两个方面来讨论光伏发电出力特性。

1. 季节属性的影响

光伏可出力时段受到日出时刻和日落时刻的限制，因此受季节特性的影响较大。光伏出力曲线形状相差较大，夏冬两季的光伏电站起始发电时刻相差达 2h，全天出力持续时间相差接近 4h。

一般来说，可以使用"日出时刻加上 0.5h"表征当天光伏发电的起始时刻、使用

"日落时刻减去0.5h"表征发电终止时刻。通常可以认为在某一个季节里，某地的日出时刻、日落时刻基本不变，因此对于光伏出力曲线，所对应的季节属性就非常重要。如果已知季节属性，就可以根据日出时刻和日落时刻，大致确定出光伏发电的起始时刻和终止时刻，进一步计算得到光伏出力的持续时间长度。

2. 气象条件的影响

由于光伏发电直接受到太阳辐射的影响，因此不同的天气情况也会对光伏发电系统的出力水平造成影响，例如在阴雨或者多云等天气条件下，光伏发电系统的出力可能会急剧下降。这给光伏发电系统出力带来了较大的不确定性。天气状况是光伏出力的重要约束条件，对光伏系统出力的影响非常大。

以A集团连片并网发电项目（30MW）为例，其中一个片区（7.44MW）夏季、冬季典型日出力为例具体分析：

夏冬两季光伏电站的最大出力都在12—14时之间，11—15时的出力较大。光伏电站夏冬两季光伏电站的最大出力都在12—14时之间，11—15时的出力较大。光伏电站的有效发电时间夏季比冬季长。夏季约从7—19时光伏电站有有效出力，而冬季约从8—18时之间有有效出力。受光照强度的影响，光伏电站的夏季出力也比冬季要大。夏季最大出力可以达到装机容量的70%左右，冬季最大出力达到装机容量的55%左右。据A集团初步统计，投产至今光伏电站年发电利用小时数约为1000h。

工程上研究光伏发电的出力特性方法有很多，但主要是利用多变量核密度估计法建立光伏发电的出力数学模型进行特性分析，并且工程采用该种方法认为此方法是符合Bata分布的。

光伏发电的出力主要是受到光照强度的影响，标准化光照强度计算公式为

$$H_t = \frac{I_t}{I_{\max}} \tag{3.4}$$

式中：I_t为实际光照强度；$I_{\max}$为最大光照强度。

按照Bata分布原理，其概率密度函数为

$$F_{H_t}(H_t, \gamma, \theta) = \frac{\Gamma(\gamma+\theta)}{\Gamma(\gamma)\Gamma(\theta)} H_t^{\gamma-1}(1-H_t)^{\theta-1} \tag{3.5}$$

其中

$$\Gamma(\gamma) = \int_0^{+\infty} x^{\gamma-1} e^{-x} dx$$

式中：γ、θ为Bata的形状参数；$\Gamma(\cdot)$为Gamma函数。

光伏电站接收太阳辐射将其转化为可利用的电能，则光能—功率转换可采用下式计算：

$$P_{\text{out}} = \lambda SI[1-0.005(t_0+25)] \tag{3.6}$$

式中：λ 为光能与电能的转化效率；S 为光伏板的面积；I 为太阳辐照度；t_0 为光伏装置安装处的环境温度。

式（3.6）表明，光伏电站的出力特性与温度以及天气状况有极大的关系。

3.1.3 储能装置

静态储能设备是指相对于电动汽车这类位置不能移动的储能装置。目前静态储能设备较多，包括电化学储能、物理储能以及超导磁储能。由于不同类别的储能设备其充放电原理并不一样，其接入大电网后表现出来的充放电特性不同，进而导致不同类别的储能资源未来参与电力零售市场的方式不一样。物理储能设备中，目前应用最为广泛的是集中式抽水蓄能电站。抽水蓄能电站在用电低谷时段利用大电网的电能将低地势的水资源抽送到地势高的位置，然后在大电网用电高峰时段依据重力势能释放高地势水能资源推动水轮机做功发电，实现势能与电能之间的相互转换，是目前最为经济、最成熟的储能项目。其发电效率约为75%，业内称之为"抽四发三"。因其独特的充放电特性，抽水蓄能是一类削峰填谷效果较好的大容量集中式的需求侧资源，具有显著的负荷调节能力，广泛应用于辅助服务市场的调峰与备用之中。目前应用在电力新兴市场主体系统中的储能设备主要是电化学储能设备，此类储能装置也是未来能源互联网背景下地区微网、分布式能源系统平抑负荷波动的主要设备。其中，最具代表性的电储能装置是锂电池，其具有能量密度大、响应时间短、维护成本低、灵活方便等特点，是抽水储能以外最主要的储能形式。

以静态储能装置锂电池为例来分析，在锂电池的放电过程中，其采用的是恒流放电，此过程中工作电压变化可分为3个阶段，在放电初始阶段，其电池工作电压下降迅速，而后进入线性下降区；在放电接近终止时，电池工作电压又开始下降；当电压低于一定值时，放电停止。结合锂电池充放电特点可以看出在充放电阶段，锂电池的充放电功率时刻处于变化之中，要想在接入大电网后能够发挥削峰填谷的作用需要结合电网尖峰负荷合理安排电化学储能容量。

为了更深入地探讨蓄电池充放电时的分布特征，本书运用多种分布函数对蓄电池充放电时的数据进行分布拟合，并从中确定最佳拟合分布，本书利用@risk软件中的分布拟合功能来具体分析蓄电池充放电时所具有的量化特征，可以得到一定条件下蓄电池充放电时的概率分布。同时对拟合结果进行了Anderson－Darling（A－D）检验，检验结果显示在选择众多的分布函数当中Logistic分布的A－D检验值最小，即Logistic分布的拟合度最高，所以可以判定蓄电池充放电时大致服从Logistic分布，具体的概率密度函数表达式为

$$F(x) = \frac{e^{\frac{x-a}{\beta}}}{\beta(1+e^{\frac{x-a}{\beta}})^2} \tag{3.7}$$

式中：$F(x)$ 为样本数据在某个确定的取值点附近的可能性；α 为数据平均值（定位参数）；β 为方差（尺度参数）。

在本样本拟合的过程中，α、β 需要根据不同的样本数据进行估计得到。根据搜集到的数据进行蒙特卡洛模拟（模拟 5000 次），拟合得到蓄电池的充放电出力 Logistic 概率密度函数中，均值参数为 0.21，方差参数为 0.89。不同化学储能类型拟合得到的概率分布函数或相关参数可能存在差异。

3.1.4 电动汽车

随着储能技术的日渐成熟，电动汽车越来越多地参与到电力系统运行的各种服务中，作为一种动态储能设备，其在电网中不可控的随机充放电行为会提升系统的运行风险，因此有必要对其进行管理，通过对电动汽车充放电的有序安排，可实现电动汽车统一充放电优化策略的制定，从而为其参与电力市场奠定基础，提高其可控性从而更好地服务于电网。

目前现有的电动汽车的充电方式包括常规慢速充电、快速充电、无线充电、移动充电、换电方式等途径。常规慢速充电、快速充电两种方式下，充电桩是电动汽车与电网相连的中介，其中常规慢速充电方式充电电流小，充电设置安装成本低，但是需要车辆长时间放置，而快速充电通过大电流方式将电动汽车在 2h 内充满，成本高昂，弊端在于会对汽车电池和电网电能质量产生较大危害。无线充电通过激光或微波方式传输电能，而移动充电通过接触元件方式感应电流，这两种方式对技术水平要求较高，不适宜大规模推广。而新兴的换电模式可在换电站统一调配下直接将电能耗尽的蓄电池直接更替为充满电的电池组，方便快捷，解决了电池保护和充电时间的问题，电动汽车换电站统一控制更换电池组的充放电过程，可有效提高充电效率和车辆使用率，引导需求响应行为，因此理想情况下的换电模式成为各国目前探索的电动汽车发展方向之一，已经在部分城市试点开展。采用换电模式，可以延长电池寿命，车辆行驶距离、汽车的方便快捷性都得到很大提高，还可利于系统削峰填谷的实现。当然电池更换模式短期内难以大范围推广的缺点也不能忽视，比如各大汽车生产商、电池制造厂、更换站经营者的利益链无法平衡，电池的一致性问题都是电动汽车换电站发展的障碍。常规电动汽车充放电控制以每个电动汽车及其电池状态为研究变量，模拟过程相对复杂，而电动汽车换电模式可将建模着眼点放在换电站自身，等效成一个储能装置进行相邻时段的电能储存状态建模，换电站一方面通过充电桩与电网进行电能交互，另一方面以电池组更换的形式为电动汽车供给电能，则 t 时刻站内总剩余电量表达式为

$$Q_t = Q_{t-1} + \left(P_t^c \eta_c - \frac{P_t^d}{\eta_d}\right)\Delta t - D_{t-1}(w - L_{t-1}) \tag{3.8}$$

式中：Q_t 为 t 时刻换电站剩余的电能；P_t^c 为 t 时刻电网注入换电站的功率；P_t^d 为 t 时刻换电站馈入电网的功率；η_c 为换电站接受电网电能的充电效率；η_d 为换电站对电网的放电效率；D_{t-1} 为 $t-1$ 时段内需要更换的电动汽车电池组数量；w 为电池组额定容量；L_{t-1} 为 $t-1$ 时段内换下的电池组的平均剩余电量。

以整个换电站充放电状态进行考虑，假设换电站会为 t 时刻电动汽车换下来的电池组预留充电位，根据换电需求 D_t 可以得到 t 时刻换电站的充电、放电功率约束分别为

$$\begin{aligned} 0 \leqslant P_t^c \leqslant c_t(M-D_t)P_b^c \\ 0 \leqslant P_t^d \leqslant d_t(M-D_t)P_b^d \end{aligned} \quad (3.9)$$

式中：P_b^c 为电池组的充电功率；P_b^d 为电池组的放电功率；M 为换电站内充电位总数；c_t、d_t 为 t 时刻充电、放电控制变量（0/1），两个变量互斥。

假定换电站和电动汽车均使用统一标准容量的电池组，为了保证未来某个时段内的充电需求，设站内 t 时刻剩余电量下限为 Q_{mn}，换电站的电量存储限制和备用需求可表示为

$$(1+\eta_{ev})Q_{\min,t} \leqslant Q_t \leqslant wM_B \quad (3.10)$$

式中：η_{ev} 为换电站内电能备用率；M_B 为换电站的备用电池数量。

综上所述，电力新兴市场主体的出力特性如图 3.2 所示。

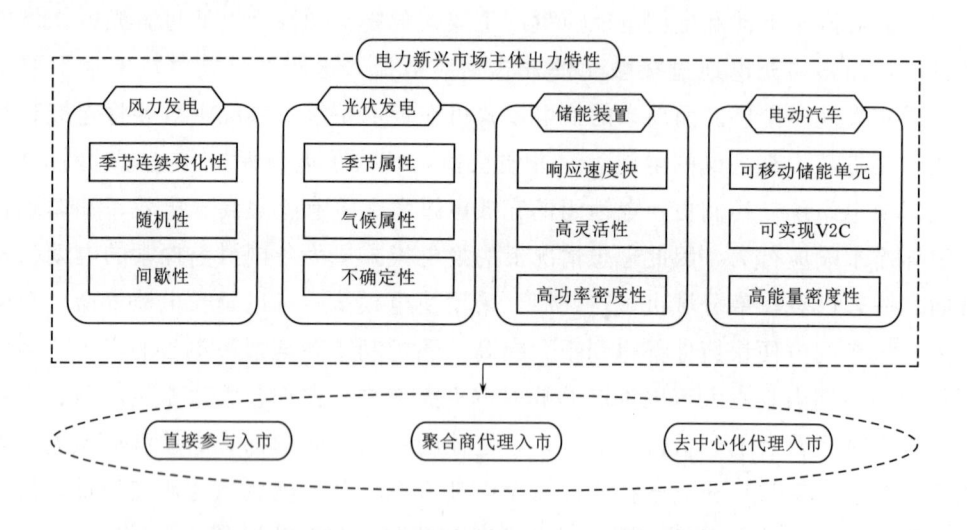

图 3.2 电力新兴市场主体的出力特性图

3.2 新兴市场主体的交易特性

新一轮电力体制改革放开了售电侧，将市场竞争引入到售电环节中，电力用户不

再像以前一样只能从电网公司进行购电,而是具备了更多的自主选择权,电力市场中存在着多种多样的售电公司,都可以为用户提供优质、可靠的电力交易,电力用户可以根据自己的满意程度通过电力零售商购电,或者直接与发电企业进行大用户交易。随着新电改政策的不断深入,电力市场的交易有以下特点:

(1) 电力用户选择权放开。电力用户可以根据购电时是否有选择权分为有选择权和管制用户。管制用户必须通过电网企业购电,享受电网企业的非市场化售电和保底服务。有选择权的用户则可以选择售电公司代理购电,或与发电企业进行直接交易,如果放弃选择权,则并入管制用户类。

(2) 增量配电网放开。新电改政策放开后,增量配电网不再仅仅由电网公司进行运营和管控,社会资本也可以参与到配电网的建设和投资中去,并掌握一定的控股权。售电公司如果投资拥有的配电网,则可以参与到后期电力市场交易中去,向用户提供能源管理提供增值服务。

由此可见,发电侧和售电侧的放开在市场中形成了有效的竞争,形成"多买方多卖方"的电力市场。

新电改最重要的内容之一是形成全国统一的电力市场,随着新电改政策的不断深入,电力供应链主体间的电力交易越来越趋向于形成全国统一的电力市场,具有以下趋势:

(1) 多交易主体。售电侧放开以前,电力市场中只有少数的发电企业和垄断的电网公司,售电侧放开以后,智能楼宇、新型园区、中小用户等主体不同程度地参与进来,使交易主体不断多元化,再加上日益成熟发达的互联网和物联网技术,电力市场对这些主体更加开放和包容。国家发展改革委下发的《售电公司准入与退出管理办法》中提到,要真正的发挥市场的特性,为售电公司自由的进入或退出市场提供便利条件,这体现了市场的转变和需求,从而有利于整个电力市场规范化和有序化,从整体上提高资源的配置效率。

(2) 多交易种类。就目前的储能技术而言,电能还不能大规模地进行储存,但是市场中存在多种多样的不同主体的需求,因此这就决定了电力市场中的多种交易类型。新电改文件提出了着力打造电力中长期交易,以临时交易作为辅助,鼓励开展跨区电力交易,多方面提升电力资源的配置效率。随着我国经济的发展,可再生能源发挥着越来越重要的作用,火电既要承担一定量发电量配额,同时也要保证可再生能源的消纳和实时的电力平衡,由此可见,未来电力市场将会发生进一步的改变,碳排放权交易、辅助服务交易、绿色证书交易将会变得越来越丰富。

(3) 交易信息透明化。信息和通信技术使各行各业的交易平台更加开放、透明、可靠。在以往传统的电力交易模式中,仅由电力交易中心发布交易信息,信息量较少,信息利用地不充分。而现在,独立的交易平台和能源大数据中心信息平台的建立

第3章
新兴市场主体的用电特性及参与售电市场的利益关系

使交易信息将更加开放透明,随着市场交易量的提升,越来越多的能源信息服务商通过平台和其他渠道搜集信息和数据,并对电力交易数据进行整理和分析运用,为电力供应链上的各个主体提供适应性的信息增值服务模式。同时未来的电力市场将更加注重信息的时效性,电力现货市场的扩大要求供需双方在第一时间完成交易,信息技术也将会在电力市场中扮演越来越重要的角色。

(4) 交易管理市场化。2017年7月,京津唐的电力直接交易规则公开,逐步放开了电力市场的交易规模,交易管理也将由计划为主转变为市场为主。电力交易活动更加灵活多变,进一步放宽市场价格,交易主体可以根据自身的情况选择进入或退出,由市场上激励相容进行利益分摊。在保证安全可靠的大前提下,未来交易管理市场化的趋势日益明显。

电力新兴市场主体(以下简称新兴主体)以分散的形式接入电网中可提高当地新能源消纳率。近年来,国家对新兴主体(比如分布式电源等)出台一系列推进政策,促进其建设发展。但其所需的公共服务和电力市场交易还不完善,未能发挥其在电力资源优化中的优势。现有研究成果为促进新兴主体交易设计了许多市场机制,对新兴市场主体参与电力市场有一定借鉴性。

以分布式能源为例,目前针对电力新兴市场主体参与市场模型主要有集中交易和点对点交易。集中交易将以某个范围为单位内分布式能源(储蓄电源、发电用户、需求侧响应用户等)集合参与市场交易,具体形式有分布式能源以微网或虚拟电厂的形式参与批发市场交易;分布式能源以个体为单位参与配电网侧的电力交易中心,以上两种交易模式都需要在电力市场交易中心进行申请、报价、交易(签订合同)、电力校验和市场结算。这种集中交易模式一般采用合约市场竞价机制,以双边协商和竞价机制两种方式进行电力交易。点对点交易,即不需要在交易中心参与市场竞争,用户与用户之间通过信息交互,选择合适买家和卖家进行直接电力交易,点对点交易机制赋予分布式能源和消费者在电力交易中的选择交易权,降低电能交易门槛,提供交易灵活性,在该交易机制中,已有不少研究将区块链技术应用于点对点市场交易。区块链去中心化、去信任化、公开透明、不可篡改和自动执行等特点,在开展分布式能源交易及交易主体信用管理上具有先天优势。

分布式能源不仅提高了新能源的利用水平,还可以带来巨大的经济效益和环保效益,有助于实现经济和社会的可持续发展。随着电力新兴市场主体规模扩大以及市场化交易试点的落实,需要准确评价分析电力新兴市场主体的经济效益与环保效益,因此需要建立准确的评估模型,指导电网公司和政府部门更好地开发和利用电力新兴市场主体技术。从整体看,电力新兴市场主体与大电网连接运行有助于节省投资,降低能源损耗,充分发挥分布式电源与电网的各自优势。从电力新兴市场主体项目看,有助于投资者构建成本、合理投资以及准确报价。分布式电源接入电网的效益主要表现在降低线路损耗、减少电源建设成本、降低电价、延缓配输电成本建设以及改善环境与气候等方面。

大量市场调研表明，新兴市场主体参与到电力零售市场方式有三种。一是规模较大的新兴市场主体可以直接参与到电力零售市场，向上级独立的运营商递交交易信息，统一清算。二是新兴市场主体通过委托，将自身的交易委托给一个聚合商（代理商）来集中进行交易。这前两种参与电力零售市场的方式都是比较中心化的交易模式，通过选择一个中心的节点进行电力的交易。与前两点的交易方式不同，三是开辟二级市场，基于改革新理念，达到各交易主体可以直接进行交易，不需要经过中间商。

1. 直接交易入市

电力零售市场中最直接的参与方式，与市场中其他主体一样，以独立的形式参与到市场竞争中去（图3.3）。前文也分析到，新兴市场主体想要直接参与到电力零售市场中去对新兴市场主体来说条件还是较为严苛的，不仅仅要保证容量以满足市场的需求，而且要在时间、天气等不确定因素情况下准确预测售电量和报价等信息，这些要求在实际的工程应用当中还是比较困难的，并且在工程中实现这些条件也并不容易。所以需要一些辅助的手段帮助新兴市场主体发电入市。一方面政府可以提供政策和财政手段来帮助新兴市场主体：政策上，主要是指对市场机制的改变和补充来满足新兴市场主体的需要，如适应光伏的电价机制设计、辅助市场和可再生能源配额制的市场。财政上，可以提供以补贴为基础的相关措施帮助新兴市场主体稳脚跟。另一方面，可以建立相关制度让新兴市场主体以非市场的方式逐步向市场化过渡，如分资源区实行上网电价补贴政策，以非市场方式接收新兴市场主体的电量，然后逐步过渡到新兴市场主体参与市场，政府补贴差价，进而逐渐减少补贴，直至独立报价，以提高新兴市场主体的市场参与能力。

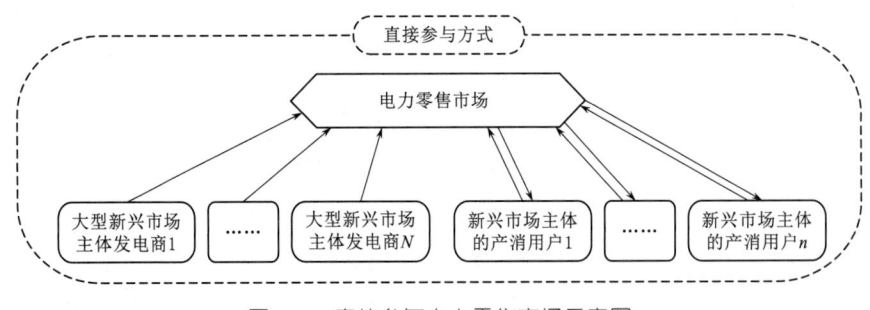

图 3.3 直接参与电力零售市场示意图

2. 聚合商代理入市

充分考虑电力新兴市场主体的不确定性等缺陷，将电力新兴市场主体聚合起来参与电力零售市场也是一种入市的重要方式（图3.4），微电网就是聚合商代理参与入市

第3章
新兴市场主体的用电特性及参与售电市场的利益关系

的一个做好的实例应用。各个发电主体之间相互聚合，可以很大程度上弥补其发电不稳定的缺陷，通过不同能源形式间的组合可以一定程度上缓解可再生能源的发电不稳定性，同时通过形成区域性的发用电联合，可以就近实现能源消纳，减少电力损失，缓解电网压力。在不同的区域尺度下可以有不同的组织方式，小到一座楼宇，大到一个工业园区，只要有电力和设备的整合需求，都可以得到相应的整合方案。通常来讲，其会有一个单独的运营机构即聚合商根据下级各个主体的发用电情况预测，在市场上进行报价，在清算后再对区域内的各个单元进行统一调度。不仅如此，实时电价系统和受电终端的需求侧响应也极大提升了新兴市场主体等聚合形式的灵活性，提升其市场竞争力，从而间接提升了新兴市场主体的入市能力。同时形式区域性联合组织，可以就近实现能源消纳，缓解电网压力。一般来说，地区聚合商即聚合组织中的一个运营机构会通过下级主体的发用电情况预测，然后在市场进行报价，在清算后在对区域内的各个单元进行统一的调度。地区聚合商参与电力零售市场与传统交易方式一样，考虑的主要是与其他地区聚合商的报价竞争，故对于地区聚合商来说，需要制定相应的报价策略。同时，在资源配置和利益分配上的问题会更多地出现在这一情形之下。对于小规模的电力新兴市场主体来说，聚合商往往直接拥有下属电力设备的使用权而不再下放调度命令，而面对更大规模时，聚合商将从控制者变为调度者。不管是哪一种形式，聚合商将直接决定各个发电主体的利益分配，分配方式可以依据容量、设备利用率、实发电量或其他多形式的考虑。但不管是何种形式，最终都要与利益相关者达成一致，这需要合理的机制设计。

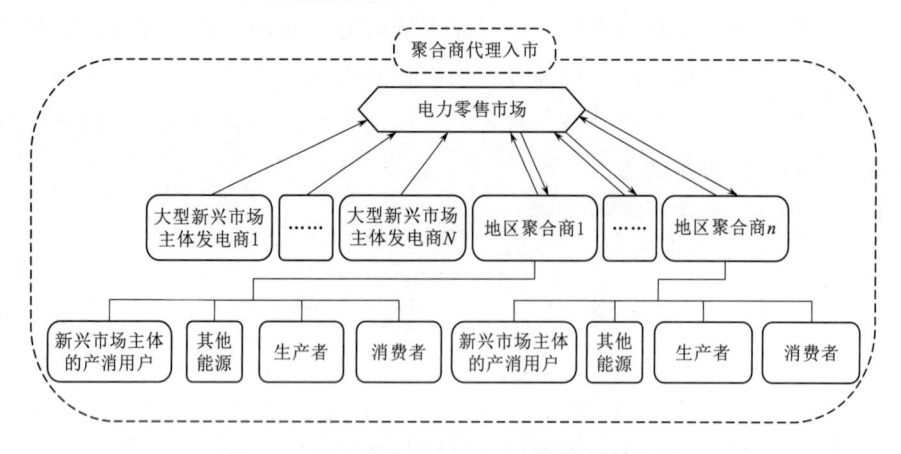

图 3.4 聚合商代理参与电力零售市场示意图

3. "去中心化"入市

在现有的电力市场体制下，各主体之间的交易大多都是以"垂直"的方式进行，而"水平"之间的交易却受到多方条件的限制。但是随着电力体制改革的进行，电力零售市场中各主体之间的"水平"交易将会慢慢变为主流，现在已经有大量文献涉及分布式能源之间的水平交易。"去中心化"参与电力零售市场示意如图 3.5 所示，这种交易方式的实现可以有很多种方案，比如各地区中区域市场的聚合商之间进行交易，或者是小规模的"去中心化"的小型电力新兴市场主体电厂之间进行水平交易。这一模式的实现有着许多方面的考虑：①交易的物理实现需要依托更加精细的电力管网。管网的实现本身就需要大量的投入，同时考虑到其中的潮流分配，双向潮流等问题，需要有全面的监控设备和措施来保证其电力平衡与安全；②当区域内的交易实体共同参与到交易中时，需要有一个不同于原有双向交易模式的通信系统，这一系统不仅要考虑到交易对象的变动和增加，更要提升交易过程的安全性和隐私性。在目前的信息技术下，利用区块链可能是一种合理的方案；③部分脱离了大市场的直接交易应当有配套的交易规则和模式与其对应，以保障合理的利益分配和参与人员的积极性，同时减小不必要的电能损失。

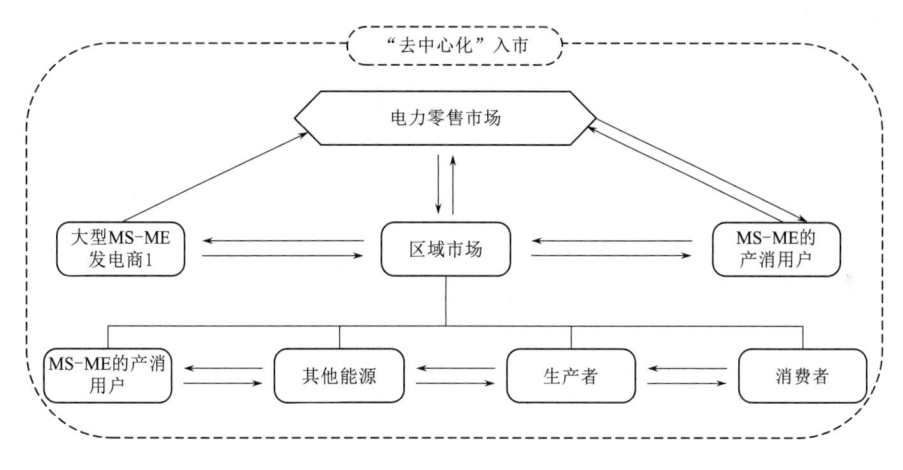

图 3.5　"去中心化"参与电力零售市场示意图

综合分析上述三种方式，无论哪种方式，其目的都在于让电力新兴市场主体拥有与传统能源一样的市场主体地位，并逐步通过自身优势获得占据市场空间的能力。

3.3　新兴主体参与零售市场的利益流动关系

新一轮电力体制改革的目标是管住中间、放开两头，破除电力供应链中间环节的垄断，自由竞争，自由选择，最终打通电能商品从生产到消费的价值链。此轮改革作为我国电力体制改革历程中的重要节点必然会对电力供应链各主体产生重大的变动和影响，其各自利益也将发生改变。本节主要分析电力体制改革大背景下各主体利益产生的变化，并得出新电改下三大主体间的利益关系。

3.3.1 发电企业的利益转变

新一轮电力体制改革对发电商的影响主要有以下四个方面：

（1）电价和电量的变化。新电改政策放开除了输电电价以外的经营性电价，销售电价将不再由政府定价，而是由市场决定销售电价和交易电量的多少。这就要求发电企业必须提升技术水平，降低发电成本，增强风险防范机制。

（2）客户群体的变化。新电改前，发电企业的直接客户只有电网公司，随着售电市场的放开，售电公司和电力大用户也加入发电侧交易中，发售两侧的竞争更加激烈，这对发电企业的客户服务水平提出了更高的要求。为了适应市场的快速发展，发电企业应针对不同的客户群体采取差异化的服务策略，提升客户服务水平。

（3）政府的监管更加严格。新电改放开了市场的竞争性交易，为了规范市场运营合理，政府加大了对各个主体的监管力度，对发电企业中的自备电厂监督管理更加严格，督促发电企业提升管理运行水平，提高能效，降低成本，注重节能环保。

（4）发电侧竞争者增多。新电改政策大力支持可再生能源和分布式能源参与到电力市场交易，发电企业的竞争者不但有与自身业务相同的传统发电商，还加入了分布式电源和微电网等。对于这些可以提供电能的新兴主体来说，还可以委托售电公司代理购售电业务，发电市场的竞争越来越激烈。

售电侧放开后，发电企业也可以参与售电侧的竞争，发电企业开展售电业务最大的优势就是向用户销售的电能可以由自身生产，面对电力需求的不确定性，发电企业可以将发电与售电进行结合，快速的响应用户的需求。同时，发电企业的电源结构越来越多元化，不仅可以进行传统方式发电，电力新兴市场主体，虚拟电厂等新兴发电主体也在发电中占据越来越重要的地位，这样针对不同电力需求状况利用不同的电源结构，是当今电力市场的发展趋势。为促进售电业务的顺利开展，国家对售电公司参与竞争交易的电量作出了规定，并且鼓励成立电力交易中心，组织开展电力集中竞争交易，发电企业、售电公司和电力用户均可参与到电力集中竞争交易中去。售电市场的不断开放将推动售电公司积极参与电力集中竞争交易，同时在新电改之前的市场中，电网公司是发电企业电能的唯一购买者，发电企业的市场信息获取的途径较少，只了解自身生产信息，对宏观的市场缺乏整体的认识，使得发电企业处于较为被动的状态。并且电价由政府制定，并未充分发挥市场的作用，导致了"市场煤价，计划电价"的状况。随着电改的深入，逐步打破了电网公司是唯一买方的格局，大用户直接交易模式开始兴起，随着工商业、居民等电力用户的加入，逐渐形成了"多买方多卖方"的市场格局，发电企业不再依赖于单一的竞价上网方式，给发电企业带来了较多的盈利机会。

综上所述，在新电改政策下，发电侧的利益流动已经从"老传统"发展为最新形

3.3 新兴主体参与零售市场的利益流动关系

式下的"多元化"。发电侧利益变化如图 3.6 所示。

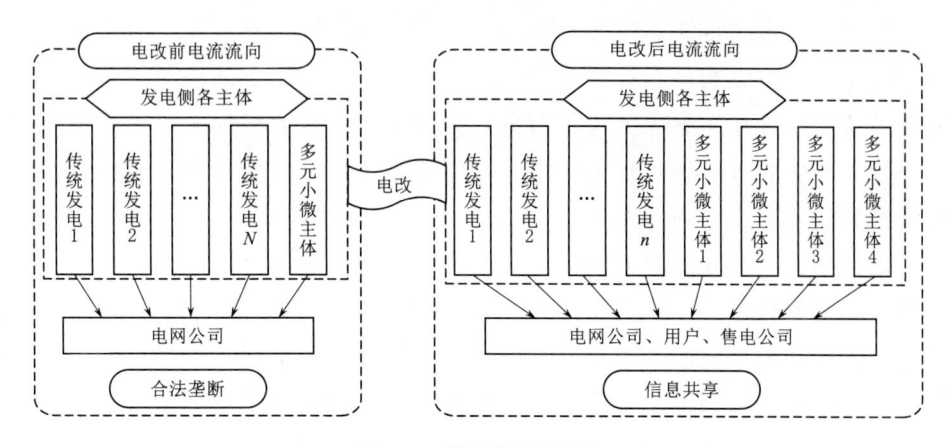

图 3.6　发电侧利益变化

（1）在电改政策之前，传统发电模式占据主要市场，同时发电企业的交易对象仅为电网公司，即电网公司合法垄断，发电侧的效益来源是与电网的电量交易利润。

（2）在电改政策之后，分布式电源等新兴市场主体（电力新兴市场主体）的比例开始了大幅度的上升，同时发电企业的交易对象也变为电网公司、用户、售电公司等多元对象，即电网独家垄断的局面被打破，一个新的信息共享的时代已经开始，此时发电侧的效益不仅仅是靠与电网的电量交易利润，还包括与用户、售电公司的电量交易利润。

3.3.2　售电公司的利益转变

售电是电力从发电开始直至电力客户用电终端整个电力供应链的最后一个环节，在新一轮电力体制改革中，最关键的内容就是放开售电市场，允许独立的售电公司参与售电侧竞争。独立的售电公司站在用电客户的角度和发电企业进行价格博弈，以最大限度地降低客户用电成为本，并在销售过程中获得一定利润。

新电改中关于售电侧改革文件中将售电侧市场各主体分为三类，并对其进行了明确定位，鼓励符合条件的市场主体投资开展增量配电投资业务，赋予电力客户更多的自主选择权和议价权。目前来看，售电公司的经营模式分为基本电力销售和增值服务两种：

（1）基本电力销售模式。这是各售电公司最主要的经营模式，也是与电力客户开展交易的基础。其主要业务是与电力客户进行协商签约、为客户提供需要的并符合质量要求的电能、开展电力客户用电负荷预测、进行电力合同管理等。同时售电公司还可以在交易过程中掌握发电商、电网企业和用户的海量数据，为今后自身业务的开展奠定基础，更加有利于进行电力负荷预测，并协助完成电力系统的调度。

(2) 增值服务模式。对任何一家企业而言，产品的竞争实质上是客户和服务的竞争。不断增多的售电主体，不断缩小的价差，使得售电侧市场竞争日趋激烈。一味专注于购售电交易不再是售电企业的生存之道，售电企业应该更加注重增值服务，根据自身特点及优势展开有差异化的增值服务，为用户提供专业的用电用能增值服务，增强客户黏性，拓宽收入来源，保证售电企业的长远发展。例如对用户进行设备用能分析、电能消耗监测服务、开展综合能源服务等。售电公司可通过自身特点和能力范围，在售电侧电力改革和发展开展的不同阶段针对性地选择不同的经营模式，采取更加具有竞争力的策略。

从电力供应链的纵向的角度来看，无论是长期交易还是现货交易，售电商进行基本的售电业务的利润都来源于电能的购销差价，其利润和终端用电量及购电量紧密相关，提高负荷预测的准确性对降低业务成本起着关键作用。

假定在某一区域内仅有一家售电商，有工业用户、商业用户、居民用户三类用户，该售电商负责向这三类用户供电，售电商的月售电收入计算模型为

$$W_m = \sum_{i=1}^{3} \sum_{j=f p g} (p_{ij} q_{ij}) \tag{3.11}$$

式中：W_m 为售电商 m 月的售电收入，$m=1,2,3,\cdots,12$；$i=1$ 表示工业用户，$i=2$ 表示商业用户，$i=3$ 表示居民用户；f 表示用电高峰时间段，p 表示用电平稳时间段，g 表示用电低谷时间段；p_{ij} 为 i 客户在 j 时段电价；q_{ij} 为 i 客户在 j 时段实际消耗电量。

为了提高未来电能负荷预测的精确度，售电商根据以往用户使用电量的历史记录和数据信息进行分析，预测未来的消耗电量，并与合作商签订年度和月度购电合同，其购电成本为

$$\begin{aligned} C_{bm} &= p_b \sum_{i=1}^{3} Q_i \\ C_{by} &= \sum_{m=1}^{12} C_{bm} \end{aligned} \tag{3.12}$$

式中：C_{bm} 为售电公司月度合同购电成本；C_{by} 为售电公司年度合同购电成本；p_b 为合同电量电价；Q_i 为 i 类用户每月用电预测值。

由于未来电力负荷受到很多不确定性因素的影响，所以电量预测值与实际消费量并不是完全一致的，这时售电商就需要从实时电力市场进行交易：

(1) 当预测电量大于实际电量时，这时售电商需要以低价补偿未消费电量，售电公司的实时市场月度成本 C_{sm} 为

$$C_{sm} = \left(\sum_{i=1}^{3} Q_i - \sum_{i=1}^{3} \sum_{j=f p g} q_{ij} \right) p_r \tag{3.13}$$

式中：p_r 为补偿未使用电量的电价。

（2）当实际电量大于预测电量时，这时售电商需要高价购买电能，售电公司的实际市场月度成本 C_{sm} 为

$$C_{sm} = \left(\sum_{i=1}^{3}\sum_{j=fpg} q_{ij} - \sum_{i=1}^{3} Q_i\right) p_r \tag{3.14}$$

式中：p_r 为实时市场电价。

需要的实时电量越多，发电端的供求关系越紧张，供需越发不平衡，发电企业机组的非计划内的启停次数增加，发电成本上升，实时电价也要高于合同电价，实时市场电价 p_r 的计算公式为

$$p_r = p_0 + \mu \Delta Q \tag{3.15}$$

式中：p_0 为实时市场的基准电价；ΔQ 为预测电量和实际消耗电量的偏差值；μ 为电量对电价的影响系数。

综合可得，售电公司在进行售电业务的收益为

$$E_m = W_m - C_{bm} - C_{rm} \tag{3.16}$$

该式中 E_m 表示售电商在 m 月的购售电收益，不考虑其他收入和成本。如果售电商签订合同时的预测电量高于实际用电量，发电厂商增加启停次数，导致增加发电成本，这时售电商需要对发电厂商多发的电量进行低价补偿，弥补发电成本；当签订合同时的预测电量低于实际用电量，合同约定的发电量不能满足客户的电力需求，此时售电商则需要从实时市场高价购买电量。由此可得，售电公司预测的电量只要与实际电量不一致，都会引起成本的增加。因此，售电公司要不断加强电力负荷预测，提高预测的准确度，保证最低的额外成本。

综合分析，电改前后售电公司的利益变化并不是太大，主要是可以直接与发电企业进行交易同时更加注重增值效益，具体变化如图 3.7 所示。

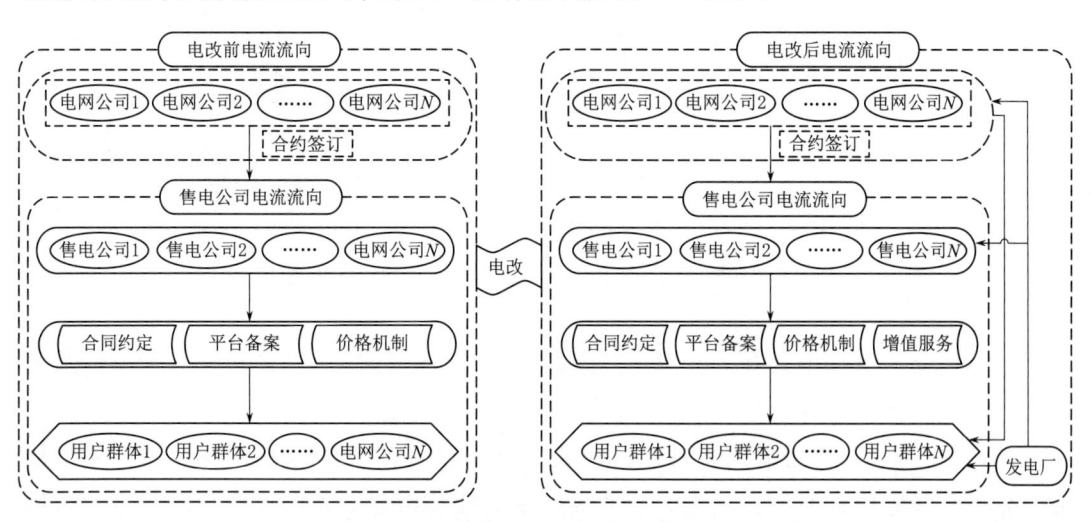

图 3.7 售电公司利益流动转变

第3章
新兴市场主体的用电特性及参与售电市场的利益关系

（1）电改前，售电公司只能通过与电网企业签订合同购买电能，再通过购买电能价格与卖出电能价格差进行盈利。

（2）电改后，售电公司购买电能的交易主体不仅仅是电网公司，也可以直接与发电企业进行电能交易。其盈利不仅仅依靠价格差，还可以提供增值服务，更加注重客户需求，整体提升利益水平。

3.3.3 新兴市场主体参与零售市场的利益流动

随着电力体制改革的不断深入，从"厂网分开，竞价上网"到"输配分离，自负盈亏"再到"管住中间，放开两端"，电力行业原来的垂直一体化格局被分割为多个相对独立又相互协作的环节，整个电力市场的利益格局发生了较大的变化，各主体的利益变化如前文所述，综合所述，可以得出整体利益流动图谱，如图3.8所示。

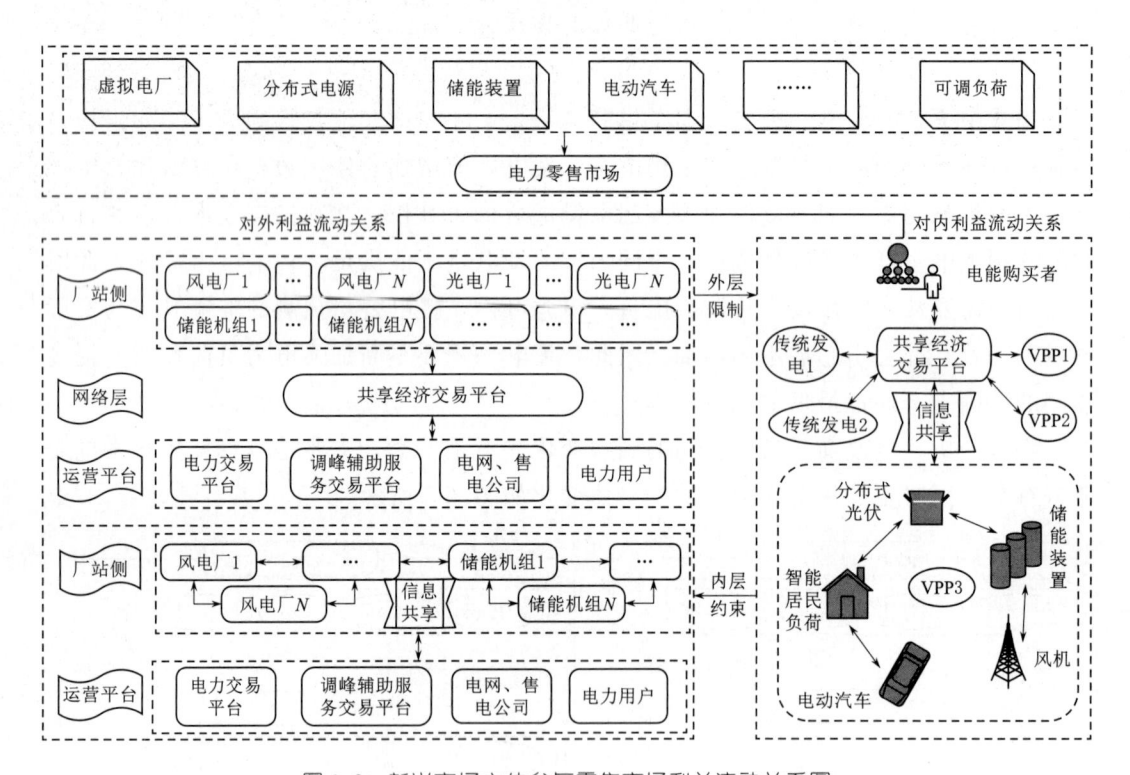

图3.8 新兴市场主体参与零售市场利益流动关系图

电能流动的过程中存在"一对一"交易、"一对多"交易、"多对一"交易的交易模式：

（1）"一对一"交易模式。按照目前我国电力市场的实际发展情况，发电侧市场分为分散式和集中式两种。其中，分散式市场签订实物合同，在日前阶段双方通过协商确定用电负荷和偏差电量，实施平衡交易，对电力市场进行调节。电力实物合同是

3.3 新兴主体参与零售市场的利益流动关系

一种与竞价市场无关的中远期契约，合同中有固定的交易电量和交易价格，单一发电商与单一售电商签订双边交易实物合同。在上述流程图中存在很多这种交易模式，"一对一"交易模式存在很多的优点，使得供电商可以直接与需求商对接，快速达成目的响应，同时减少中间商，可以省去很多成本，比如分布式风电，光伏发电等新兴市场主体不是把电能直接供给电网公司，而是由多方选择。新兴市场主体跳过电网公司直接把电能供给售电公司和用户群体（电力大用户、普通用户等），与原来直接经过电网供给相比，会多出一部分利益，同时响应也会更加迅速，更加能理解客户需求，但是这样会直接减少电网的利益。

（2）"一对多"交易模式。这种形式是单一售电商与多个发电商进行交易。这种模式下存在着多个售电商或者电力大用户，发电企业会结合自身的需求与之进行协商和谈判，最终形成多种"价格—电量"合同组合。图3.8中分布式风电，光伏发电等新兴市场主体与电网公司、电力大用户、售电公司等进行交易采用的就是这种"一对多"的交易模式，这种模式打破了电网公司独家垄断的局面，使得原本流向电网的利益被分配到多主体。

（3）"多对一"交易模式。在"多对一"的模式中有多个发电商提供电能产品，售电商可以结合自身的需求选择供电商并进行谈判，协商交易电量和交易价格，双方进行谈判的结果是形成多种价格—电量"合同组合"。对于电力大用户而言，不仅仅只是从电网中购买电能，同时其还可以直接从售电公司和发电侧直接获取电能。这样的交易模式使得电力大用户具有更多的选择权。因为电网承担着供电保底服务的社会责任，所以对电网进行居民类供电补贴。

电力新兴市场主体参与电力零售市场的利益流动可以分为外部和内部两个部分：

（1）外部利益流动。分析外部利益流动可以以从三个方面来分析：一是直接交易的方式，电力新兴市场主体直接与用电主体签订购电合同，实施一定的交易策略，进行电能交易。并且如果用电主体的合同电量过多，则可以通过补偿价格给发电商，将电能转移他处，达到经济最优化的目的。此时利益仅在发电商和用电主体之间流动，没有第三方参与。二是部分电力新兴市场主体规模较小或者无法满足入网条件，则进行聚合，采用聚合商代理的模式进行电能交易，图3.8中的共享经济交易平台、VPP就是一种聚合代理商。区域聚合组织中的电力新兴市场主体可以通过共享经济交易平台上网，将电能进行出售，与平台签订购电合同，不用寻找购电商，同时平台也为电力新兴市场主体承担了一定的交易风险，并收取一定的费用作为回报。此时利益流动就牵扯到第三方，利益按照发电商—共享经济交易平台—用电主体的路线进行流动。三是"去中心化"的交易方式，这种方式目前还不太成熟，市场应用的实例还较少，但在未来的发展下，这种交易方式会成为主流。电力新兴市场主体之间可以进行信息共享但能够进行独立报价，可以不经过共享经济平台直接与用电主体签订购电合同，

第3章 新兴市场主体的用电特性及参与售电市场的利益关系

进行电量交易。如果用电主体合同电量过多,则通过价格补偿给发电商,达到效益最优化。此时利益流动发生了较大的改变,利益可以在各个发电商、用电主体之间进行流通,利益链更加复杂化。

(2) 内部利益流动。电力新兴市场主体内部之间相互联系,信息共享。分析内部利益流动,从两个方面进行分析:一是峰时,电力新兴市场主体把自身发出的电能卖出(对象可以是发电商或者非用电商),自身利用储能装置的电能或者从别处购买电能(此处认为是从发电商购买),此时对于某个电力新兴市场主体来说,利益流动都是在自身和非自身的发电商之间流动;二是谷时,电力新兴市场主体发出的电能先满足自身负荷需求(储能装置等),然后再将电能售出。综合来看内部利益基本都是在发电商本身之间进行流动。

第 4 章

新兴市场主体参与电力零售市场的交易机制及关键技术

4.1 电力物联网的概念与特征

物联网的概念最早由麻省理工学院（MIT）学者于 1999 年提出，它是指通过信息传感设备实现"物物相连"的互联网，即把所有物品通过射频识别等信息传感设备与互联网连接起来，实现对物品的智能化识别和管理功能。

电力物联网分为感知层、网络层、应用层。感知层通过传感器、无线射频识别技术（RFID）、北斗系统、计量装置、各种智能终端、机器人、视频装置等测量、感知电网输电线路状态、变压器状态等电网信息。网络层通过物联网网关，采用无线通信、光纤通信、卫星通信或者电信运营商通信等手段将信息送到应用层。应用层进行信息处理、数据汇聚、数据挖掘、应用集成，实现智能用电、智能变电、智能配电、智能巡检、智能家居等智能系统的应用。数据实现从"端"到"网"再到"云"的传输与交互。

电力物联网可以利用先进的传感器感知技术、泛在物联网技术，实现对气象、环境、设备状态、用户状态、负荷状态、储能状态等参数的全面感知；利用智能深度学习技术，实现对发电和负荷的精准化预测；利用云平台及先进的数据处理技术，对海量电网、用户数据进行分析处理，实现电网状态预估、需求侧状态分析、需求侧潜力预估；利用人工智能强大的数据分析处理能力，实现对源、网、荷、储各个方面的协调、平衡，进而实现对整个电网的实时、精准控制。在数据传输方面，能源互联网将各个配电网、变电站数据送到数据中心，数据中心之间的数据互相传递，同时将数据送到云平台，控制中心通过海量数据分析，实时监测控制电网。

2005 年 4 月 8 日，在日内瓦举办的信息社会世界峰会上，国际电信联盟专门成立了"泛在网络社会国际专家工作组"。根据工作组的报告，许多国家开始制定和实施物联网发展战略。2005 年之后各个国家分别提出新的物联网发展战略。2013 年，德国提出《德国工业 4.0》战略，该战略实施基础是网络实时技术和物联网，投入达 2 亿欧元，旨在实现产品制造流程自动化，建设具有高效性、适用性、信息化、自动

第4章
新兴市场主体参与电力零售市场的交易机制及关键技术

化、符合基因工程的智慧工厂,提高德国制造业智慧化水平。2014年,美国提出《工业互联网及先进制造计划2.0》。2015年,日本政府颁布了《机器人新战略》。为了保持日本在物联网时代的机器人领先地位,该战略明确了机器人之间的网络化,机器人数据采集以及机器人利用海量数据的自我控制、安全管理是机器人发展趋势。该战略标志着日本拥抱物联网时代的到来,制定机器人相关国际标准的决心。

2011年,中国信息通信研究院指出:"物联网是通信网和互联网的拓展应用和网络延伸,它利用感知技术与智能装置对物理世界进行感知识别,通过网络传输互联,进行信息计算、处理和知识挖掘,实现人与物、物与物信息的交互和无缝链接,达到对物理世界实时控制、精准管理和科学决策目的。"我国自2015年陆续推出的一系列规划设计,指引我国互联网加速进入"跨界融合、集成创新、规模化发展"的新时代。《中国制造2025》战略确立了我国三步走实现制造强国战略目标:第一步,到2025年迈入制造强国行列;第二步,到2035年我国制造业整体达到世界制造强国阵营中等水平;第三步,到新中国建立100年,我国制造业大国地位更加巩固,综合实力进入世界制造强国之列。《中国制造2025》战略同时提出了"五大工程"和"十大重点领域",重要内容包括做大做强国有企业、注重人工智能、支持民营企业的发展等。

能源互联网是以大数据、云计算、物联网、移动互联网、智能电网为技术支撑的电力物联网通过标准化信息接口与智能电网连接,对物理电网全面、深度、多维感知,最终实现万物互联、信息共享、人机交互的功能。电力物联网在数字、信息方面为电网保驾护航,保障了电网的"数据流""业务流"的畅通。"两网"的深度融合是物理电网与数字电网的有机结合,构成了"电力流""数据流""业务流"三流合一的能源交互平台——能源互联网。能源互联网万物互联、数据共享,服务10亿多用户,连接10万供应商。作为能源平台企业,能源互联网打通各环节实现数据共享、深度挖掘,可以服务于其他行业,提高社会影响力。它也是能源领域全要素、全产业链、全价值链、全面连接的新型价值创造平台和生态系统,是工业互联网在能源领域的具体体现。笔者认为智能电网是能源互联网的骨架、肌肉,电力物联网是能源互联网的大脑、神经,智能电网是物联网的物理支撑,物联网是智能电网的灵魂,"两网"深度融合,协调发展,保证能源互联网的优质运行。

我国已经有10多年的智能电网建设基础。智能电网是电力物联网的物理基础,构架坚强智能电网,形成电源、电网、负荷、储能、用电互相连接的物理电网,保证了电网的电力流顺畅。我国智能电网目前已经通过特高压骨干网架,实现西电、北电东送,消纳大规模可再生能源;配电环节实现对微网、电动汽车、风光储能等新型用户与传统用户的信息流双向互动;调度对各个生产环节实现智能预估、控制、管理。目前,我国国家电网公司智能电网按照计划已基本建设完成。

电力物联网是物联网在电力行业中的具体应用,是实现对人、设备、环境的识

4.1 电力物联网的概念与特征

别、感知、交互、控制的网络系统。它将电力用户、电力设备、电力供应商、环境、电力生产管理人员等人、物连接起来,实现全面的感知、万物互联、人机交互、信息共享。同时电力物联网具有很多的特点,如图4.1所示。

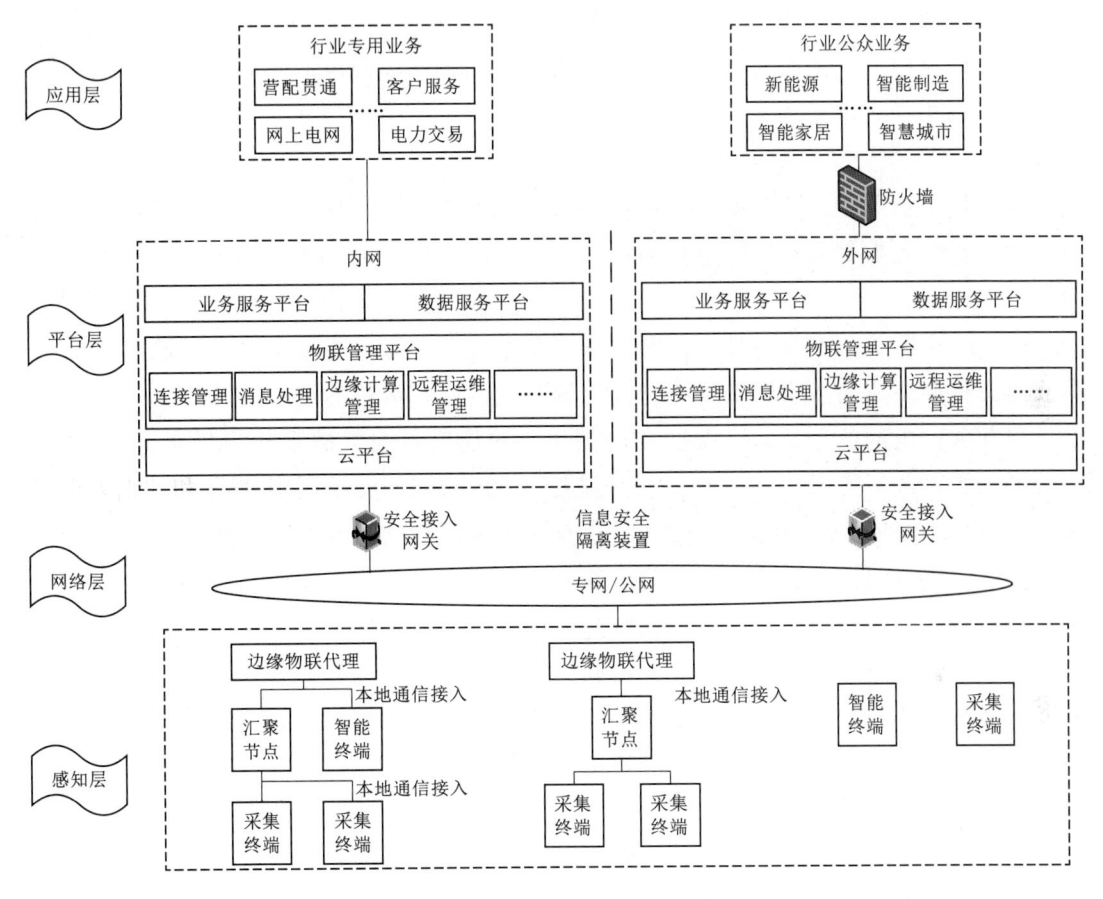

图 4.1 电力物联网部署示意图

（1）海量终端。电力物联网具有海量终端。新型能源和负荷的发展,例如迅速增加的新能源电源节点、电动汽车等带来了大量的新节点终端,对各类源、网、荷、储设备的状态监测、风险预警、优化管理、智能感知带来了大量的新型终端,智能用电设备的 IP 化,多维度的人机交换等也带来海量的智能终端。以上新设备的投入以及对控制要求的提高,导致终端以数量级迅速增加。

（2）边缘智能。终端的增加,采集维度的增加,测控精度、采集频率的提高带来了海量的数据、信息。海量数据的集中式计算方式导致网络传输速度慢、信道拥挤等一系列问题。终端数据处理与终端智能尤为重要,对终端业务进行预处理、智能区分,采用边缘代理、边缘基站、边缘网关三站合一的边缘智能技术是能源互联网的重要特点之一。

第4章　新兴市场主体参与电力零售市场的交易机制及关键技术

（3）物联网络。电力物联网需要高精度、低延时、高可靠性的通信网络支撑。电网需要架设卫星通信、有线通信、无线通信等多层次、多维度的物联网。海量的终端、数据处理，满足精准控制的实时要求，控制频次的逐渐提高等，需要电力物联网的支撑。

（4）按需服务。基于云平台与云计算技术，能源互联网可以实现按需服务。对不同的用户利用强大的计算能力支持不同的服务需求、增值服务等，减少成本，增加稳定性。

（5）信息挖掘。大数据平台可以实现海量数据的分析处理、深度挖掘、数据增值再利用、负荷智能预测、发电负荷精准调度、电能优化分配、故障预警、事故分析等功能。

（6）安全防护。安全防护对能源互联网至关重要。海量终端安全、互联网中的数据安全、构架开放的多层网络安全都是能源互联网安全运行的重中之重。

目前我国电网已经具备坚强的物理网络，功能完备的数据采集测量系统，预测、控制、决策系统，庞大的用户群、设备和大规模的数据，完备的通信网络，但是这与完备的电力物联网还存在一定差距，这也是未来我国物联网的建设方向：

（1）完善电网的物联特性。目前电网没有实现所有采集数据上网。这是由于电网的计算能力没有完全达到，海量数据的边缘化智能技术仍未实现，市场要求进行电网数据就地采集、处理、分析、集成、协调、共享研究；建设分布式边缘服务器、边缘网关、边缘基站等基础构架；实现通信网络高速度、低时延、广带宽、高可靠性、高稳定性、多连接、多层次、多维度的数据共享。

（2）完善感知系统。首先，需要研发更加精确、高效、多维度的测量电网状态量、模拟量的新型传感器。其次，需要建设可以全面实时感知评估设备资产管理、设备运行状态、电网运行状况等的信息系统。

（3）加强客户参与度。一方面在于打破数据壁垒，加强电网企业与社会其他组织的沟通；另一方面需要大力发展用户互动、用电业务智慧服务、基于需求侧响应的运营增值服务、能源互联网平台式的经营模式等方面，旨在建设基于电力交易和能源互联的生态商业圈。

（4）实现终端即插即用、信息的深度分析挖掘，实现通信"最后一公里"全覆盖。电力物联网跟别的技术相比仅仅是处于起步状态，但是其功能是极其强大的：

1）发电侧可以实现的功能。目前电网已经实现发电侧实时负荷动态监测、水情实时监测、发电设备状态监测、机组运行动态监控。随着物联网的发展，发电侧通过对环境、气象、发电状态的实时监测、分析，对间歇性、随机性发电负荷的预测，可以实现对电源的柔性、精细化调度。

2）电网侧可以实现的功能。电网输电侧已经实现无人机巡检、输电线路状态监测、现场作业管理、雷电定位、移动视频管理等功能。电网变电侧已经实现智能巡检、设备状态监测、现场作业管理、智能工器具管理、集中式智能巡检等功能。随着物联网的发展，电网侧对各站、所、电气设备状态参数的实时采集，可以实现对实时数据的存储、分析、预测、评估、协调，对电网实现智能控制。基于人工智能的强大学习能力、计算能力，加上智能传感技术的逐步成熟，电力物联网能够实现对电网运行的柔性控制，电源的柔性、精细化调度，负荷的动态调度优化等功能，确保电网的安全稳定运行。

3）配电侧、用电侧、调度可以实现的功能。电网配电侧已经实现设备状态监测、电能质量监控、现场作业管理、故障智能定位、负荷管理等功能。电网用电侧已经实现智能电表监控、智能楼宇监控、电动汽车充电智能管理、用电信息采集、能效管理等功能。调度已应用调度自动化技术，采用广域同步相测量系统、能量管理系统、调控一体化系统。经营管理方面已实现电力物资的自配送及仓储管理、电力设施建设过程可视化、人员车辆办公综合管理等。未来，低碳环保的分布式电源、微网、电动汽车、智能楼宇等将逐渐成为电网的主力军。电力物联网可以实现对传统负荷、电动汽车、智能楼宇等新型负荷的海量数据分析、负荷预测、能效评估、需求侧响应、能量管理。基于深度学习、特征学习、自主学习、云计算等人工智能技术，通过对汽车行驶轨迹、历史参数等数据的关联性、波动性的深度挖掘处理，电网能够实现对电动汽车充电的特性分析、智能管理，以及对充电行为的集中协调和智能引导。电力物联网通过建设储能装置，对储能数据进行分析，可实现储能状态的检测、储能源负荷的协调。电力物联网对数据的强大处理能力，也更容易优化竞价策略、电价评估功能。

电力物联网是物联网在智能电网中的应用结果，在电力的发、输、变、配、用、调度各个环节建立了高速网络，设置了智能装置，实现了电力网络信息的安全可靠传输、数据相互共享、电网全景感知及智能化控制。物联网为智能电网发展提供了技术支持，可以提高智能电网的感知能力、反应速度、分析能力等。智能电网是物联网的物理载体和应用领域，随着物联网技术的发展，智能电网和物联网两者将更加互相融合、相辅相成、密不可分。

4.2 电力新兴市场主体参与零售市场的准入要求及流程

4.2.1 准入要求

2020年3月7日，国家发展改革委印发《关于加快建立绿色生产和消费法规政策体系的意见》的通知，被视为电力新兴市场主体参与零售市场的又一利好政策。通知强调促进能源清洁发展，建立健全可再生能源电力消纳保障机制，重点是加大对分布

第 4 章
新兴市场主体参与电力零售市场的交易机制及关键技术

式能源、智能电网、储能技术、多能互补等新兴电力新兴市场主体的政策支持力度，研究制定氢能、海洋能等新能源发展的标准规范和支持政策，建立健全煤炭清洁开发利用政策机制，从全生命周期、全产业链条加快推进煤炭清洁开发利用。事实上，业内普遍认为我国分布式能源等电力新兴市场主体 2000 年以后才开始发展，以冷热电三联供为主要利用形式，但由于天然气供应不足和价格偏高等因素制约，前期发展缓慢。而发达国家分布式能源等起步较早且发展迅猛，发达国家政府通过规划引领、技术支持、优惠政策以及建立合理的价格机制和统一的并网标准，有效地推动了分布式能源等一系列能源的发展，并且值得一提的是，分布式能源系统在整个能源系统中占比不断提高，其中欧盟分布式能源在全国总能源占比约达 10%。据美国市场研究机构 Navigant Research 预测，未来 10 年全球分布式电源增长速度将是集中式电站的 9 倍，到 2030 年全球一半的电量供应将由电力新兴市场主体提供。在相关政策和规划的推动下，我国分布式能源也在不断提速。自 2015 年以来，国家先后批复了 23 个多能互补集成优化示范工程、28 个新能源微电网示范项目和 55 个"互联网＋"智慧能源等系列试点共 108 个试点示范项目，发展模式逐渐从单一模式向综合模式过渡；2017 年 10 月，国家能源局发布了《关于开展电力新兴市场主体市场化交易试点通知》；2018 年 3 月，国家发展改革委发布了《增量配电业务配电区域划分实施办法（试行）》《关于进一步推进增量配电业务改革的通知（征求意见稿）》，分布式能源得以与市场化改革深入融合、相互促进。近年来，我国分布式电源，尤其是分布式光伏快速发展，2018 年我国新增装机容量中分布式光伏和集中式光伏电站比例约为 1∶1.2。随着我国智能电网建设步伐加快，必将有效应对分布式能源频繁和不稳定的电压负荷，解决分布式能源并网技术难题。此外，我国已经有多家分布式能源专业化服务公司，大部分已建项目运行良好，天然气分布式能源在我国已具备大规模发展的条件。根据预测，2030 年我国分布式电源发展规模为 3.5 亿～5.7 亿 kW·h，占全国电源装机容量的比例在 11.5%～19.1% 之间。

国家能源局发布《关于开展电力新兴市场主体市场化交易试点的通知》明确规定了分布式能源等电力新兴市场主体参与零售市场的要求：

（1）电力新兴市场主体等多元主体交易的项目规模要求。电力新兴市场主体是指接入配电网运行、发电量就近消纳的中小型发电设施。电力新兴市场主体项目可采取多能互补方式建设，鼓励电力新兴市场主体项目安装储能设施，提升供电灵活性和稳定性。参与电力新兴市场主体市场化交易的项目应满足以下要求：接网电压等级在 35kV 及以下的项目，单体容量不超过 20MW（有自身电力消费的，扣除当年用电最大负荷后不超过 20MW）；单体项目容量超过 20MW 但不高于 50MW，接网电压等级不超过 110kV 且在该电压等级范围内就近消纳。

（2）市场交易模式要求。电力新兴市场主体市场化交易的机制是电力新兴市场主体项目单位(含个人,以下同)与配电网内就近电力用户进行电力交易;电网企业(含社会资本投资增量配电网的企业,以下同)承担电力新兴市场主体的电力输送并配合有关电力交易机构组织电力新兴市场主体市场化交易,按政府核定的标准收取"过网费"。考虑各地区推进电力市场化交易的阶段性差别,可采取以下其中之一或多种模式:

1)电力新兴市场主体项目与电力用户进行电力直接交易,向电网企业支付"过网费"。交易范围首先就近实现,原则上应限制在接入点上一级变压器供电范围内。

2)电力新兴市场主体项目单位委托电网企业代售电,电网企业对代售电量按综合售电价格,扣除"过网费"(含网损电)后将其余售电收入转付给电力新兴市场主体项目单位。

3)电网企业按国家核定的各类发电的标杆上网电价收购电量,但国家对电网企业的度电补贴要扣减配电网区域最高电压等级用户对应的输配电价。

(3)电力交易组织要求。

1)建立电力新兴市场主体市场化交易平台。试点地区可依托省级电力交易中心设立市(县)级电网区域电力新兴市场主体交易平台子模块,或在省级电力交易中心的指导下由市(县)级电力调度机构或社会资本投资增量配电网的调度运营机构开展相关电力交易。交易平台负责按月对电力新兴市场主体项目的交易电量进行结算,电网企业负责交易电量的计量和电费收缴。电网企业及电力调度机构负责电力新兴市场主体项目与电力用户的电力电量平衡和偏差电量调整,确保电力用户可靠用电以及电力新兴市场主体项目电量充分利用。

2)交易条件审核。符合市场准入条件的电力新兴市场主体项目,向当地能源主管部门备案并经电力交易机构进行技术审核后,可与就近电力用户按月(或年)签订电量交易合同,在电力新兴市场主体交易平台登记。经交易平台审核同意后供需双方即可进行交易,购电方应为符合国家产业政策导向、环保标准和市场准入条件的用电量较大且负荷稳定的企业或其他机构。电网企业负责核定电力新兴市场主体交易所涉及的电压等级及电量消纳范围。

(4)电力新兴市场主体"过网费"标准要求。

1)"过网费"标准确定原则。"过网费"是指电网企业为回收电网网架投资和运行维护费用,并获得合理的资产回报而收取的费用,其核算在遵循国家核定输配电价基础上,应考虑电力新兴市场主体市场化交易双方所占用的电网资产、电压等级和电气距离。电力新兴市场主体"过网费"标准按接入电压等级和输电及电力消纳范围分级确定。

电力新兴市场主体市场化交易试点项目中,"过网费"由所在省(自治区、直辖市)价格主管部门依据国家输配电价改革有关规定制定,并报国家发展改革委备案。"过网费"核定前,暂按电力用户接入电压等级对应的省级电网公共网络输配电价(含

第4章 新兴市场主体参与电力零售市场的交易机制及关键技术

政策性交叉补贴）扣减电力新兴市场主体市场化交易所涉最高电压等级的输配电价。

2）消纳范围认定及"过网费"标准适用准则。电力新兴市场主体项目应尽可能与电网联接点同一供电范围内的电力用户进行电力交易，当电力新兴市场主体项目总装机容量小于供电范围上年度平均用电负荷时，"过网费"执行本级电压等级内的"过网费"标准，超过时执行上一级电压等级的过网费标准（即扣减部分为比电力新兴市场主体交易所涉最高电压等级更高一电压等级的输配电价），以此类推。各电力新兴市场主体项目的电力消纳范围由所在市（县）级电网企业及电力调度机构（含增量配电网企业）核定，报当地能源监管机构备案。

3）与电力新兴市场主体项目进行直接交易的电力用户应按国家有关规定缴纳政府性基金及附加。

综上所述，电力新兴市场主体参与零售市场的准入要求如图4.2所示。

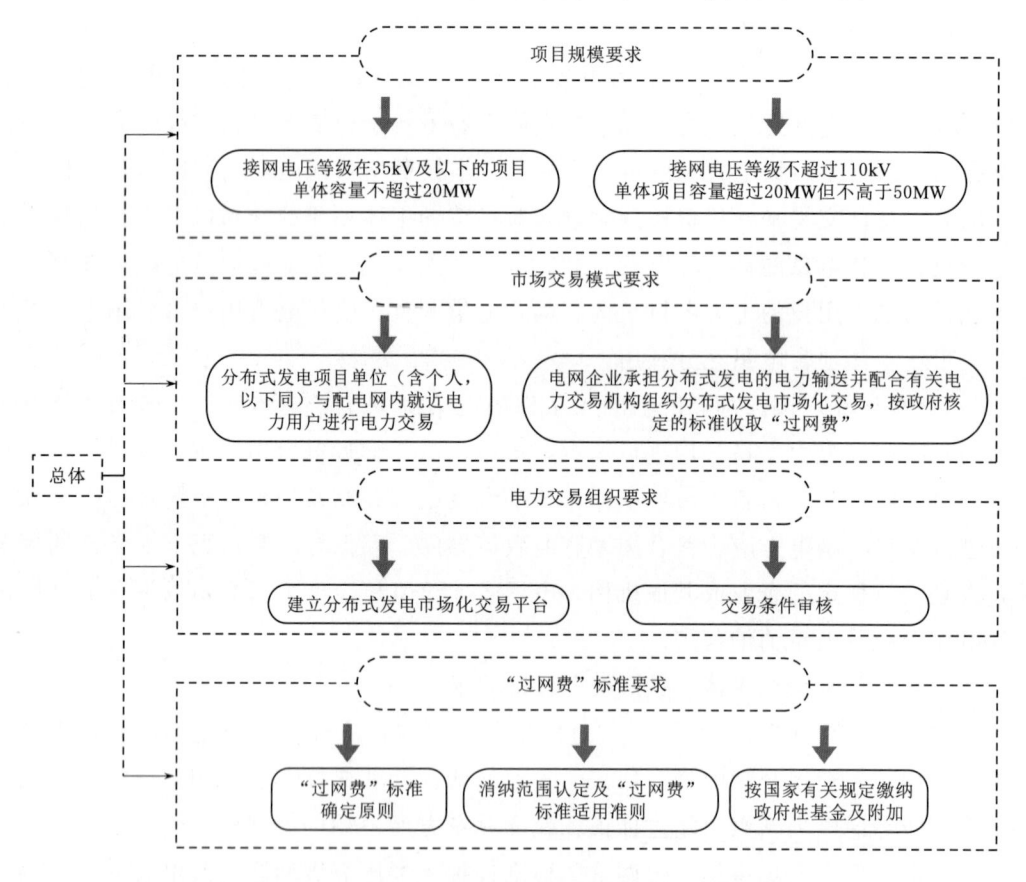

图4.2 电力新兴市场主体参与零售市场准入要求图

4.2.2 准入流程

（1）业主提出并网申请，到当地的电网公司大厅进行备案。

(2) 电网企业受理并网申请，并制定接入系统方案。

(3) 业主确认接入系统方案，并依照实际情况进行调整重复申请。

(4) 电网公司出具接网意见函。

(5) 业主进行项目核准和工程建设。

(6) 业主建设完毕后提出并网验收和调试申请。

(7) 电网企业受理并网验收和调试申请，安装电能计量装置。

(8) 电网企业并网验收及调试，并与业主联合签订购售电合同及并网调度协议。

(9) 并网运行。

电力新兴市场主体参与电力零售市场准入流程如图 4.3 所示。

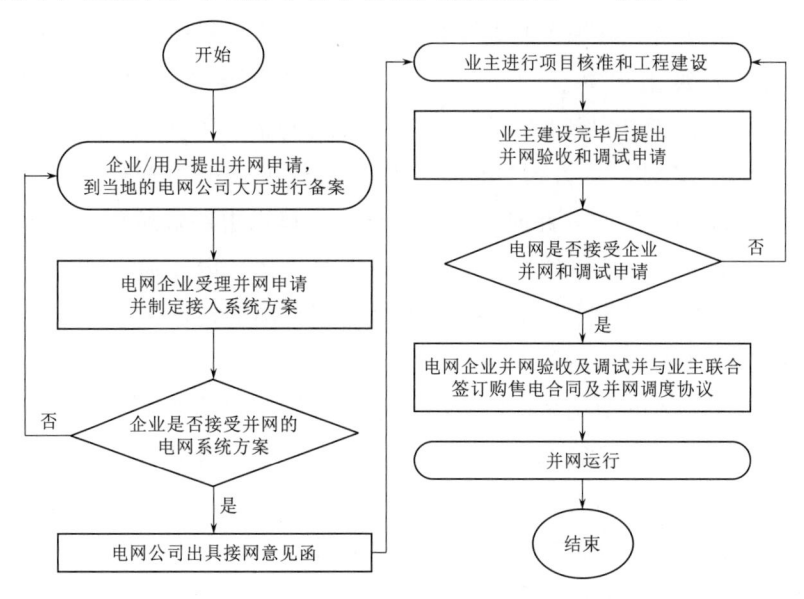

图 4.3 电力新兴市场主体参与电力零售市场准入流程图

4.3 新兴主体参与零售市场组织形式及交易方式

4.3.1 组织形式

电力新兴市场主体由于位于电力消费场所或与之相邻，所以不仅可以就近利用清洁环保能源，而且具备线路损耗小、输电费用低、土地空间利用少等优势。我国十分重视电力新兴市场主体的开发与利用，2013 年国家发展改革委发布《电力新兴市场主体管理暂行办法》，国家制定了支撑电力新兴市场主体的一系列政策。各级电网企业建立了服务电力新兴市场主体接入电网运行的制度和工作机制。当前，我国电力系统

第4章
新兴市场主体参与电力零售市场的交易机制及关键技术

是按照传统的集中式发电模式进行设计的,其技术手段管理方式和市场机制也是与集中式发电模式相配合的。随着电力新兴市场主体规模的扩大,这些手段与模式不再适用,需要设计与电力新兴市场主体相适应的技术手段、管理模式以及市场机制,从而发挥电力新兴市场主体环保性、经济性以及安全性的作用。国家发展改革委与国家能源局在 2017 年开始组织电力新兴市场主体市场化交易试点,通过在试点的摸索与试运行,寻找具有通用性的适合电力新兴市场主体的技术与机制,来更好地促进和服务电力新兴市场主体的应用与发展。

国家发展改革委、国家能源局发布的第一批电力现货市场文件要求根据不同的电压等级,限制电力新兴市场主体的并网最大功率,从而明确了参与电力新兴市场主体市场化交易的市场规模。为了充分发挥分布式电源在相应电压等级范围内就近消纳的优势,文件对不同并网电压等级的电力新兴市场主体项目规模进行了明确的规定。其中,当并网电压等级小于等于 35kV 时,电力新兴市场主体项目规模要求不超过 20MW,该 20MW 是指电力新兴市场主体在扣除自身最大消费功率之后的功率。当并网电压等级为 110kV 时,电力新兴市场主体项目规模大于 20MW 小于等于 50MW,当并网电压等级为 220kV 时,此时电力新兴市场主体向电网输送功率,相当于传统的集中式发电的供电方式,不再被视为电力新兴市场主体,因此通常情况下,电力新兴市场主体的并网最高电压等级为 110kV,但是对于不同的地区,由于电压等级和供电规模的差异可以采取灵活的划分方法。

电力新兴市场主体市场化交易之后,配电网内部的利益主体发生了变化,不同利益主体通过相互配合,在有效的交易机制下运行。配电网内部的市场主体将包括单位或个人建立的电力新兴市场主体项目、电力交易用户、电网企业、电力交易机构以及政府监管部门。其中,电力新兴市场主体项目通过按照自身发电能力,与电力用户进行电力交易,电力用户自主选择可以进行电力交易的电力新兴市场主体项目。分布式电源发出的电通过电网企业提供的传输服务进行供电,三方签订供用电合同,确定交易期限、电量、电价、过网费以及违约责任等。电力交易机构作为电力交易平台,电力新兴市场主体商与用户在其平台上进行交易。政府作为监管部门,约束各方行为,保证供电的可靠性。

根据以上介绍,总结如下:
(1) 建立新兴市场主体市场化交易平台。试点地区可依托省级电力交易中心设立市(县)级电网区域电力新兴市场主体交易平台子模块,或在省级电力交易中心的指导下由市(县)级电力调度机构或社会资本投资增量配电网的调度运营机构开展相关电力交易。交易平台负责按月对电力新兴市场主体项目的交易电量进行结算,电网企业负责交易电量的计量和电费收缴。电网企业及电力调度机构负责电力新兴市场主体项目与电力用户的电力电量平衡和偏差电量调整,确保电力用户可靠用电以及电力新兴市场主体项目电量充分利用。

（2）交易条件审核。符合市场准入条件的电力新兴市场主体项目，向当地能源主管部门备案并经电力交易机构进行技术审核后，可与就近电力用户按月（或年）签订电量交易合同，在电力新兴市场主体交易平台登记。经交易平台审核同意后供需双方即可进行交易，购电方应为符合国家产业政策导向、环保标准和市场准入条件的用电量较大且负荷稳定企业或其他机构。电网企业负责核定电力新兴市场主体交易所涉及的电压等级及电量消纳范围。

对于试点的工作组织可以按照以下步骤完成：

（1）选择试点地区。重点选择分布式可再生能源资源和场址等发展条件好、当地电力需求量较大、电网接入条件好、能够实现电力新兴市场主体就近接入配电网和就近消纳，并且可以达到较大总量规模的市（县）级区域以及经济开发区、工业园区、新型城镇化区域等。风电、光伏发电投资监测预警红色区域（或弃光率超过5%的区域），暂不开展该项试点工作。

（2）编制试点方案。有关省（自治区、直辖市）能源主管部门会同国家能源局派出机构、同级价格主管部门、电力运行管理部门、电网公司等，组织有关地级市（县级）政府相关部门、电网企业以及电力新兴市场主体企业和微电网运营企业，以地级市（县级）区域、经济开发区、工业园区、新型城镇化区域等为单元编制试点方案（编制大纲见附件）。有关省（自治区、直辖市）能源主管部门将编制的试点方案报送国家发展改革委、国家能源局，国家发展改革委、国家能源局会同有关部门和电网企业对试点方案组织论证。

（3）组织实施。有关省（自治区、直辖市）能源主管部门根据国家发展改革委、国家能源局论证后的试点方案，与有关部门和电网企业等做好工作衔接，指导省级电力交易中心或有关电网企业建立电力新兴市场主体交易平台。试点地区的国家能源局派出机构负责研究制订电力新兴市场主体交易合同示范文本，配合所在省（自治区、直辖市）发展改革委（能源局）指导电网企业组织好电力新兴市场主体交易并协调解决试点中出现的相关问题，按照有关规定履行监管职责。

4.3.2 交易方式

（1）直接交易模式。直接交易模式是电力新兴市场主体交易市场化的主要模式，在这种模式下，电力新兴市场主体项目与电力用户直接进行交易，电网企业提供输电服务，三方需要签订供用电合同，确定交易期限交易电量、结算方式、结算电价、"过网费"标准以及违约责任等。电网公司不仅需要扮演输电方的角色，还需要配合电力交易平台组织电力新兴市场主体项目实现市场化交易，维持系统的功率平衡和稳定运行，承担为用户提供持续可靠电能的社会责任。目前电力直接交易的交易方式有

第4章 新兴市场主体参与电力零售市场的交易机制及关键技术

集中竞价、挂牌交易和双边协商三种。在电力新兴市场主体市场交易中，基于电力新兴市场主体项目是和特定的交易范围内的用户进行交易，以及该范围内的用户之间竞争关系并不充分的事实，集中竞价的统一出清方式不适用于电力新兴市场主体交易。而双边协商方式中双边协商所达成的合同的有效性问题及用户准入的不同则决定了该种模式也不适用。因此相对而言，采用挂牌交易的方式比较适合当前环境下的电力新兴市场主体市场交易，但是这种方式下也有一些风险和不足，比如摘牌成交后的用电成本中过网费的实时问题。

（2）委托电网企业代理售电模式。委托电网企业售电模式是一种电网公司提供代售电功能的交易模式。电网企业根据电力新兴市场主体项目的供电量，按照综合售电价格统一向用户供电，将售电收入扣除过网费后交付给电力新兴市场主体项目商。电力新兴市场主体项目需要与电网企业签订合同，确定合作期限、交易电量以及结算方式等。一些小规模的电力新兴市场主体项目和对直接交易无意愿的分布式项目可通过该种模式获得服务。《关于开展电力新兴市场主体市场化交易试点的通知》对于试点地区的综合售电价格未做明确规定，试点单位应该根据分布发电的消纳能力以及各种类型不同的用户属性确定。

（3）电网企业按标杆上网电价收购模式。将电网企业作为电力新兴市场主体项目的购电方按照标杆电价收购模式下，电网企业按照标杆电价统一收购不参与市场交易的电力新兴市场主体项目。国家需要按照政策向电网企业提供扣除该区域最高电压等级用户的输配电价的度电补贴。在按照标杆电价统一收购到电力新兴市场主体完全市场化交易的过渡时期，这种交易模式也是必要的。同时这种交易模式也解决了部分电力新兴市场主体项目在一定范围内没有可以直接进行交易或者电网企业代购的问题。

电力新兴市场主体参与零售市场组织形式及交易方式如图4.4所示。

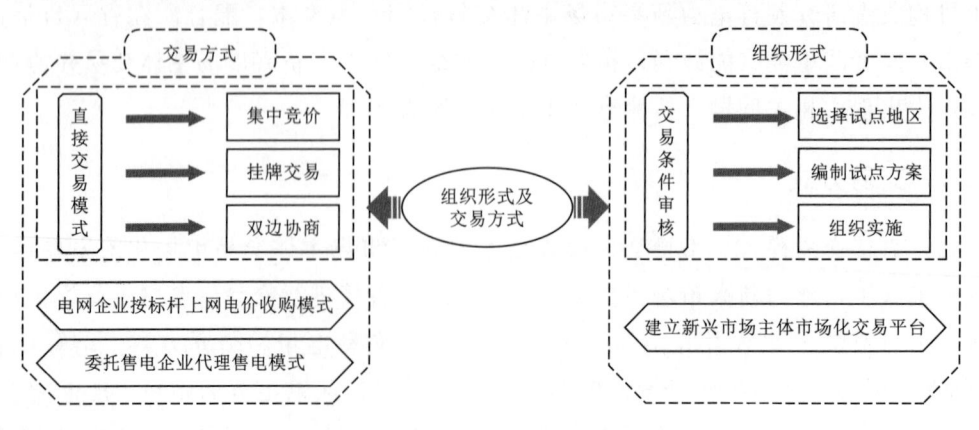

图4.4 电力新兴市场主体参与零售市场组织形式及交易方式图

4.4 新兴市场主体参与零售市场的信用评价方法

4.4.1 传统电力用户信用等级评价

信用作为市场经济的特殊产物，可用于提前预支货物或钱款，是双方开展商业贸易的重要前提和基础。西方发达国家经历了200多年的市场经济发展，已经形成了较为成熟的信用评价及监管体系，并在电力行业中广泛应用。有实践证明：通过建立健全的用电客户信用风险预警机制，可帮助供电企业挽回15%以上的欠费损失。国外主流信用评价及管理方法主要有层次分析法（AHP）、粗糙模糊方法、数据挖掘方法等。我国的信用评价活动起步相对较晚，电力行业的信用评价始于20世纪末，2003年国家电网公司印发的《关于加强电力营销工作的若干规定》中明确提出："加强电费风险管理与研究，建立信用风险分析制度，构建电力客户信用管理体系，实现电费回收风险规避"，电力行业的信用评价才得到国内学者的重视。相对于国外的电力客户信用评价研究，国内学者在算法上创新较少，主要集中在寻找适应中国国情的相关指标体系。最具有代表性的应属采用传统的"5C"指标来建立电力客户的评价体系。如北京交通大学的周晖、王毅等人基于"5C"指标建立了电力客户信用的评价体系，并运用主成分分析法构建了电力客户的信用等级模型。

信用评价是指专业机构基于"公正、客观、科学"的原则，以一套完整全面的相关指标体系为考量基础，对评价对象的信用状况即履行承诺的经济偿还能力和执行意愿，进行定性或定量的综合评判。随着电力改革的不断深入，供电企业已发展为独立法人和自主经营的经济主体，需独立承担其运营成本和经营风险。供电企业的利润主要依赖于收缴电费。然而，近年来，在金融危机的影响下，企业破产、恶意拖欠电费、违章用电、窃电等现象经常发生，据统计，每年国网应拖欠电费导致的损失高达数十亿元，无疑加重了供电企业的经营负担、扰乱了电力市场的平衡关系。因此，供电企业若能及时收集分析电力客户的用电信息和经济状况，准确掌握电力客户的信用动态，预知电力客户欠费的可能性，通过电力客户信用评价事先准确地识别客户的信用状况，便可通过完备的电力客户个性化、差异化服务策略，降低欠费比例，规避收缴电费风险。

电力客户信用评价即是供电企业以管控运营成本、规避电费回收风险、规范用户用电行为为目的，考量电力用户的用电行为（包括缴纳电费、用电安全、用电合作等）对电网产生的影响进行评估，通过比较分析，定量或定性评判用户用电信用状况。评价的一般流程包括确定评价目标，设计评价指标体系，选择评价方法，计算指标权重，最终实现综合评价，设计评价指标是供电企业对电力客户进行信用评价的前提条件。常见的信用评价指标体系理论有"5C"要素分析法、"5P"要素分析法、"5W"要素分析法、"4F"要素分析法、CAMPARI 法、LAPP 法、CAMEL 法等。评价指标考虑的内容大同小异,虽然分类方式不同,但均考虑了评价对象兑现承诺的经济能力及意愿、资本担保、道德品质、发展前景和经营环境等。只有充分考虑了影响信用风险的各方面因素,才能不失偏颇地综合反映信用状况。目前国内外学者主要采用基于"5C"理论建立电力客户的评价指标体系,即从借款人品德(Character)、经营能力(Capacity)、资本(Capital)、资产抵押(Collateral)、经济环境(Condition)角度分析组成信用指标体系。

为确保电力客户信用评价指标体系切实可行、结论科学合理,选取指标时应当遵循以下原则:

(1) 系统性。充分分析引起电力客户信用不佳的诱因,在设计指标时应尽可能客观、全面、系统地反映评价目标。

(2) 先导性。结合电网实际发展状况和最新的理论研究,选取具有代表性和超前性的指标特征量,其变化应能敏锐地反映电力客户信用中存在的问题及发展趋势。

(3) 针对性。与影响电力客户信用等级某一诱因相关的指标特征量很多,应选取与该诱因联系最为密切、最为直接、最能综合反映实际情况的指标作为评估指标。

(4) 简约性。指标应具有高度的概括能力,且易于操作。

指标评价标准是设计评价指标的重要环节,通常评价指标中既有定性指标又有定量指标,如何尽量客观准确地描述定性指标以及如何简洁清晰地描述定量指标直接影响信用评价模型实际应用的适应性和便捷性。目前,由于我国在电力客户信用评价方面的研究相对较少,在实际应用过程中依赖于主观经验判断电力客户的信用高低,在设计指标评价标准时简单粗暴,多数定性指标采用分级处理,忽视了权数作用的区间规范性。信用评价方法贯穿于信用等级评价模型分析、综合和判断的全过程,是评价用户信用的重要工具。信用评价的方法有很多,按照不同的侧重点有不同的分类,如主观评级方法与客观评级方法、定性分析法与定量分析法、静态评级法与动态评级法等。这些方法各有特点,各有优劣,同时又相互交叉,不同行业评级目标的关注点不同,不同的评价方法将会得到不同的评价效果,因此,供电企业建立电力客户信用评价模型时,需充分根据评价对象相关评价指标数据特性选择相应的方法。综合评价的最关键步骤是指标权重的计算,并且决定着评价结果的针对性和可靠性。确定权重的方法主要有主观赋权法、客观赋权法、智能赋权法三类。在电力客户信用评价体系研究的初期,由于数据缺失、信息难以收集等因素,国内外学者主要采用主观赋权法,最常见的即是层次分析法,该类方法完全依赖于主观经验,因此,评价结果与实际情况往往有一定程度的偏差。随着供电公司营销部门对用户欠费、窃电等信用问题的不断重视,相关用电信息数据有所累积,电力客户信用评价研究逐步开始引入客观赋权法，如主成分分析法、熵值法等，这类方法基于数据的混乱度和样本的完整性，通过分析各指标要素对评价结果的信息贡献率确定权重，相对客观。近年来，电网智能化和信息化高速发展，随着智能监控设备不断投运，供电企业收集用户详尽的用电特征信息能力显著增强，相关数据不断完善，基于数据挖掘的智能赋权法得到了广泛的应用，包括遗传算法、神经网络算法、支持向量机算法、投影寻踪插值算法等。这类算法评价结果更加直观、客观、准确，适应性强，但初始训练样本数量和训练样本的准确度直接决定最终评价结果的可靠性。

4.4.2 新兴市场主体的信用等级评价

（1）用电缴费信用 B_1。用电缴费信用是品德的重要组成部分，直接反映了电力用户缴纳电费的主观能动性和行动力，是与供电公司电费回收率最密切相关的信用指标。

（2）月平均缴费比例 C_{11}。月平均缴费比例指用户实际缴纳电费与用户当月实际需要缴纳电费的比值的平均值，即以月为单位统计各月用户缴费的比例后取平均数。其为定量指标，可通过用户的历史缴费记录计算得到，指标值越大，用户缴费行为表现越好，越可信，其计算公式为

$$C_{11} = \sum_{i=1}^{n} \frac{用户第\,i\,月实际缴纳电费}{n \times 用户第\,i\,月账单电费} \tag{4.1}$$

（3）月平均缴费及时度 C_{12}。除了用户每月不欠费（在缴费规定期限内付清当月电费）外，用户缴费时间直接体现了用户缴费的积极度。月平均缴费及时度指用户自每月电费通知下达后，缴纳电费的时间间隔与缴费规定期限的比值，统计各月缴费及时度取平均值。其为定量指标，反映了用户缴纳电费的意愿和态度，指标值越大，用户缴费态度越积极，缴费更加及时，信用度也越高，其计算公式为

$$C_{12} = \sum_{i}^{n} \frac{\sum_{r} \lambda_{r}^{i}(第\,i\,月第\,r\,次缴纳电费时间 - 电费下达时间)}{n \times 缴费规定期限} \tag{4.2}$$

式中：λ_{r}^{i} 为用户第 i 月缴纳电费的比例，缴费规定期限按照各地供电公司电费收缴章程确定，比如，通常电费单于每月 1 日下达，电费需要在当月缴清，否则视为欠费，即缴费规定期限为该月的天数。

（4）欠费次数 C_{13}。欠费次数指用户在数据统计时间范畴内，未在缴纳电费截止时间内缴清全部电费的次数。其为定量指标，指标值越大，用户欠费频率越高，信用越差。

（5）累积欠费总量 C_{14}。累积欠费总量指用户在数据统计时间范畴内，未在缴纳电费截止时间内缴清的拖欠部分电费的总和。特别需要注意的是，拖欠电费存在累加性，即以每月缴纳电费截止时间前用户缴纳电费总额与应缴纳各月电费总量之差作为当月用户拖欠的电费量。其为定量指标，指标值越大，用户欠费额度越大，对电网电

费回收率影响越大,信用越差,其计算公式为

$$C_{14} = \sum_{k=1}^{n}\sum_{i=1}^{k}(用户第\,i\,月账单电费 - 用户第\,i\,月缴纳电费) \quad (4.3)$$

(6) 月平均欠费偿还率 C_{15}。月平均欠费偿还率指用户当月偿还电费与上月缴费截止时间时拖欠的电费的比例,C_{15} 为统计考察时间范畴内用户各月欠费偿还率后计算得到的平均值。当月偿还电费量指用户在当月缴费时间范围内缴纳电费总额与该月用户账单电费的差值,上月缴费截止时用户拖欠电费量指上月截止缴费时用户缴纳电费总额与应缴纳各月电费总量之差。其为定量指标,指标值越大,用户偿还欠费的经济能力较强,信用相对可靠,其计算公式为

$$C_{15} = \sum_{k=1}^{n}\frac{1}{n}\frac{用户第\,k\,月账单电费 - 用户第\,k\,月缴纳电费}{\sum_{i=1}^{k-1}(用户第\,i\,月账单电费 - 用户第\,i\,月缴纳电费)} \quad (4.4)$$

式中:$\sum_{i=1}^{k-1}(用户第\,i\,月账单电费 - 用户第\,i\,月缴纳电费)$ 为用户截至第 $k-1$ 月欠费总量。

(7) 月平均欠费偿还及时度 C_{16}。仅用月平均欠费偿还率来衡量用户缴纳欠费能力及意愿比较武断,用户偿还欠费的时间和速度也充分体现了用户对于欠费的重视程度和弥补信用的能动性。因此,本书提出了月欠费偿还及时度,该指标是用户当月实际拖欠电费在时间维度上的累积量与用户当月欠费总量在时间维度上的累积总量的比值。其为定量指标,指标值越大,用户偿还欠款的速度越慢,信用度越低,其计算公式为

$$C_{16} = \sum_{i=1}^{n}\frac{1}{n}\frac{用户第\,i\,月实际欠费 \times 拖欠电费时间}{截至第\,i-1\,月欠费量 \times 第\,i\,月缴费周期} \quad (4.5)$$

$$第\,i\,月\,r\,次缴纳欠费量 = \begin{cases} 0, & Q < 0 \\ Q, & Q \geqslant 0 \end{cases}$$

其中

$$Q = 用户第\,i\,月账单电费 - \sum_{k=1}^{r}第\,i\,月第\,k\,次缴纳电费$$

(8) 用电法规信用 B_2。用电法规信用也是品德的重要组成成分,主要包括用户用电安全和窃电行为,反映了电力用户对法律法规遵守信用程度。用户用电安全间接或直接影响着电网的安全稳定运行,与电网运营维护成本相关,而窃电直接影响供电公司电费回收和经营利润。

(9) 非法用电记录 C_{21}。非法用电记录指用户违规用电情况,包括私自改变用电类别、私自停用电力保护装置、阻碍或扰乱电力生产秩序等。该指标为定性指标,可由专家打分确定,不存在非法用电情况的用户得满分。该指标值越大,说明用户用电越规范,信用等级越高。

(10) 危害电力设备记录 C_{22}。危害电力设备记录指用户私自改变用电计量装置、私自启用不符合要求的用电设备造成对其他电力装置损害等缩短电网电力设备使用期限或恶化电力设备使用状态的行为。该指标为定性指标，可由专家打分确定，不存在危害电力设备行为的用户得满分。该指标值越大说明用户危害电力设备行为越少，信用等级越高。

(11) 安全事故记录 C_{23}。安全事故记录主要是指由用户造成各类电气事故、设备损坏、人身伤亡等记录。安全用电关系电网各家各户，电力客户由于设备绝缘老化、缺乏电力保护装置等自身原因造成电气事故，这会对电网的安全运行造成影响，甚至会威胁到电网的正常稳定运行，并影响到其他电力客户用电。该指标为定性指标，由供电公司相关专家根据安全事故记录打分，也可采用简化方法如按照事故的严重性分级定义不同情况的安全事故，用户每出现一次安全事故，扣除对应等级的分数，定性地确定安全事故记录得分，未出现安全事故的用户得满分。该指标值越大，说明用户用电越安全，对电网的冲击或危害越小，信用等级越高。

(12) 窃电次数 C_{25}。窃电次数指用户在数据统计时间范畴内发生窃电行为的累积次数，以被供电公司查证为标准进行统计。若用户在连续数月窃电后才被供电公司抓获，记为发生一次窃电，与用户窃电时间长短无关。该指标为定量指标，窃电次数反映了用户违规侥幸心态，窃电次数越多，说明用户的法制意识越差，信用等级越低。

(13) 平均窃电率 C_{26}。屡次窃电说明用户存在窃电惯性和侥幸心理，但不能直观地反映出用户对电网收益的影响，窃电次数多并不意味着窃电量大，电网回收电费难度大。因此，本书提出窃电率，指用户当月的窃电总量与当月总用电量的比率，平均窃电率即统计考察时间范畴内各月窃电率的平均值。该指标为定量指标，反映了用户窃电的严重程度，指标值越高，用户窃电给电网造成的经济损失越大，信用等级越低。

(14) 电力合作信用 B_3。电力合作信用也是品德的重要组成部分，用户与供电企业的相互协作、紧密配合是保障电网安全稳定运行的前提，有效地减少节约电网运营成本。若电力用户不配合电网调度的停送电安排将会增加电网调用辅助服务的成本，若电力用户在用电检查时不配合将会耗费电网更多的人力、物力。

(15) 调度合作记录 C_{31}。调度合作记录指客户在电网出现事故、检修等供给不足的情况下，配合电网停送电调度安排的记录。该指标为定性指标，可由相关专家根据调度合作情况打分，该指标值越大，说明用户越积极地配合电网的调度指令，信用等级越高。

(16) 用电检查配合程度 C_{32}。用电检查配合程度指供电企业执行用电检查、窃电稽查时客户配合的程度。该指标为定性指标，由专家打分获得，该指标值越大，说明用户越积极地配合电网的用电检查，信用等级越高。

第 4 章
新兴市场主体参与电力零售市场的交易机制及关键技术

（17）经营能力信用 B_4。经营能力信用是能力与资本的综合指标，反映电力客户对电费的负担及偿还能力，主要通过用户的资产经济能力和运营管理状况衡量。

（18）资产负债率 C_{41}。资产负债率指企业用户负债总额与资产总额的比值，本书拟以季度为单位统计更新，其为定量指标，反映企业借债占其资本的比例。该指标值越大，说明企业的经营负担越重，供电公司在企业清算时能够追讨回的利益保障越小，用户信用度越低。

（19）流动资产周转率 C_{42}。流动资产周转率指流动资金周转速度。该指标有两种表现形式，一定时期内流动资金完成的周转次数或流动资金周转一周的天数，本书采用前者定义，即指本期主营业务收入净额与平均流动资产余额的比例。其中平均流动资产余额为一定时期内企业各种流动资产价值的平均占用量，即期初流动资金与期末流动资金的平均。该指标为定量指标，通常以季度为单位期统计计算。该指标值越大说明用户生产状况良好，信用度越高。

（20）投资回报率 C_{43}。投资回报率指企业通过投资某项生产项目返还的经济价值，反映了企业的资源配置优化程度及投资的综合盈利能力。该指标可通过每期利润与投资总额的比值计算得到，通常以季度为单位统计每期指标，该指标值越大，说明用户资产利用效率越高，盈利比例越大，信用度越高。

（21）电费占单位产品成本的比例 C_{44}。电费占单位产品成本的比例顾名思义指企业生产过程中电费支出与生产总成本支出的比值，反映了企业对电力的依赖程度。高能耗（电费占比较高）的企业，若其出现欠费、窃电等信用缺失时，对电网造成的经济损失较大。对于这类企业，若企业经营出现困难，资金周转不灵时，往往不可避免地造成欠费、窃电等危害供电公司效益的行为。该指标为定量指标，通常是固定值，可以季度为周期调研相关企业产品结构变化统计更新，该指标值越大，说明用户能耗越大，企业经营状况发生波动时，易出现电力客户信用违约行为，信用度越低。

（22）银行贷款归还率 C_{51}。银行贷款归还率指用户在每期贷款归还截止时间前缴费贷款金额占每期实际需要缴费贷款额度比例的平均值。该指标为定量指标，在数据互通的情况下，可由银行评估中心直接调取，该指标值越大，用户在银行借贷过程中按时还款、遵守经济承诺，信用度越高。

（23）商业合同履约率 C_{52}。商业合同履约率指用户在商业活动中合同完成百分数，指实际交货额与合同规定货额之比，即实际交货额与合同规定货额之比，反映了用户的商业信用。该指标为定量指标，其指标值越大，说明用户的商业信誉越好，用电信用度越高。

（24）抵押信用保障 B_6。抵押信用保障是担保的重要指标，指用户将其资产作为承诺付款的担保，一旦出现无法按时缴纳承诺过的费用，需要将相应的担保资产抵押或变卖折现付费。目前，供电公司极少与用户签有抵押担保，因此传统财务指标"资产抵押次数""平均资产抵押率"等并不适用于电力客户用电信用评价,本书提出"平均预交电费率"指标来体现。以往用户购电采用"先用后付",用户提前预缴电费的行为,相当于"先付后用",等同于某种程度的变相担保。

(25) 平均预交电费率 C_{61}。预交电费率指用户提前缴纳电费的比例,即用户当月提前预缴电费与当月用户实际用电电费的比例。若前 $k-1$ 个月用户缴纳的电费总额小于账单电费总量,即用户存在欠费,未预缴电费,此时平均预缴电费率为 0。该指标反映了用户"先付费后用电"的意愿和经济实力,该指标值越大,说明用户预缴电费越多,供电公司回收电费的风险越小,用户用电信用等级越高,其计算公式为

$$C_{61} = \sum_{i=1}^{n} \frac{1}{n} \frac{\sum_{i=1}^{k-1}(第\ i\ 月缴纳电费 - 第\ i\ 月账单电费)}{第\ k\ 月账单电费} \quad (4.6)$$

然而随着电力市场改革的逐步推进,自 2013 年 3 月国家电网公司颁布《关于做好分布式电源并网服务工作的意见》,越来越多的电力用户建成电力新兴市场主体设备投入并网,同时电网不断下达大用户直购电试点交易办法,高能耗的大用户纷纷加入大用户直购电计划,国家对节能减排的碳排放管理也日趋重视,上述评价指标尚未考虑新电力市场环境下,用户相应的电力市场行为或用电行为对电网造成的运营成本和经营风险的影响,因此,本书提出了四个新指标作为对电力用户角色转换(由被动购电到主动电力市场参与者)后信用评价体系的补充:用户电力新兴市场主体并网电量比 C_{33}、用户分布式电源并网电能质量达标率 C_{24}、大用户直购电违约电量比 C_{53}、用户减排配额完成率 C_{34}。

(26) 用户电力新兴市场主体并网电量比 C_{33}。电力用户自建分布式电源上网后,除了部分电力可以通过自给自足外,减轻了企业电费成本压力,同时按照国家的相关规定,用户能够获得上网电量相应的新能源发电补贴,增加电费收入,若用户投入的分布式电源发电足够多,其自发上网电量获得的电费收益完全可以覆盖其分布式电源发电功率不足负荷时向电网所购的电费,即用户可以通过分布式电源上网获得额外的经济收益。

用户电力新兴市场主体并网电量比 C_{33},顾名思义指用户分布式电源发电上网电量与用户用电之比,反映了用户用电自给自足的能力、用户电费成本压力以及其对节能减排政策的态度。该指标为定量指标,指标值越大,说明用户电费压力越小,则供电公司回收电费的风险较小(可视上网电量为变相的电费担保抵押),同时说明用户对节能减排的态度积极,具有较强的社会环保公益形象,一般情况下,社会形象良好的企业为违约付出的信誉价值损失较大,则出现欠费、窃电等用电失信行为的可能性越小,用户信用度越高。该指标可表示为

$$C_{33} = \begin{cases} \eta/\alpha, & \eta \in [0, \alpha] \\ 1, & \eta > \alpha \end{cases} \quad (4.7)$$

式中：η 为用户分布式电源发电上网电量与用户用电量之比；α 为用户平均购电电价与分布式能源平均上网电价之比。

$\eta > \alpha$ 代表用户分布式能源上网售电收益大于用户购电支出，即供电公司可从用户售电收益中直接扣取相应的电费，不存在电费回收风险。

(27) 用户分布式电源并网电能质量达标率 C_{24}。用户分布式电源并网后，若其上网的电能质量不达标，将会对电网的其他电力设备产生影响和冲击，加速设备老化，缩短设备寿命，甚至会威胁到整个配电网的安全稳定运行，供电企业为了消纳这部分电能质量不达标的上网电量，需要增加维护检修成本和电网运营的辅助服务成本，加重了经营风险。因此，只有符合电网标准的分布式电源上网，才能对电网有正向作用，遵循就地消耗原则，通过合理安排负荷用电，降低电网线损，平抑峰谷差等。用户分布式电源并网电能质量达标率 C_{24} 即按照国家相关规定《分布式电源接入电网技术规范》对用户上网电能进行考核的达标率，反映了用户遵守法律法规的意愿及电力合作的态度。该指标为定量指标，可通过在线检测设备定期抽查分布式电源上网电能质量的合格情况，统计平均达标率，其指标值越大，说明用户上网电能可靠性越高，供电企业需要额外负担经营成本越小，用户的信用度越高。

(28) 大用户直购电违约电量比 C_{53}。大用户直购电合同是与电力客户信用评价最密切相关的商业合同，其直接反映了电力客户在电力市场活动中的社会交往信用。目前的大用户直购电主要采用定期撮合交易形成，大用户一般于每期初始签订直购电合同，于交易期内用户按照合同计划用电，供电公司则按照合同电量安排调度计划，当用户用电发生偏差，用电量不足出现违约时，用户将要支付一定的违约罚款，使得自身电费负担加重，同时供电企业制定的调度计划也会发生偏差，增加备用、调峰等辅助服务成本，增加了电网的经营风险。大用户直购电违约电量比 C_{53} 即指用户用电量低于合同允许偏差下限的部分电量与签约的直购电合同总电量的比值，反映了用户对自身用电计划把握的准确程度以及其在电力市场活动中信用的可靠性。该指标为定量指标，该指标值越大，说明用户实际用电量偏离允许计划用电量偏差下限越多，电力市场中商业信用相对缺失，对供电公司的影响相对较大，电网运营风险越大，用户的信用度越低，其计算公式为

$$C_{53} = \frac{E_\Delta}{E_{totals}} \tag{4.8}$$

式中：E_Δ 为由用户造成的月实际用电量低于直购电合同签约电量 97% 的偏差部分电量；E_{totals} 为直购电合同签约的月用电量。

(29) 用户减排配额完成率 C_{34}。自 2007 年国家发展改革委颁布《节能减排综合性工作方案》以来，越来越多的电力用户积极响应号召，即购置节能产品，尤其以节能照明产品为主。在碳排放配额和绿色交易证书的电力市场环境下，用户除了购置节

能耗电产品外,也可通过分布式电源发电上网获取更多单位的绿色交易证书,若用户侧均能够完成减排配额要求,则电网侧更容易实现减排配额,无需在发电侧额外购置新能源或电力绿色交易证书,减少不必要的购电成本和辅助服务成本,能够有效控制供电公司的经营风险。用户减排配额完成率 C_{34} 指用户实际减碳排放配额的比值,反映了用户的减碳水平和社会责任感。该指标为定量指标,该指标值越大,说明企业的经营状况良好,无需额外购置绿色交易证书,需负担电费压力较小,社会责任感越强,其信用度较高,其计算公式为

$$C_{33} = \begin{cases} \mu, & \mu \in [0, 1] \\ 1, & \mu > 1 \end{cases} \tag{4.9}$$

式中:μ 为用户实际减碳排放量与用户减碳排放配额的比值。

当 $\mu > 1$ 时,代表用户已超额完成减碳配额,即减排配额完成率最高为100%。用户已超额完成减碳配额,即减排配额完成率最高为100%。评价流程如图4.5所示。

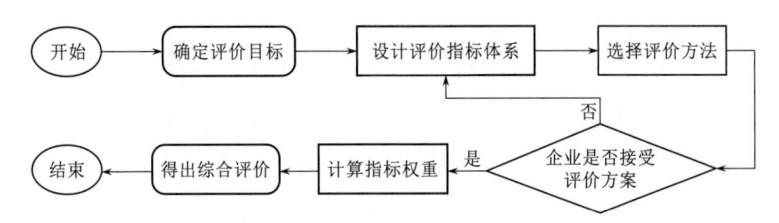

图4.5 新兴市场主体参与零售市场的信用评价流程示意图

4.5 新兴市场主体参与零售市场的管理机制

以河南省为例,河南省电力零售市场管理以政府部门下发的相关政策文件为依据,主要有以下文件:

(1)《关于进一步深化电力体制改革的若干意见》(中发〔2015〕9号)及其配套文件。

(2)国家发展改革委 国家能源局关于印发《售电公司准入与退出管理办法》和《有序放开配电网业务管理办法》的通知(发改经体〔2016〕2120号)。

(3)国家发展改革委 国家能源局关于印发《电力中长期交易基本规则(暂行)》的通知(发改能源〔2016〕1784号)。

(4)河南省发展和改革委员会《关于开展售电公司市场注册工作的通知》(豫发改能源〔2017〕7号)。

(5)河南省电力体制改革领导小组办公室《关于印发河南省电力体制改革4个专项试点方案的通知》(豫电改办〔2017〕2号)。

(6)《河南省电力市场交易规则(试行)》(豫发改能源〔2019〕4号)。

第4章
新兴市场主体参与电力零售市场的交易机制及关键技术

（7）河南省发展和改革委员会 国家能源局河南监管办公室《关于河南省 2020 年电力直接交易有关事项的通知》（豫发改运行〔2020〕29 号）。

（8）河南省发展和改革委员会《关于 2020 年电力直接交易有关事项的函》。

（9）《河南省电力市场运营基本规则（试行）》（发改办体改〔2021〕339 号）。

1. 管理机制主要内容

（1）成员管理。电力用户（含售电公司）注册。

1）用户注册信息填报。河南省内的工商业电力用户均具备准入资格，不再受电压等级限制。电力用户首先按照统一要求填报基础信息并上传营业执照及加盖企业公章和法定代表人签名的承诺书、风险告知书扫描件。

2）填报信息自动核验。交易平台根据用户填报的企业名称、用电户号等基本信息查询电网企业营销业务应用系统，交易平台能够自动筛查居民或农业用电、全电量电能替代、临时用电用户、欠费用户、业扩报装用户、存在转供电等暂不符合准入条件的用户状态。

3）附件信息人工核验。电力用户信息填报无误且符合准入条件的，能够自动返回相关用电户号的基本信息。交易中心对电力用户提报的注册信息进行形式核验，主要核对上传附件的完整性、附件与平台填报信息的一致性，通过核验即可注册生效。

（2）电力用户信息变更。电力用户在交易平台的信息变更包含了基本信息变更、新增/删减户号、户号过户、用户退市等。

1）基本信息变更。企业名称、法定代表人变更属于重大信息变更，电力用户需要重新上传营业执照、承诺书、风险告知书，并同步上传变更申请表，明确变更内容；电力用户的联系人和联系方式是确保用户交易过程中实名制的关键信息，相关信息需在承诺书中予以明确，联系人和联系方式发生变更后需重新更新承诺书；除上述信息之外的其他基本信息可以直接变更，交易中心受理并核验通过后立即生效。

2）电力用户新增/删减户号。电力用户申请新增户号时，交易平台将自动向电网企业营销业务应用系统查询该新增户号的信息，筛查并返回符合准入条件的户号信息。用户同步上传变更申请表，明确新增户号的信息。经交易中心人工核验，变更申请表中新增户号信息与平台新增户号信息相一致的，当月申请的电力用户新增户号一般在次月 1 日生效。电力用户删减户号时，只需上传变更申请表，明确删减户号的信息。若删减完户号后该用户在交易平台无有效户号，则需按照退市流程处理；若该用户还有其他有效户号，交易中心人工核验注销申请与实际注销户号相一致时，相关户号明细将通过平台发送至电网企业营销部，通知其将该零售用户户号进行退出市场化售电系统操作并返回操作（减少户号）成功或失败标识，交易中心执行该用户在交易平台的户号删减，当月申请的电力用户删除户号生效日期为申请日期上个月的最后一天。

3) 电力用户之间用电户号过户。电力用户的户号过户分两步，按照"先注销、后新增"的步骤执行，户号的拥有者先在交易平台注销该户号（按注销户号流程执行），生效后去电网企业营销部办理过户，办理完成后新的拥有者在交易平台申请新增户号（按新增户号流程执行），新增生效后整个过户流程即全部完成。

4) 电力用户退市（所有用电户号注销）。已经注册生效的电力用户申请退市前，需首先与售电公司解除委托代理关系，上传退市申请表和最新日期签署的风险告知书。为了确保结算周期的完整性，一般退市日期设置为申请日期上一个月的最后一天。

（3）合同管理。

1) 委托代理关系的建立。零售用户及售电公司完成市场准入手续后，不存在转供电关系、无业扩或变更在途流程的零售用户可以选择售电公司建立委托代理关系。同一委托期内，零售用户仅可选择一家售电公司签订委托代理交易合同并在交易平台建立委托代理关系。交易中心每周进行委托代理关系申请的受理和委托代理关系名单公告的发布。

a. 签订委托代理交易合同。售电公司与零售用户参照交易平台最新发布的参考文本完成委托代理交易合同的签订。委托代理交易合同应具备关键要素，包含但不限于：双方企业名称，双方企业法定代表人姓名，电力用户用电户号，委托代理期，委托代理服务费率，偏差考核费处理方式，偏差电量产生费用的处理方式，违约责任，公章（合同专用章），法定代表人（授权代理人）亲自签字，合同签订时间与地点。其中，委托代理期跨年的合同，"委托代理期"条款处必须加盖电力用户公章或合同专用章，合同签署人为授权代理人的，需提供法定代表人亲自签署的授权书。

b. 售电公司提交委托代理关系申请。售电公司通过交易平台上传双方委托代理交易合同扫描件，填写委托代理周期等信息。委托代理期起始时间以交易平台提交的起始时间为准，交易平台提交的起始时间可晚于双方合同中委托代理期起始时间，平台提交的委托代理期截止时间应与合同一致。起始时间应为月初日，截止时间应为年末日。零售用户在同一委托期内委托两家及以上售电公司提交至交易平台的，暂停该用户与售电公司建立绑定关系，相关零售用户或售电公司提交全部合格解除协议后，方可提交委托代理关系申请。

c. 零售用户确认委托代理关系申请。零售用户对售电公司提交的申请进行确认，并填写相关委托代理关系信息，零售用户也可退回售电公司的申请，退回后售电公司可以重新修改后再提交。

d. 交易中心受理。零售用户确认委托代理关系申请后，交易中心受理双方申请，委托代理关系申请通过后由交易中心在交易平台发布委托代理关系名单公告，公告期间市场主体无异议的委托代理关系正式生效。

2）委托代理关系的解除。已在交易平台建立委托代理关系的零售用户与售电公司，经双方协商一致签订委托代理交易合同解除协议后，可以解除双方委托代理关系。零售用户与售电公司委托代理关系应按自然月解除，解除时间应为某月1日零时。零售用户与售电公司解除委托代理关系时，应确保约定解除时间后续月份电量全部为零。交易中心每周进行委托代理关系解除申请的受理和委托代理关系解除名单公告的发布。

a. 签订委托代理交易合同解除协议。售电公司与零售用户参照交易平台最新发布的参考文本完成委托代理交易合同解除协议签订。委托代理交易合同解除协议应具备关键要素，包含但不限于：双方企业名称，原委托代理交易合同签订时间及委托代理期，拟解除双方委托代理关系的时间，协议生效条件，公章（合同专用章），法定代表人（授权代理人）亲自签字，合同签订时间。零售用户应同时签订电力用户风险知晓书，承诺知晓解除双方委托代理关系后应承担的可能无法参与后续交易和可能执行保底电价的风险。

b. 售电公司提交委托代理交易合同解除申请。售电公司上传双方委托代理交易合同解除协议及电力用户风险知晓书扫描件，填写解除日期等信息。

c. 零售用户确认委托代理交易合同解除申请。零售用户通过交易平台对售电公司的申请进行确认，也可退回售电公司的申请，退回后售电公司重新修改后可以再提交。

d. 交易中心受理。电力用户确认委托代理关系解除申请后，交易中心受理双方申请，解除申请通过后在交易平台发布委托代理关系解除公告，公告5个工作日无异议的委托代理关系解除申请生效。

3）零售电价形成机制。电力用户委托售电公司参与市场化交易后，其用电价格由交易成交价格、输配电价、政府性基金及附加、委托代理费率等顺加形成。交易成交价格是售电公司代理电力用户通过双边协商、集中撮合等市场化交易方式形成的发电侧价格。

零售电价形成过程中，售电公司为所代理电力用户指定批发侧合同（其中包含交易成交价格），按月分配计划电量，并根据双方委托代理交易合同计算委托代理服务费率，电力用户用电价格则依据上述交易成交价格、委托代理费率等顺加形成。

（4）计量管理。计量管理的目的是及时、准确获取市场化零售用户的实际用电量数据，按照《河南省电力市场交易规则（试行）》相关规定，电网企业应按照自然月抄录用户电能计量装置数据，并提交至交易中心。

按照用户电量数据形成的流程，计量管理主要分为计量点准备、制定抄表计划、自动化抄表、抄表数据复核、电量计算和交割电量确认等业务环节。

1）计量点准备。电网企业营销部在收到交易中心传递的售电公司与零售用户建立绑定关系的信息后，将相应零售用户户号及计量点从营销业务应用系统同步至市场化业务应用系统，并在营销业务应用系统中将相应计量点标记为市场化。

2）制定抄表计划。电网企业营销部在营销业务应用系统中为所有标记为市场化的计量点维护抄表计划，市场化用户的抄表例日为每月1日0时，营销业务应用系统可自动识别市场化用户抄表时间并发起抄表计划。

3）自动化抄表。用电信息采集系统根据营销业务应用系统的抄表计划，自动将抄表例日的抄表数据推送至营销业务应用系统。

4）抄表数据复核。营销业务应用系统根据设定的抄表数据复核规则，自动筛选出不符合规则的异常用户，将工单推送至前台。电网企业营销部对异常用户进行核实，电量核对无误后推送至市场化业务应用系统。

5）电量计算。电网企业营销部在市场化业务应用系统对抄表数据进行计算，计算结果主要包括抄见电量、变损、扣减电量等。同时对抄表示数和电量数据核对无误后，推送至市场化业务应用系统交割电量确认环节。

6）交割电量确认。电网企业营销部在市场化业务应用系统中，根据市场化用户计量点属性、电量计算结果，对户号交割电量进行确认，作为户号实际用电量推送至市场化业务应用系统和交易平台的中间库。

（5）结算管理。零售市场的结算以零售用户为结算单元，以用户户号为用电单元，以电量清分为核心内容，以月度为结算周期，根据零售用户户号计量数据、零售市场计划调整结果和电量清分原则，对零售用户实际用电量进行清分，确定各成分的电量、相应交易电价及代理服务费率，为零售用户的费用结算提供依据。

根据河南省发展改革委《关于2020年电力直接交易有关事项的函》，2020年疫情防控期间（自1月1日起），电力直接交易暂不执行偏差考核。后期偏差考核政策根据疫情防控形势和河南省发展改革委最新要求执行。河南省发展改革委相关部门同意，在不执行偏差考核期间，发电侧、购电侧市场化电量结算延续2019年9—12月结算模式，实行月清月结：售电公司代理零售用户月度实际用电量之和不超过该月交易安排电量105%的部分，零售用户相应用电量执行交易电价顺加，超出部分零售用户相应用电量执行其目录电价。其他按照《河南省电力市场交易规则（试行）》（豫发改能源〔2019〕4号）结算有关原则执行。

零售市场结算业务按照业务时序主要分为电量数据传递、电量数据公示、批发侧结算计算、零售市场计划调整、零售侧结算计算、结算结果反馈、结算单公示、结算单发布等8个环节。

1）电量数据传递。每月3个工作日内，电网企业营销部将市场化用户上月实际用电量数据按照户号传递至交易平台和市场化业务应用系统的中间库；交易中心在数据传递完毕后1个工作日内通过交易平台抽取用户电量数据，并对用电量数据进行初步核验，核验主要内容为在交易平台已生效且与售电公司绑定关系已生效的所有零售用户户号电量数据是否传递及是否存在负数，对于存在问题的户号，协同电网企业营销部进行核实处理。

2）电量数据公示。每月5个工作日内，交易中心通过交易平台向售电公司公示零售用户上月实际用电量数据，由售电公司在2个工作日内完成其代理零售用户用电量数据的确认工作；对电量数据存在异议的，交易中心将异议情况传递至电网企业营销部进行核实处理，并根据反馈的处理结果再次对相应售电公司公示。

3）批发侧结算计算。交易中心在电量数据确认后1个工作日内完成售电公司批发侧交易合同电量结算并于当日通过交易平台将结算数据发布至各售电公司。

4）零售市场计划调整。售电公司在交易中心发布批发侧交易合同结算电量后1个工作日内，根据批发侧交易合同结算电量，逐个合同开展零售市场计划调整并提交审核，分配至每个批发侧交易合同的零售用户电量之和必须与该合同结算电量相等，且同一零售用户分配至各批发侧交易合同的电量之和不能超过其实际用电量。

5）零售侧结算计算。交易中心在售电公司零售计划调整后1个工作日内，根据调整结果完成零售用户各户号的电量清分。

6）结算结果反馈。交易中心在完成零售侧结算计算后，将零售用户各户号的电量清分数据反馈至交易平台与市场化业务应用系统的中间库。

7）结算单公示。交易中心在零售侧结算计算完成后1个工作日内生成各售电公司预结算单并通过交易平台对售电公司进行"一对一"公示。对有异议的售电公司，根据异议情况进行核实处理后再次公示。售电公司在预结算公示后1个工作日内完成确认工作。

8）结算单发布。交易中心在售电公司完成预结算单公示确认后1个工作日内生成各售电公司正式结算单并通过交易平台对售电公司进行"一对一"发布，正式结算单加盖交易中心结算专用章的电子签章。交易中心同步将售电公司结算数据线下传递至电网企业财务部。

(6) 费用管理。零售市场费用管理主要为零售用户电费收取和售电公司代理服务费支付。电网企业营销部负责零售用户电费收取，电网企业财务部负责售电公司代理服务费支付。

1）代理服务费支付。电网企业财务部根据交易中心提供的售电公司结算数据，计算售电公司代理服务费及开票金额并线下公示至各售电公司，有异议的，根据异议具体情况进行核实处理。售电公司根据交易中心发布的正式结算单及公司财务部公示的代理服务费开票金额，将结算单纸质盖章版及代理服务费发票提交至电网企业财务部。电网企业财务部将结算单及发票作为凭证，对售电公司支付代理服务费。

2）零售用户电费收取。零售用户电费收取主要分为电量清分数据确认、电量电费计算、电费审核、电费发行和电费回收。

a. 电量清分数据确认。电网企业营销部在交易中心将零售用户电量清分数据反馈至交易中心与市场化业务应用系统的中间库后，1个工作日内从中间库提取零售用户电量电价信息至市场化业务应用系统。同时在市场化业务应用系统中核对零售用户电量清分数据与传递至交易平台的用户实际用电量数据一致性，对存在问题的视具体情况进行核实处理，核对无误后将电量清分数据发送至电量电费计算环节。

b. 电量电费计算。电网企业营销部在市场化业务应用系统中根据电量清分数据，将交易电价顺加输配电价、政府性基金及附加形成用户度电电价，对于执行峰谷分时电价的用户，交易电价顺加输配电价后乘以相应系数，再顺加政府性基金及附加形成用户电度电价。同时在市场化业务应用系统中完成电量电度电费、力调电费、变损电费和基本电费的计算，并将电费数据推送至市场化业务应用系统电费审核环节。

c. 电费审核。电网企业营销部在市场化业务应用系统中逐户进行电费审核，包括核对用户的电度电费、力调电费、变损电费、基本电费等，并核实业务变更工单影响是否正确，审核无误后，推送至市场化业务应用系统电费发行环节。

d. 电费发行。电网企业营销部在市场化业务应用系统中将审核无误的电费发行。

e. 电费回收。电网企业营销部在市场化业务应用系统完成电费发行后，自动将发行数据推送至营销业务应用系统，用户在营销业务应用系统中交费。

2. 市场主体规模预测

根据《河南省电力市场交易规则（试行）》（豫发改能源〔2019〕4号）、河南省发展和改革委员会 国家能源局河南监管办公室《关于河南省2020年电力直接交易有关事项的通知》（豫发改运行〔2020〕29号）和河南省发展和改革委员会《关于印发2020年优先发电计划的通知》（豫发改电力〔2020〕315号），河南发电侧、用电侧放开步伐基本同步，优先发电计划电量暂不进入市场，按照"以用定发"的原则测算计划和市场电量空间和比例。符合市场准入条件的一般工商业电力用户全面放开市场准入。居民、农业、重要公用事业及公益性用电为优先购电用户，不参与市场化交易，由电网企业按照政府定价保障供电。

从发电侧看，优先发电主要保障清洁能源消纳、机组供热和安全运行所需的调节性发电、跨省跨区资源配置等需求，发电侧目前放开电量空间约1030亿kW·h（不含电能替代交易电量），占全社会用电量30%。未来几年，若优先发电计划原则不发生重大变化（优先购电电量不进入市场），预计未来市场化电量规模最多增加240亿～300亿kW·h，累计达到1270亿～1330亿kW·h，发电侧可进一步放开电量比率为7.0%～8.5%。

从用电侧看，截至2019年年底，河南电力市场注册生效售电公司363家，其中参与市场交易135家，共代理零售用户数量超过1.3万家（1.75万户），零售市场主

第4章
新兴市场主体参与电力零售市场的交易机制及关键技术

体规模位居国网系统第二位。据统计，河南现有一般工商业用户约346万户，年度用量2000亿kW·h。2019年市场化用户数量1.75万户，年度用电量约990亿kW·h，现有准入条件下市场化电量比率49.6%。去除电能替代用电量每年约50亿kW·h、优先用电用户电量每年约180亿kW·h、规模（年用电量50万kW·h）以下用户用电量每年约300亿kW·h，公用转自备用户每年用电量200亿kW·h，市场化电量剩余空间280亿kW·h，总量预计达到1270亿kW·h，与发电侧推算口径基本保持一致。

新兴市场主体参与零售市场的管理机制如图4.6所示。

新兴市场主体参与零售市场的管理机制

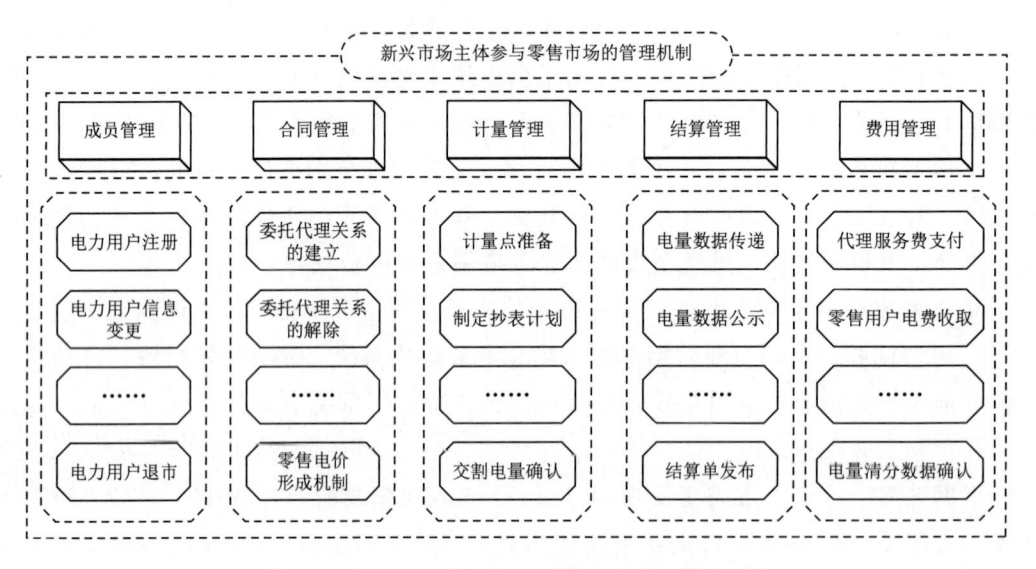

成员管理	合同管理	计量管理	结算管理	费用管理
电力用户注册	委托代理关系的建立	计量点准备	电量数据传递	代理服务费支付
电力用户信息变更	委托代理关系的解除	制定抄表计划	电量数据公示	零售用户电费收取
……	……	……	……	……
电力用户退市	零售电价形成机制	交割电量确认	结算单发布	电量清分数据确认

图4.6 新兴市场主体参与零售市场的管理机制图

第 5 章

零售市场价值体系、服务模式与商业模式

5.1 基于开放共享的售电市场价值体系

电力企业经营管理的目的是追求长期利润的最大化，而电力企业利润的获得是与其为社会提供价值的交换结果。电力企业能否长期生存与发展取决于其对社会各利益相关者的价值。本章通过探讨电力企业经营管理中的有关价值问题，试图建立电力企业价值体系的基本框架，并据此探讨电力企业价值经营管理战略的基本思路。从表象上看，电力企业获得的利润直接来源于其提供的产品、服务与市场（顾客）的交换。然而，电力企业的运营除需要市场条件外，还会受到社会、政治、经济、文化、法律、技术、自然以及电力企业内部的环境与资源等多方面条件的制约。获得利润和良好的经营条件，需要通过与社会、电力企业员工等各相关方面的种种有形或无形的交换来实现，而交换的最基本的条件之一就是对交换双方或各方都有价值。电力企业的经营条件、盈利水平本质上取决于其为顾客、社会、员工等各有关方面所提供的价值，而各有关方面对价值的追求是不同的，有些甚至是相矛盾的，这需要电力企业协调各种不同的价值关系。电力企业的经营管理，实质上是创造和维护电力企业价值体系的过程。电力企业的长期健康发展，取决于其价值水平以及价值系统的协调性、均衡性。协调的电力企业价值观念及体系，是电力企业经营者树立正确经营管理理念，制定电力企业持续健康发展战略的基础，也是建立电力企业正确经营伦理观念的基本保证。关于电力企业经营管理中的若干"价值"问题如上所述，电力企业的经营管理实质上是价值体系的创造和维持过程。如何认识和理解电力企业经营管理中的有关价值概念及其内涵，是确立电力企业价值体系的前提和基础。关于价值的概念，我们可以结合社会实践，来理解电力企业经营管理活动中遇到的具体价值问题，从概念上明确电力企业价值体系的前提条件。

5.1.1 零售市场价值体系分析

能源互联网环境下成熟的电力零售市场将赋予新兴市场主体自主选择权，能够支

撑新兴市场主体广泛接入，营造开放共享的市场环境。基于开放共享聚合新兴市场主体参与交易，可以为电力市场带来数据信息价值、电力电量价值、绿色清洁价值三个层面的价值，三者的关系如图5.1所示。

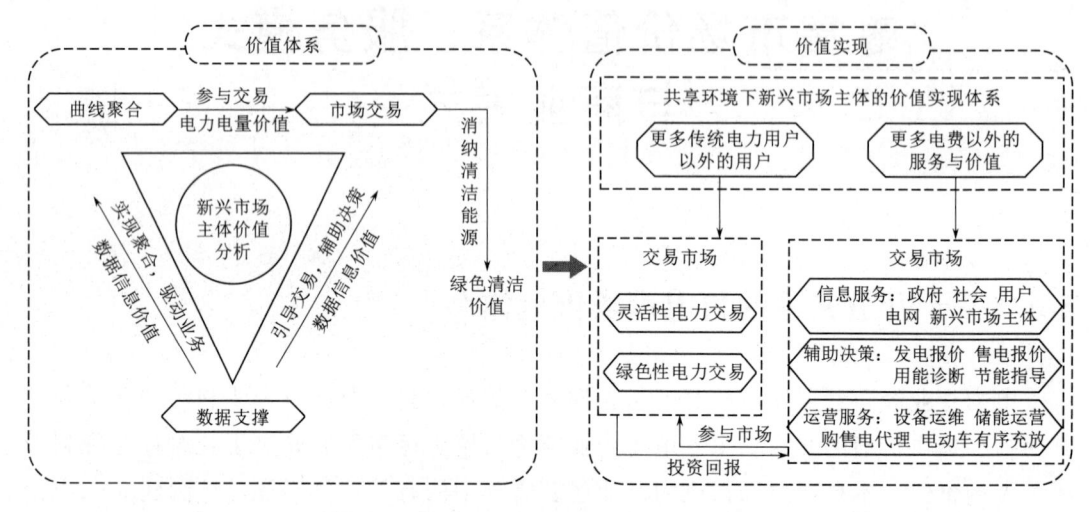

图5.1 基于开放共享的售电市场价值体系

数据信息价值是基础。能源互联网环境下电力零售主体广泛接入，基于所产生的大量电力数据，为电力市场交易及服务创造的价值，主要包括数据驱动业务和数据辅助决策价值。其中，数据驱动业务指通过数据产品、数据挖掘模型实现零售主体用电曲线的聚合，从而提高整体曲线的平滑性，促进更好地交易；数据辅助决策指获取市场交易数据，通过统计分析指导聚合商参与市场交易，制定交易策略。

电力电量价值是核心。电力零售主体聚合后，助力电力电量平衡体现的价值。基于电力零售主体自身的源—荷特性，聚合后可通过电力交易参与到市场电力电量平衡之中。

绿色清洁价值是目标。电力零售主体聚合后，消纳清洁能源实现的清洁与低碳价值。电力零售聚合商可通过与清洁能源开展交易和需求侧管理，消纳清洁能源并节约用能成本。

灵活性电力交易机制即聚合商聚合电力新兴市场主体参与电能量交易、辅助服务交易及需求响应，其主要实现电力电量价值。电能量交易：聚合商代理电力零售主体参与不同时间尺度的电能量交易，根据时间维度可分为中长期交易、短期交易和现货交易。辅助服务交易：聚合商可提供调峰、备用、可中断负荷等辅助服务，可与调度机构签订双边合约或参与集中竞价，达成交易后按照交易结果聚合内部资源，并依据辅助服务市场规则结算。需求响应：聚合商建立自身柔性资源管控能力，聚集并管理具备需求响应能力的电力用户，协助用户实现控制、计量改造及响应策略，参与需求响应。

以绿电直购交易和可再生能源消纳责任权重交易构建绿色电力交易机制,形成与可再生能源特性相适应的市场化交易机制,其主要实现绿色清洁价值。绿电直购交易:指电力用户与可再生能源发电企业直接交易,交易电量和电价由购售双方协商确定,可采取双边、竞价与挂牌等方式。初期通过电量交易,后期依托能源互联网信息感知技术建立带曲线交易。可再生能源消纳责任权重相关交易:聚合商作为承担消纳责任的市场主体,可参与可再生能源消纳责任权重交易,其包含超额消纳量交易和绿证交易。衔接机制:在绿电直购交易中,聚合商购入大量可再生能源,获取充分的可再生能源消纳量,在可再生能源消纳责任权重市场中卖出超额消纳量,获得收益,从而进一步补贴聚合商购买可再生能源的价格,促进其对可再生能源的需求,实现良性循环。

能源互联网环境下,信息广泛接入产生的海量数据会丰富与电力消费密切相关的增值服务,带动社会资源广泛参与并构建开放共享的能源生态圈,推动能源系统转型,提高系统运营效率,其主要发挥数据信息价值。电力零售代理商和市场运营者可依托能源互联网环境下的数据共享支撑技术,开展一系列电力增值服务,包括信息服务、辅助决策和一体化运营服务。

5.1.2 售电市场价值体系技术支撑

随着源网荷储互动技术的发展,小微电力零售主体可利用通信技术实现协调控制和聚合,发挥自身价值,其作用机理如图 5.2 所示。源网荷储互动是指通过先进的控制、通信等技术将分布式电源、储能系统、柔性负荷、电动汽车等资源进行聚合、优化、协调而形成的电力市场可交易单元和电力系统可调度单元。推进能源互联网建设,充分发挥源网荷储互动在电力交易和辅助服务等方面的灵活性调节作用,通过市场机制和价格信号鼓励和引导源网荷储互动发展,可以缓解电网调峰压力、促进清洁能源消纳。

5.1.3 售电市场价值体系实现

电力零售市场中零散的小微主体的价值,通过电力市场交易,实现资源的优化配置,合并多类主体用电曲线,使得整体曲线更加平稳。售电市场的价值体系的实现一般可以分为直接参与、聚合商和去中心化三种。其批发—零售的两级运营模式如图 5.3 所示。

电力企业价值的内涵是电力企业向各利益相关者提供的价值,可以概括为顾客价值、社会价值和员工价值三大要素形成有机动态的系统。电力企业通过向各利益相关者提供价值,获得经营资源和利润。顾客价值:电力企业对顾客的价值。顾客通过购买、消费或经销电力企业产品、服务,以及电力企业的品牌形象、促销、公共关系活动等所获得的价值。社会价值:电力企业为社会(政府机构、公众、媒体、区域社会、环境等)创造的价值。电力企业社会价值的提高,有助于电力企业充分利用社会

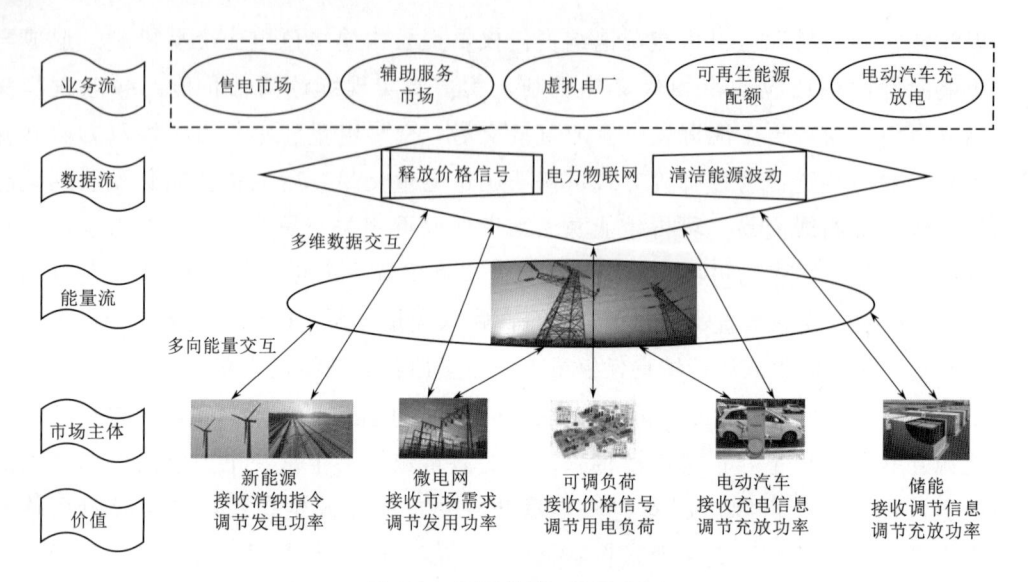

第 5 章
零售市场价值体系、服务模式与商业模式

图 5.2 源网荷储互动示意图

资源营造良好的经营环境。员工价值：电力企业为其员工创造的价值，主要表现在满足员工物质、精神需要的程度上。提供员工价值的目的是获得其对电力企业的忠诚度和工作效益，为顾客、社会创造更大的价值。电力企业价值是上述各项价值综合作用的结果，具体说可以从以下几个方面分析：

（1）电力企业价值体系。顾客价值、社会价值和员工价值，既相互促进又互相制约，构成了电力企业的基本价值体系，是电力企业经营管理的整体战略价值链。电力企业的经营策略或战略的目的，是通过提高和调整三方面的价值及其作用关系来提高电力企业的整体价值，进而获得长期的利益和发展。实现这一目标的根本途径是电力企业提高其对顾客、社会和员工的价值，并协调各价值以及与电力企业长期盈利之间的关系。因此，在制定电力企业经营管理战略时，需要研究电力企业如何为顾客、社会和员工创造价值，进而分析如何获得顾客、社会和员工给电力企业带来的利益，以实现电力企业的战略目标。

（2）电力企业价值体系分析。顾客价值是体现电力企业自身价值的基础，顾客是电力企业存在的前提，顾客价值也就成为形成、提高电力企业价值的前提条件。提高顾客价值是电力企业价值经营的核心目标，电力企业的顾客价值的形成、提高又受到了社会价值、员工价值的制约或影响。第一，顾客的生活价值追求和实现是自身条件与社会环境因素影响作用的结果。电力企业通过社会营销影响顾客的价值追求，提高电力企业和品牌的社会形象，为顾客提供更高的附加值。电力企业的持续发展，需要平衡顾客与社会的利益关系。第二，员工的工作态度和质量直接影响顾客价值的形成，通过满足员工的需求，提高其工作质量是提高顾客价值的重要途径。创造社会价

5.1 基于开放共享的售电市场价值体系

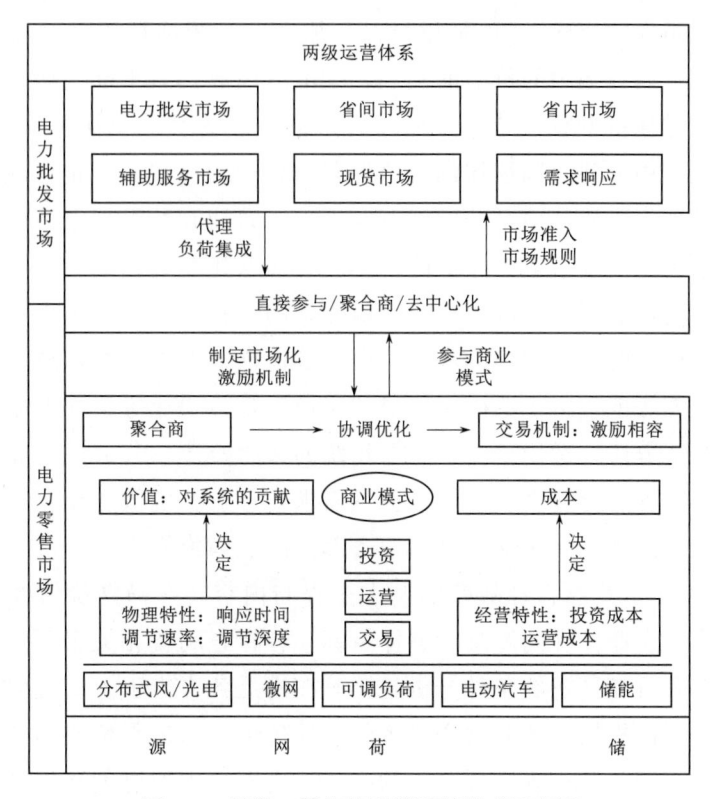

图 5.3 批发—零售的两级运营模式示意图

值是电力企业提高社会形象,获得社会资源的基本保证。电力企业通过满足社会(政府、媒体、金融机构、公众及地域社会等)需要,提高电力企业的社会价值,树立良好的社会形象,获得宝贵的社会资源和持续发展的社会条件。提高顾客和员工的生活质量,繁荣社会物质、文化生活,为社会创造就业机会、税收等物质利益和精神利益是实现电力企业社会价值的重要途径。同时,电力企业良好的社会形象也有助于提高顾客和员工的价值。第三,电力企业的经营管理实质上是创造和维护协调的电力企业价值体系的过程。电力企业能否长期健康、稳定的发展,取决于这个体系的价值水平和协调性。因此,电力企业应树立价值经营管理的战略观念,确立以电力企业价值体系为核心的电力企业经营管理战略——价值经营管理战略:

1) 电力企业的价值经营战略体系的基本框架。电力企业价值经营管理战略的总目标可以概括为不断提高电力企业价值水平,维持协调的电力企业价值体系,努力实现电力企业价值最大化,获得持续、健康发展的环境与条件。为实现这一目标,在电力企业整体价值经营管理战略的基础上,需要形成以价值为中心的电力企业价值经营管理机制与体制,建立与完善由各业务战略组成的价值经营战略体系。价值经营管理战略的基本特点有以下几个方面。一是在理念上,明确电力企业经营与管理的绩效是价值交换的结果,绩效的取得在于向有关方面提供的价值及其沟通、交换手段。以单

第5章
零售市场价值体系、服务模式与商业模式

纯的"获取"明确为"交换";以提供产品、服务、经济回报等为中心转换为以提供价值为中心。一个业务部门的价值的实现,是电力企业内若干部门协作的结果,相关业务部门之间同样存在着直接或间接的、有形或无形的价值交换关系。各部门业务,是对于所属员工、相关部门和群体的价值经营与管理的过程。二是在战略上,将电力企业的经营与管理当作对价值系统的经营与管理,其核心是提高电力企业整体价值水平和维持价值系统的协调。电力企业的一体化、多元化业务拓展,是在分析现有或新的顾客价值基础上,协调扩延电力企业价值体系的过程。三是在电力企业的组织结构和机制上,超越传统的业务部门的界限,围绕价值创造的有效性,建立组织结构和管理机制。四是在方法上,由于明确了促进"交换"是各项业务工作的中心,从而可以把市场营销的基本方法,运用于电力企业传统的人力资源、公共关系和财务管理等有关业务中。通过对各经营管理对象的价值(需求)分析、价值定位、价值创造、价值沟通和价值交换,实现电力企业及其各业务部门的工作价值。

2)电力企业价值经营管理战略的基本过程与内容。在确立价值经营管理理念的基础上,明确电力企业发展的愿景和整体目标;分析各利益相关者所追求的价值;结合电力企业现有和可能具备的条件分析,明确在满足各方需求上的优势与劣势;由此界定电力企业最可能提供给各利益相关者的目标价值,通过平衡协调各价值与电力企业长期盈利能力之间关系,确定各价值的定位;进而分别通过创造价值、沟通价值和交换价值,实现为各利益相关者提供价值的目标,最终帮助电力企业获取相应利润并提升整体价值。有形与无形资产的协调增长是电力企业持续健康发展的保障。现代企业经营管理中,无形资产已经成为电力企业获取有形资产的基本条件。现实社会及电力企业自身对企业价值的评价,往往注重于衡量电力企业的有形资产、利润水平,而对无形资产(如品牌效应、社会形象、社会资源整合及综合利用能力等)和电力企业价值的系统协调性认识不足,导致电力企业的经营管理过于重视其短期效益,违背企业经营伦理,损害电力企业自身整体价值。由于电力企业价值系统失衡,而影响电力企业持续健康发展。电力企业的核心能力在本质上是电力企业发现、创造与沟通、交换价值,协调电力企业价值体系能力的体现。电力企业价值体系的维持和价值经营管理战略的实施,有利于电力企业无形资产的形成和有形与无形资产的协调增长,是培养良好的电力企业文化和核心能力的基础,也是电力企业树立正确经营伦理观念的内在保障。

信息技术、控制技术、可再生能源发电技术、储能技术等的不断发展,有力促进了开放共享概念的发展,开放共享概念的发展就体现在能源互联网的发展上。2017年国家能源局相继印发了《推进并网型微电网建设试行办法》和《完善电力辅助服务补偿(市场)机制工作方案》,提出要引导"源网荷储"一体化主体的建设,鼓励储能设备、需求侧资源参与售电市场,提供电力辅助服务等,为能源互联网项目参与售电市场提供了发展思路。

5.1 基于开放共享的售电市场价值体系

售电市场可以促进能源互联网的发展，为能源互联网发展开放共享的项目提供市场环境。电力市场与能源互联网的关系如图 5.4 所示，由图可知，能量市场和辅助服务市场不仅能促进发电侧的竞争，更能促进需求侧响应、虚拟电厂和综合能源等能源互联网业务的发展，打通发电侧与需求侧的能源流和数据流，有利于电网企业充分发挥自身枢纽属性。其次，电网企业可以通过搭建分布式电能交易平台、灵活负荷聚合平台和综合能源平台等能源互联网业务平台，为需求侧响应、分布式电能交易、综合能源等业务提供盈利空间，打通零售市场和批发市场之间的壁垒，有利于电网企业充分发挥自身平台型的属性。最后，电力市场有助于电网企业整合各类能源业务数据，发挥共享型的作用，引导社会资本参与能源互联网建设，促进相关能源互联网业务的发展。

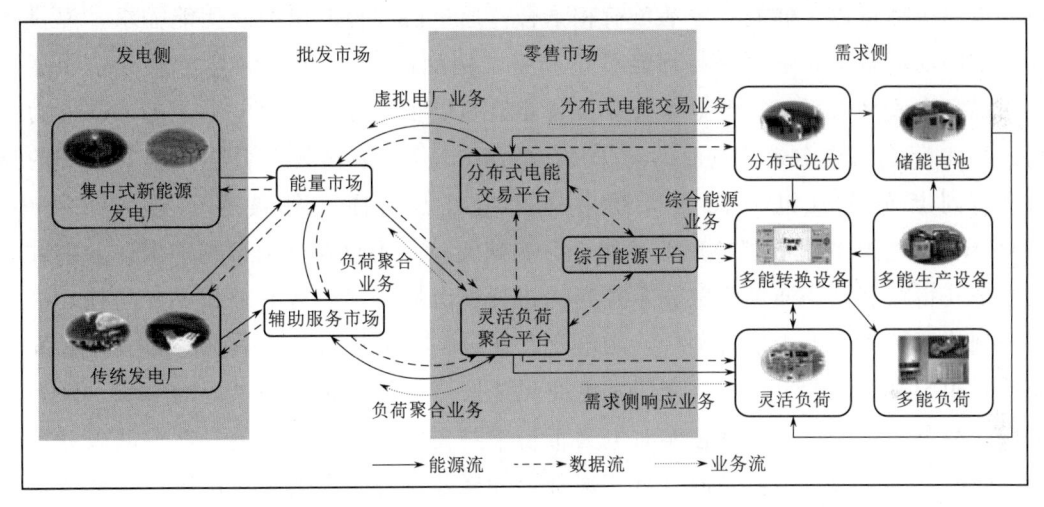

图 5.4 电力市场与能源互联网的关系

能源互联网各项技术和新业态的发展也对电力市场机制提出了新的要求。首先，能量市场需要为虚拟电厂创造准入条件。可再生能源需要通过补贴、差价合约和税收减免等政策机制才能在市场中与其他电源竞价上网。其次，辅助服务市场需要为需求侧资源创造准入条件。在传统的市场中，辅助服务均由发电方提供。随着电力市场的不断发展，需求侧灵活资源可以参与辅助服务市场的交易，充分发挥需求侧灵活资源的需求响应潜力，降低整个系统的调节成本。最后，零售市场应该注重各类零售业务的交易平台建设。这些交易平台有利于需求侧响应、综合能源、分布式电能交易等业务的开展，促进电力新兴市场主体资源和需求侧资源的整合。电力市场的建设与能源互联网的发展相辅相成。然而我国现阶段的电力市场建设与能源互联网发展仍存在一些瓶颈，相关能源互联网项目类型少，缺乏足够的投资回报途径，对社会资金的吸引力不强。电力新兴市场主体和需求侧响应等能源互联网项目的建设和开展更多地依赖于政府的引导和扶持，缺乏自主发展的积极性和活力。因此，我国亟需完善电力市场机制，明确能源互联网项目参与电力市场的方式，引导社会资本有序参与能源互联网的建设。

第5章
零售市场价值体系、服务模式与商业模式

国外发达国家如美国、丹麦和德国等已经稳定运行电力市场多年,通过不断改进电力市场机制和补贴政策,有效促进了能源互联网的发展,对我国电力市场环境下能源互联网的发展具有重要的借鉴意义。

美国能源互联网项目参与电力市场模式。美国电力市场和能源互联网发展都较早,能源互联网项目参与电力市场的模式也较为成熟。如今已有多个能源互联网项目参与到 PJM、新英格兰等电力市场中。在能量市场中,能源互联网项目主要通过虚拟电厂业务聚合用户灵活负荷、用户侧储能和电力新兴市场主体,直接参与能量市场交易。电力新兴市场主体虽然成本很低,但具有调节能力低、容量小、随机性强等特点,在能量市场中与传统的集中式发电相比没有竞争力。而通过虚拟电厂业务,电力新兴市场主体可以与储能及灵活负荷相结合,通过协同控制出力及用能需求,提供较为稳定的功率输出,进而参与到能量市场中。例如,美国 Sunrun 能源服务公司通过在居民家中安装太阳能、电池系统以及智能控制设备,打造虚拟电厂业务参与电力市场。2019年在与集中式发电商的竞争中,Sunrun 公司赢得售电合同,以发电厂的身份参与到新英格兰电力现货市场中销售电能。同样在新英格兰电力市场中,LO3Energy 公司通过虚拟电厂业务聚合分布式光伏,不仅在电力市场中出售分散式光伏发电获得盈利,还通过收取分布式光伏托管和交易费用获得额外收益。此外,该公司还创建了可再生电力拍卖平台,用电企业在该平台上进行报价,与分布式光伏发电商签署用电合约。如果分布式光伏发电商无法按照合约为企业提供足额电量,平台还可以代替分布式光伏发电商在实时电力市场中购买相应的差值电量。在辅助服务市场中,能源互联网项目主要是通过负荷聚合业务聚合大量需求侧响应资源,为系统提供调频、备用等辅助服务,通过参与实时市场或与系统运营商签署合约的方式进行盈利。在 PJM 市场中,需求侧响应资源可以提供很多不同类型的辅助服务,为达到辅助服务市场的准入条件,PJM 要求小型终端用户所提供的需求侧响应资源能够被削减服务提供商(CSP)聚合,并由 CSP 代理参与到辅助服务市场中。对于大型工业负荷和区域配电公司,其本身可以作为 CSP 参与到市场中。例如,美国负荷聚合商 Comverge 公司通过与用户签署负荷直接控制合约,聚合用户负荷参与辅助服务市场,向电网提供满足需求服务。在实时运行过程中,当电网运营商发出指令时,Comverge 公司通过对签约用户进行直接负荷控制,在 10min 内进行响应,并以实时市场价格获得相应的收益。在夏威夷电力市场中,ShiftEnergy 公司通过为用户安装智能热水器,对电热水器负荷进行聚合,并与电网运营商签订直接负荷控制的中长期合同,响应电网调度发出的指令信号,为当地电网提供快速调频和备用等服务。总体上,美国拥有丰富的能源互联网业务形式,重点通过虚拟电厂业务和负荷聚合业务参与电力市场,解决了电力新兴市场主体的消纳和平价上网问题,充分挖掘了需求侧灵活资源的需求响应潜力,并且通过合理的市场机制设计,如引入金融合约等,降低市场投资风险,

吸引社会资本参与能源互联网项目的建设。

欧洲能源互联网项目参与电力市场模式。由于可再生能源装机容量较高，欧洲在建设能源互联网项目时比较注重通过电力市场促进可再生能源消纳以及综合能源协同优化等问题。随着欧洲电力市场机制的不断完善，各能源互联网项目参与电力市场的模式也逐渐清晰。在能量市场中，欧洲的虚拟电厂业务不仅包括需求侧资源和电力新兴市场主体资源，还包括抽水蓄能机组、热电联产机组和传统火电机组等集中式发电资源。与美国的虚拟电厂相比，欧洲的虚拟电厂利用集中式发电容量大、可调性强的特点弥补电力新兴市场主体调节能力低、随机性强的特点，同时重点控制内部的大型温控负荷，对整个控制范围内的用能进行协同优化。另外，不同区域的虚拟电厂存在不同的能源消纳和产出特征，单个虚拟电厂在参与能量市场的过程中容易受到自身条件的约束，而无法充分参与市场。而对于拥有多个虚拟电厂的大电网，则可以通过对不同区域的虚拟电厂形成大范围的综合能源协同优化，调动每个虚拟电厂充分参与市场。以德国的 E-Energy 项目为例，不同项目中的虚拟电厂根据区域能源特征，采取了不同的内部电价机制和负荷智能管理措施，通过协同优化整个区域的多能需求，区域内部的各种电力新兴市场主体和需求侧灵活资源都间接地参与了能量市场。在辅助服务市场中，能源互联网项目通过与系统运营商签订辅助服务合同，或者在辅助市场上进行报价，参与调频和备用等相关业务。但是在现货市场中，灵活资源和系统运营商可能存在相互之间不了解供需真实情况、缺乏报价灵活性等问题。为了解决该问题，丹麦构建了灵活性资源交易平台（FLECH），由负荷聚合商代理灵活资源与系统运营商进行交易。负荷聚合商作为电力市场的一部分，通过采集历史数据和精确预测技术能够对电力市场供需情况充分了解，因而能够在市场与系统运营商交易中获得最合适的辅助服务合同。通过与灵活资源签署合约，负荷聚合商作为灵活资源代理商向系统运营商提交辅助服务报价，并由 FLECH 平台进行出清和结算。出清之后，负荷聚合商按照与灵活资源签署的合约向其支付相关费用。FLECH 平台构建了灵活资源、负荷聚合商和系统运营商之间的桥梁，有效促进了灵活资源参与辅助服务市场。

在零售市场中，欧洲能源互联网项目通过建设分布式电能交易平台促进可再生能源消纳。例如，德国 Lumenaza 公司创建的 Regionah 平台通过对分布式可再生能源进行托管，代理分布式可再生能源与区域配电商进行结算，同时将电能销售给用户。当区域可再生能源发电不足以满足电力需求时，平台则从批发市场购买相应的差额电量。对于用户来说，平台就是一个电力零售商，参与 Regionah 平台不需要做任何硬件上的升级改变。用户支付的电费主要包括购买电力新兴市场主体的成本和差额电量的成本。目前该公司已在 Regionah、BiberEner-gie、Jurenergie-Strom 等多个能源互联网项目中构建了类似的分布式电能交易平台。除虚拟电厂、需求侧响应和分布式电能交易等业务，欧洲还发展了众多的综合能源业务，使更多的灵活资源能够参与到

第5章 零售市场价值体系、服务模式与商业模式

电力市场中。其基本架构为包含了电力系统、热力系统、交通系统等的综合能源平台，如图5.5所示。比如，丹麦在FLECH平台的基础上延拓到热力系统。通过热力公司的参与，区域供热的大型热泵可以在风力发电量充足时使用电能加热，并通过储热设备进行储存，减少用电高峰期热电厂的用电需求。

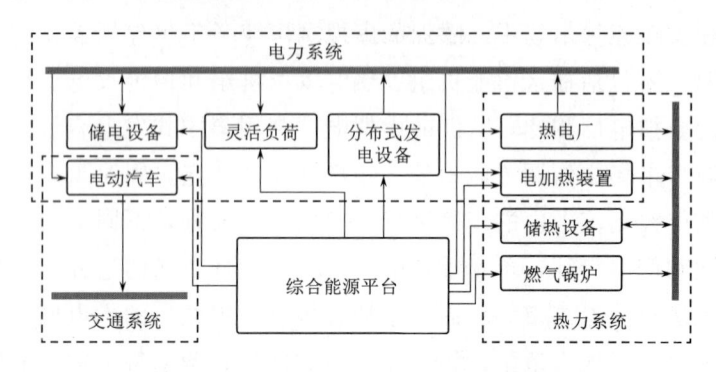

图 5.5 通过综合能源平台连接的各能源系统

总体来说，欧洲电力市场中的能源互联网项目比较注重整体规划，形成的业务多具有区域特征。在辅助服务市场中，欧洲构建了灵活性交易平台，构建了灵活资源、负荷聚合商和系统运营商之间的桥梁，有效促进了灵活资源参与辅助服务市场。在零售市场中，欧洲的分布式电能交易平台与区域配电商进行合作，既促进了电力新兴市场主体的就近消纳，又充分调动了终端用户参与市场的积极性，为整个系统和市场都带来了积极的影响。

我国能源互联网项目参与电力市场模式。近年来，我国能源互联网技术发展迅速，需求侧响应、虚拟电厂和综合能源等业务已经初具雏形，各省份的电力市场机制也在不断地发展完善，能源互联网项目在不断探寻参与市场的新模式。在能量市场中，我国的虚拟电厂业务主要通过聚合需求侧资源和电力新兴市场主体资源参与市场。与国外的虚拟电厂相比，我国现阶段的虚拟电厂基本不向外产出电能，但可以像电厂一样参与能量市场中维持电网动态平衡的业务。以冀北的基于泛（FUN）电平台的虚拟电厂项目为例，该平台接入了智能楼宇、智能家居、储能、电动汽车充电站、分布式光伏等多种灵活资源，能够响应调度的指令提高或削减负荷，参与能量市场中的调峰业务，保障冀北地区新能源的消纳。在上海的电力市场中，虚拟电厂聚合了电动汽车充电站、智能楼宇、储能、电力新兴市场主体等灵活资源，细化了各类灵活资源的调用方式，模拟了常规发电机组参与能量市场报价的外特性参数，使虚拟电厂在能量市场中最大限度地接近常规发电机组。由于我国大部分省份的辅助服务市场机制尚不完善，调频和备用等辅助服务尚未向需求侧开放，能源互联网项目侧重点主要是在发电侧构建储能系统，提高机组的调频能力，帮助发电商更好地参与调频辅助服务。如在广东的辅助服务市场中，已有粤电云河电厂储能、河源电厂储能等多个项目在稳定运

行。此外，我国还开展了众多综合能源试点项目，通过多种能源之间的协调优化，为电力系统提供灵活资源。比如，冀北的泛（FUN）电平台接入了为城市提供集中供热服务的蓄热式电锅炉，当新能源发电充足时，蓄热设备投入使用，开始储蓄热能，相当于为系统提供了额外的运行备用。位于天津的国网客服中心北方园区综合能源服务项目构建了园区的综合能源平台，该平台对热力系统的太阳能热水器，电力系统的分布式光伏和储能，以及地源热泵、冰蓄冷、蓄热式电锅炉等能源转换设备进行协调优化，实现了在只以电能为外部输入的前提下，满足园区的多种能源需求的效果。总体上，我国的电力市场机制和能源互联网发展现状与国外发达国家还有诸多差距。在能量市场中，虚拟电厂聚合的发电资源有限，能够参与的市场业务受到限制。在辅助服务市场中，市场机制的不完善导致需求侧灵活资源参与辅助服务的潜力无法充分发挥。在零售市场中，分布式电能交易体系尚未成熟，限制了电力新兴市场主体项目的建设和发展。

综上所述，对于开放共享的售电市场的价值体系是一个多元化，竞争性的市场（图 5.6）。

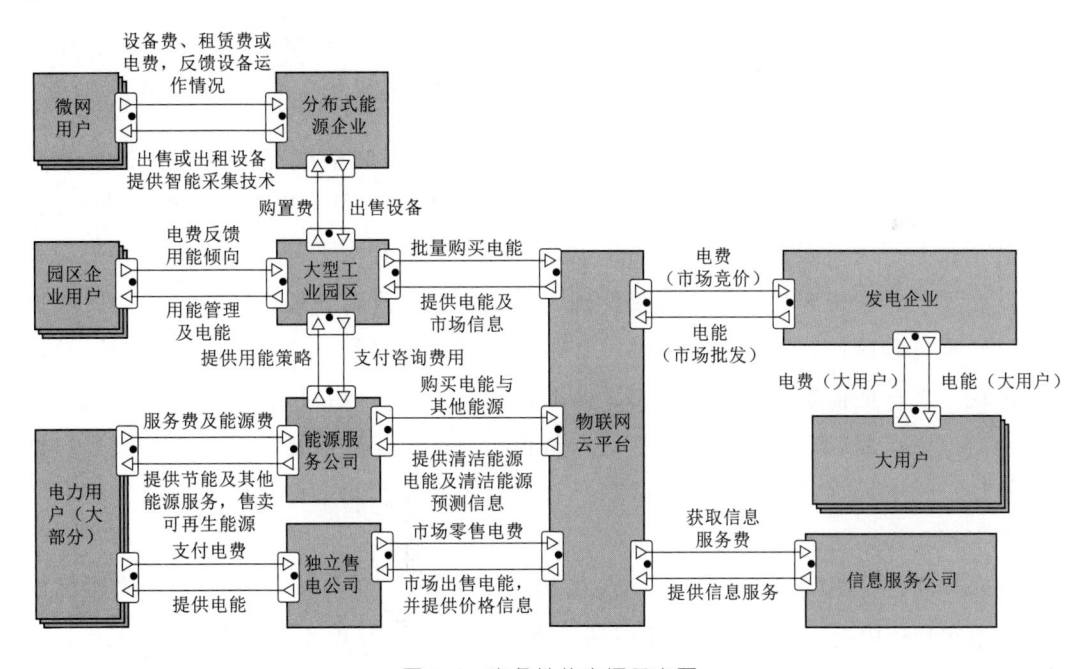

图 5.6 竞争性的市场示意图

5.2　面向电力物联网的售电市场服务模式

现代营销学之父科特勒认为"服务的产生不一定与有形商品有联系，它是一方提供给另一方的不发生所有权转移的活动"。美国市场营销协会则认为"用于出售或者是同产品连在一起进行出售的以不可感知为主的活动，使对方获得满足感"。英国经

第 5 章
零售市场价值体系、服务模式与商业模式

济学家亚当·斯密将服务定义为"在经济活动范围内的一种可销售的交换物质，用于提供给对方必要的劳动、物质帮助"。对供电企业而言，供电服务是其为购买电能产品的客户提供各类有价值、满足客户期望业务的相关活动。电力产品主要通过业务相关服务来体现其附加价值，这就决定供电服务必属于供电企业未来发展战略的重点方向，也就定位了优质服务在其未来市场营销中的重要地位。简而言之，供电企业不能仅仅提供优质电能，更要为客户提供优质的相关服务。即供电企业未来的主要工作不限于简单得向顾客提供电能，更要提供有价值的业务相关务。

根据电力产品的实际特点，供电企业服务具有四个方面的特性（图5.7）：

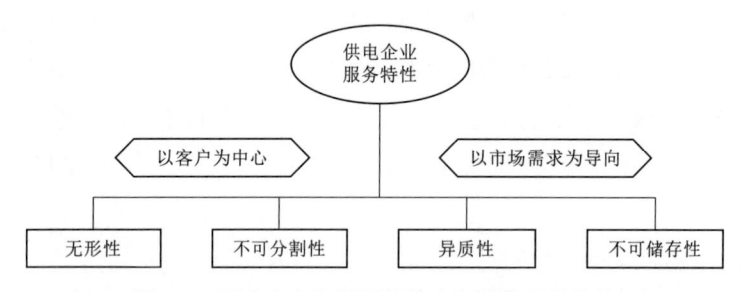

图 5.7 面向电力物联网的售电市场的服务特性

（1）无形性。电力服务是不以实物形式存在的，由活动组成的使他人受益的过程。在电力客户使用电力产品的过程中，通过电力服务人员、宣传手册的语言介绍、所有员工服务行为及服务态度实现对供电企业服务质量和水平的认知，但与有形商品不同，在整个过程中客户都不能直接看到、感觉或者触摸到服务。

（2）不可分割性。供电服务的不可分割性表现在电力的"消费"与"生产"总是一同出现。客户的需求和参与是电力企业提供电能、获得收益的保障。所以，电力企业在推出电力产品时，就要考虑服务双方是否实现有效互动，要统筹梳理分析客户的用电特性、用电心理、经济能力等因素，为其制定高效益的个性化用电方案，使客户和企业实现双赢，提高客户忠诚度。

（3）异质性。电力服务的生产与价值传达主要靠的是"人"，用电客户眼中的供电服务通常是指由电力服务人员所提供的服务。电力服务人员（如营业厅服务人员、电力抢修人员、市场拓展人员等）因为各自专业能力、个人素养的不同，或者在与客户交往过程中所处的服务环境差异等，都会影响客户对电力服务营销的体验。供电企业当前急需解决的问题是在保证稳定的电能质量和制定标准化服务规范的基础上，通过多种培训提升途径，加强服务人员的服务能力和水平规范性，为客户提供最好的服务体验。

（4）不可储存性。电力产品、服务要能够快速地满足其客户实时变化的电能和服务需求。而电力服务无法像其他普通商品一样，不能进行大量的储存和延后应用。电力服务是实时发生的，例如，客户无法在关闭空调时将电能从电网系统中提出存储，

等到需要开空调时再使用。因此，供电企业需要能够准确分析区域内客户用电状况，在电能使用的波峰低谷实现能源、人员合理调配，并依托良好的服务能力满足客户用电需求和其他期望。

服务营销是企业以满足客户需求为出发点，通过全覆盖、各方面详细精确地调研分析后，根据企业自身实际条件，所产生的一系列的产品销售和服务提供的活动。所以，对服务营销的研究既包括有效开展纯粹无形服务的营销过程，也涵盖借助有形产品联系为客户提供无形服务的营销过程。

根据侧重点的差别，可将服务营销分成服务产品营销和顾客服务营销这两类。服务产品营销是重点研究如何通过营销活动或者方法使电力产品体现出具有附加价值的服务，既满足客户对电能的需求，又达到客户的其他期望，展现企业提供优质服务的意愿和能力；而顾客服务营销则以与客户建立强联系为目的，通过优质服务或产品满足客户需求，占领目标市场，实现企业顺利发展。

供电企业营销服务的关键在于坚持以客户为中心、以市场需求导向，通过多样化、个性化的产品和服务满足客户需求和期望，同时加快推进传统服务向综合能源服务转变，简单服务向增值、定制化服务转变，增强客户对企业的信赖依赖，以强联系提升旧客户的黏着度，同时吸引新客户，提高市场占有率，助力公司形成良性发展循环。

在智能电网建设、物联网技术的飞速发展以及电力市场深入改革的背景下，对于广大用户来说，其末端实体就是电力供电公司，针对供电企业而言，电力销售是供电企业营销工作的核心任务，公司的发展和生存取决于营销策略能否被用户和市场所肯定。而且，供电企业还主要负责农村乡镇等县域经济体的供电需求，其重要职责也涉及了售电市场运营、销售电价执行、电能计量管理、客户供用电安全、延伸服务等多方面内容。但是，很多实际的困难会在供电企业销售的时候表现出来，这些困难通常能涉及多方面因素，例如营销人员操作营销系统不熟练、服务方式过于单一且不专业、供电公司市场竞争意识的缺乏等问题。因此，供电公司必须改变其传统的电力营销模式，结合智能电网和现代互联网的优势，构建出符合市场需求的营销策略和营销模式，以此完成企业的可持续发展，同时电力客户可以享受更加高效优质的电力服务，进而促进经济的发展。综上所述：

（1）就现阶段而言供电公司的主要盈利渠道是配电、售电环节，售电业务经营的优劣将直接影响公司收益。由于长期以来供电公司一直处于垄断经营的地位，营销经营工作的优劣对业务的影响甚微。但随着电力市场逐步迈入真正的市场化竞争，供电公司的营销水平将对公司的生存和发展产生重要影响，尤其是对作为县级的市场末端电力运营主体影响更为明显。

（2）随着经济及信息技术的不断发展，尤其是电力物联网技术日新月异的发展，电力客户所能获取的信息时效性越来越强，以往将客户同质化的营销理论已经不能很好地服务于企业的经营活动,因此需要研究在新型电力物联网技术应用背景下各类客户的不同需求等内容,针对不同的客户需求制定差异化的营销策略,优化客户的用电、办电体验感和企业的综合竞争力。

(3)在现有的垄断经营的背景下,供电企业的营销观念和服务意识还未真正根植于具体的实施者中,在落实营销任务过程中不能顺应客户日益丰富和多面的新时期用电需求,获得的效果较差,研究客户行为以及电力物联网技术的嫁接应用将为供电公司的营销人员提供理论及技术支撑,真正发挥营销管理在企业经营活动中的关键作用。

5.2.1 长尾理论

长尾理论是网络时代兴起的一种新理论,其主要观点是,在网络时代,主流产品(热门产品)的比例大大减小,非主流产品(冷门产品)的比例大大增加,非主流产品的市场份额与主流产品的市场份额相当甚至更大。当产品成本大幅降低时,非主流产品也可以获得像主流产品一样的利润。电力服务市场的特点是项目合同额小、利润低、项目分散、项目类型多样、个性化定制化要求高,属于非主流市场,即"长尾市场",也可称之为"鸡肋市场"。电力服务市场的长尾价值主要表现为,一是电力用户量大面广,2022年全社会用电量8.6万亿kW·h,其中工业用电量5.7万亿kW·h,占全社会用电量的66%左右;二是工业企业基本上有5%以上的节电空间,即2000亿kW·h的可节约电量,可见工业领域存在巨大的节电空间;三是节能减排有始无终,永远在路上,是一个不断延伸的市场;四是电力服务和节能市场能够承载和拓展的业务比较多,如售电业务、增量配电业务、用户配用电代维业务、用户重大用电设备代维业务、用户电力能源托管式综合服务等。按照长尾理论,电力服务业务最关键的是要降低成本,延伸服务,创造长尾价值。

(1)电力服务机构要有全面节能诊断能力,即要有技术比较全面的"全科大夫",能为工业企业进行全面节能诊断,找出节电空间,算明白经济账。

(2)电力服务机构要有综合服务能力,能为工业企业提供较多的服务项目,能在同一个企业或地区持续发掘项目。

(3)电力服务机构要由"做项目"向"做服务"转变。"做项目"具有很大的偶然性和不连续性,"做服务"具有必然性和连续性。

(4)电力服务机构之间要寻求合作,互相支持,借力打力。任何一个电力服务机构都没有"包打天下"的能力。

5.2.2 四维度理论

当前,世界能源革命与数字革命融合发展,根据国家电网的权威定义,"电力物联网"即围绕电力系统各环节,充分应用移动互联、人工智能等现代信息技术、先进通信技术，实现电力系统各环节万物互联、人机交互，具有状态全面感知、信息高效处理、应用便捷灵活特征的智慧服务系统。其能够广泛应用大数据、云计算、物联网、移动互联、人工智能、区块链、边缘计算等信息技术和智能技术，将电力用户及其设备、电网企业及其设备、发电企业及其设备、供应商及其设备，以及人和物连接起来，通过信息广泛交互和充分共享，实现数字化管理。目前基础数据连接难以下沉，且单个小数据价值密度低，但海量数据集合后价值巨大，电力物联网搭建起来后，这些数据将储存在公共云平台中，在此基础上可以建立开展更多综合能源的服务，与用户建立良好的互动。同时综合型能源售电公司在制定电价营销策略时，也能够掌握全时空的实时数据进行研究和分析，这将极大地提高电力市场竞争效率，并且使社会效益达到最大化。

本书根据四维度理论设计提出方案框架，包括用户需求分析、服务内容设计、服务手段渠道、服务模式导入四个维度。

(1) 维度 1：用户需求分析。公司应以满足用户的需求为中心，以用户需求分析为基础，及时发现和发掘用户的服务需求，通过对用户行为进行分析，结合技术条件和市场环境，构建相应的服务开展形式和商业模式等。大数据分析法是用户需求分析的有力工具。

(2) 维度 2：服务内容设计。公司对自身提供的已有服务和新业务，或者与其他企业联合推出的服务，要有准确的把握，保证当前提供的产品和服务可以保留现有客户并发展新的客户，并可以不断根据市场变化、顾客要求以及竞争者的行为开发新的服务内容并改进原服务内容。

(3) 维度 3：服务手段渠道。服务手段渠道是指将服务提供给用户的方式以及与用户间交流、合作的方式。公司需要不断开发新的用户交互作用方式。

(4) 维度 4：服务模式导入。服务模式导入是指组织实施一项产品及服务的策略和目标，包括工作开展的重点、优先级、建设时序等。服务模式的导入需要结合当前及未来内外部情况，综合考虑电网基础、政策环境、用户接受、技术成熟等各方面因素，分别给出不同阶段的发展重点和总体目标。

任何一项服务的方案框架都是上述四个维度的某种特定组合。一项新服务的出现，首先是出现了新的用户需求，充分考虑用户需求之后可以设计出针对性的服务内容。通过挖潜、共享合作、新技术等方式，建立支撑该服务内容的渠道手段。根据服务内容和渠道手段的具体特点，可以规划出该服务的导入路径和策略。

服务模式可从常规供用电服务和多元化增值服务两个方面来分析。

(1) 常规供用电服务。常规供用电服务主要是基于互动化的手段，围绕传统的供用电业务提供手段灵活的用电服务，开展差异化服务，实现传统电力服务的升级。服务内容包括：用电信息查询、故障报修、维修进度告知、业扩报装、费用结算等方面

第5章 零售市场价值体系、服务模式与商业模式

的互动化服务。技术手段包括采用信息通信技术、高级量测、自动采集、远程费控、智能电表等技术和装备等。常规供用电服务的创新要在传统业务基础上不断丰富内容，服务内容向在线化和精细化方向发展，服务内容可以划分为业务办理和市场开拓、缴费服务、信息查询、其他服务四大类。供用电服务的手段渠道在传统的营业厅和银行的渠道基础需要不断的扩展，手段逐渐多样化，渠道逐渐多元化。服务手段渠道可以划分为公司自营、合作网点、公共媒介和智能设备四类。常规供用电服务路线见表5.1。

表 5.1 常规供用电服务路线

服务路线	近期	中期	远期
发展路径	增供扩销，积极推动以电代煤，以电代油，助力大气污染的防治；用电信息采集和智能电表的数据信息的基本应用，开发智能移动终端和APP；提供用户用电服务的基本信息，如用电信息、电价信息、停电提醒等；以大用户工商业为主，开展节能。提供基础设施升级服务，推广互动化能效管理理念	提高对用户需求的细分程度，开展差异化分析，采集系统的深化应用；针对集团用户开展大规模定制服务，个人用户也可提供个性定制电力服务；实现用户信息监测，利用大数据技术，分析用户用电行为，诊断能效问题，提出能效管理方案。开展合同能源管理	提高电力服务的响应速度，向实时化发展；提供针对用户的用电解决方案的咨询和顾问式服务；针对各类出户，提供精益化能效服务，开展多种能源形式的综合能效管理
发展前提	信息采集和高级量测系统覆盖率高、功能完备；电价等激励政策	大数据分析手段在电网中的应用比较成熟；智能终端设备的技术设备水平较高；与其他行业的渠道合作顺畅	形成用户需求动态跟踪分析的机制；互动能效管理平台的建立；各种能源利用形式的协同机制初步形成

在用电信息实时查询及提醒服务方面，需要为用户提供用电信息实时查询及定制提醒等服务。用户可根据各自需求，通过多种方式，灵活选择定制供用电负荷及用电量的历史信息或电价、电费等信息的实时查询或提醒服务。根据定制要求，公司通过短信、网络、电话、邮件、传真、智能设备等方式，实时向客户提供定制信息，例如通过手机软件、短信及时提醒用户电价调整信息、电网目前的供需状况、计划停复电信息以及其他一些服务的信息，提醒用户可以选择调整用电行为。用电信息实时查询服务的技术基础是信息自动采集系统，它解决了传统抄表的不同期及负控问题，实现了实时监测用电负荷，监视异常用电、预防故障和及时复电、动态电价计费等功能。其用户接受基础是打消用户关于隐私信息安全的顾虑，需要给消费者选择的权利并确保相关数据的安全与保密，以鼓励消费者的参与。

在业务办理及跟踪服务方面，需要为用户提供远程业务办理及跟踪服务。用户可以通过网站、手机、自助终端等信息系统来办理并跟踪故障报修、业扩报装、费用结算等业务。公司根据用户定制的实时跟踪服务，通过网站、手机软件、短信等多元渠

5.2 面向电力物联网的售电市场服务模式

道与用户互动,实时提供最新进展和计划等信息。

在互动化能效管理服务方面,目标是帮助用户实时掌握家庭能耗明细,提供远程能耗监测与能效诊断,指导用户合理用电、控制能效。通过远程传输手段,对重点耗能客户主要用电设备的用电数据进行实时检测,并将采集的数据与设定的阈值或是几类客户数据进行比对,分析客户能耗情况,通过能效智能诊断,自动编制能效诊断报告,为客户节能改造提供参考和建议,为能效项目实施效果提供验证;并可实现能效市场潜力分析、客户能效项目在线预评估及能效信息发布和交流等。

(2) 多元化增值服务。多元化增值服务包含基础增值服务和扩大增值服务两个层面,一是基于新兴市场主体的建设衍生的电力增值服务,属于传统用电服务的延伸;二是为用户提供便捷的信息服务、生活服务、金融服务等,拓展公共服务领域。服务内容包括分布式电源接入、储能装置接入、电动汽车充电计量和监测、用户参与需求响应、能效管理等新型智能用电的延伸服务;天气、交通、新闻、股票、社交等信息资讯,公用事业缴费、健康医疗、网络购物、家居安防等,资产保险、电子商务、支付平台、融资租赁等。

选取典型的四种基础增值服务形式和三类扩大增值服务,分别研究用户需求分析、服务内容设计、服务手段渠道和服务模式导入组成的四维度(表5.2、表5.3)。

表 5.2　　　　　　　　　　基础增值服务路线

服务类型	近期	中期	远期
发展路径	建立公司服务体系,小范围开展应用; 电动汽车:重点服务公交、出租等公共领域集团用户,开展公共充换电网络建设运营,为私人自用充电设施提供供电服务; 智能家居/电力光纤到户:提供基本的智能控制、物业管理、信息通信等功能,针对新建小区开展建设; 分布式电源/微电网:建立报装接入、结算利息服务等服务体系,重点开展偏远地区建设; 需求侧响应:基于峰谷电价,针对重点高耗能企业、大商业用户,制定用电计划及紧急情况下的有序用电计划,促进清洁能源消纳	完善服务内容,扩大业务范围; 电动汽车:实现对集团用户的专业化服务运营,健全城市公共充换电服务网络布局利服务内容,发达地区实现城际互联; 智能家居/电力光纤到户:扩展能源管理、双向互动服务、电动汽车充电管理; 分布式电源/微电网:开展信息服务及辅助决策建议服务,为优化运行做决策支持提供顾问式服务,拓展至科技园区等; 需求侧响应:峰谷电价等分时电价的调整周期缩短,用户进一步细分,使大部分工业和商业用和部分居民用户参与需求响应,促进清洁能源的市场化消纳	开展多元化、差异化、定制化服务,大面积推广; 电动汽车:实现各类专用充换电设施和公共充换电服务网络的有效融合,全面实现城际间充换电网络的互联互通,提供定制化、个性化服务; 智能家居/电力光纤到户:为户提供个性化智能家居定制服务、家庭用能管理系统方案设计等服务; 分布式电源/微电网:用户价值最大化咨询服务,提供包括方案设计、设备采购、运营维护定制的全寿命周期一体化服务; 需求侧响应:市场化程度较高后,基于实时电价,对所有用户定制需求侧响应服务,实现负荷自动控制,实现与可再生能源发电的充分高效互动

第5章
零售市场价值体系、服务模式与商业模式

续表

服务类型	近期	中期	远期
发展前提	国家或地方政府出台相关激励或扶持政策；相关技术取得突破；基于行政和市场的需求响应机制和运营规则建立	蓄电池、分布式电源、智能家电等关键技术进步，成本降低；电价市场化加速，政府建立降低企业投资风险的激励机制	完善的标准和法规；技术成熟，达到大规模商业应用的阶段；电价进一步多样化，其市场化机制成熟

表5.3　　　　　　　　　　　　扩大增值服务的发展路线

服务类型	近期	中期	远期
发展路径	提供基础的信息服务（如天气、交通等）、生活服务（如代收水费、气费等）和金融服务（如资产保险等），为综合平台服务建设积累经验	丰富信息服务的内容（如新闻、股票等），拓展生活服务和金融服务的内容（如健康医疗、电子商务等）引导用户对电力综合平台服务的使用习惯	完善综合平台服务的业务功能，满足不同用户的个性化需求（如视频点播、家居维修、融资租赁等）
发展前提	电力光纤等基础设施覆盖范围较广，通信渠道手段基本建立（如手机、网站、电视等，与气象、交通等部门合作）	信息平台建设，支撑电力综合平台服务相关政策出台，用户使用习惯培养	大数据挖掘等数据分析技术深入应用，与家电等相关企业合作，国家准入、价格等相关政策出台

在电动汽车充换电服务方面，目标是要结合国家电动汽车相关发展规划和区域布局，按照不同类型车辆充换电需求，配套建设各类充换电站、充电桩等各类设施及智能运营管理系统；对于城镇主要干道、商业区等大型电动汽车充放电站（类似目前加油站、加气站等），优化制定充放电策略，合理控制充放电时间，实现快速充放电、整组电池更换以及双向计量、计费等功能，同时可考虑电池检测、电池维护等扩展功能，并满足客户自助充放电需求；对于居民区、商厦、停车场和政府大楼等区域小型电动汽车充放电站，实现即插即用式、随时随地的便捷充放电；为用户提供预约上门更换电池服务；实时通知用户电价及经济激励等信息，鼓励用户自动避开高峰时间充电，实现电动汽车智能充放电管理，发挥电动汽车作为分布式储能的"削峰填谷"效益；在双向计量的基础上，实现不同时段客户与电力供应商之间互供电量、电费的自动结算，并自动生成账单信息实时传输供用双方。

在分布式电源的服务方面，目标是要建立太阳能、风能、生物能、冷热电三联供等分布式电源的管理与控制系统，实现分布式电源的"即插即用"、远程监视控制、双向计量和结算等；实时监测及预测分布式电源发电情况，建立分布式电源的潮流分析和负荷预测的数学模型，实现对分布式电源的实时监测，自动发布分布式电源运行状态信息；配合分散式储能装置，优化控制分布式电源接入系统，实现根据电网潮流变化情况及区域负荷平衡情况，自动接入和退出分布式电源，最大限度平抑间歇性发电对配电网的扰动；在双向计量的基础上，实现自动结算，并自动生成账单信息实时

传输供用双方；并参与制定分布式电源的接入标准、并网运行与管理规范，与用户签订分布式电源接入和并网运行的管理协议，约束双方的责任和义务。

在需求响应服务方面，目标是提供自动负荷响应和能源优化建议等服务，帮助用户根据动态电价信息、补贴信息、电网供需状况变化、计划停电信息以及其他一些服务的信息选择最佳用电方案，自觉将高峰时段部分负荷转移到非高峰时段，减少电费开支，降低电网高峰负荷，提高发输电设备运营效率。尤其可以通过建立自动负荷响应系统，根据电价动态变化信息自动调整空调、冰箱、洗衣机、干衣机、洗碗机、消毒柜、热水器等设备的用电行为，有效实现移峰填谷，提高终端用能及电力供应的能效。

在扩大增值服务方面，目标是社区物业、广告投放、安防报警、健康监护、医疗护理、公用事业缴费、网络购物、三网融合等服务内容，扩大电网公司的服务领域，拓展新的发展空间。

综上所述，服务对于电力企业来说无比重要，在改革的浪潮中更应该给予重视。面向电力物联网的售电市场服务模式如图 5.8 所示。

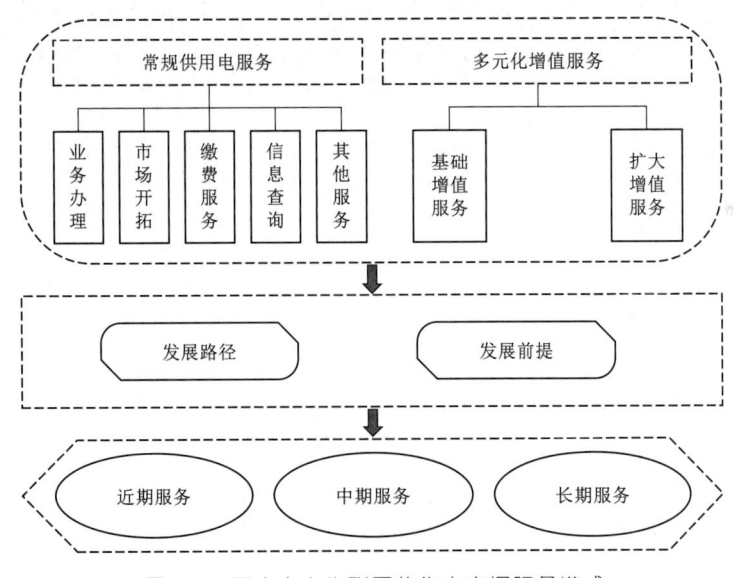

图 5.8　面向电力物联网的售电市场服务模式

从经济发展来看，中国宏观经济正由高速增长转向高质量发展阶段，消费结构将从商品消费为主转向商品消费与服务消费双轮驱动。以电为中心、独立式业务向集中式发展，采用一体化方式满足用户的多元用能需求成为电力业务的趋势，同时随着互联网技术与能源技术深度融合，共享式发展模式将在服务产业发展中扮演越来越重要的角色。

因此，本书将多元小微主体服务模式分为三种：①独立式服务，聚焦于多元小微主体的单一性服务（如电动汽车，储能等）；②集中式服务，聚焦于一体化服务（如

第 5 章
零售市场价值体系、服务模式与商业模式

虚拟电厂，园区一体化等）；③共享式服务，聚焦于多元化服务（如需求响应，资本流通，信息共享），如图 5.9 所示。

在零售市场开放初期，规模较大的多元小微主体可以独立地直接进入市场；在市场过渡期，多元小微主体面对市场需求，聚合为 VPP，从而达到更好参与市场的目的，同时大型厂商依然可以独立参与市场；在市场完善期，随着交易平台、协同控制、通信技术等发展渐为成熟，此时参与市场的形式也变得更为多元化，共享式的形式随之出现，竞争格局形成，如图 5.10 所示。

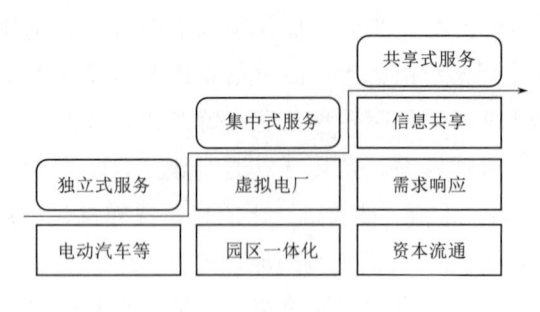

图 5.9　服务模式分类

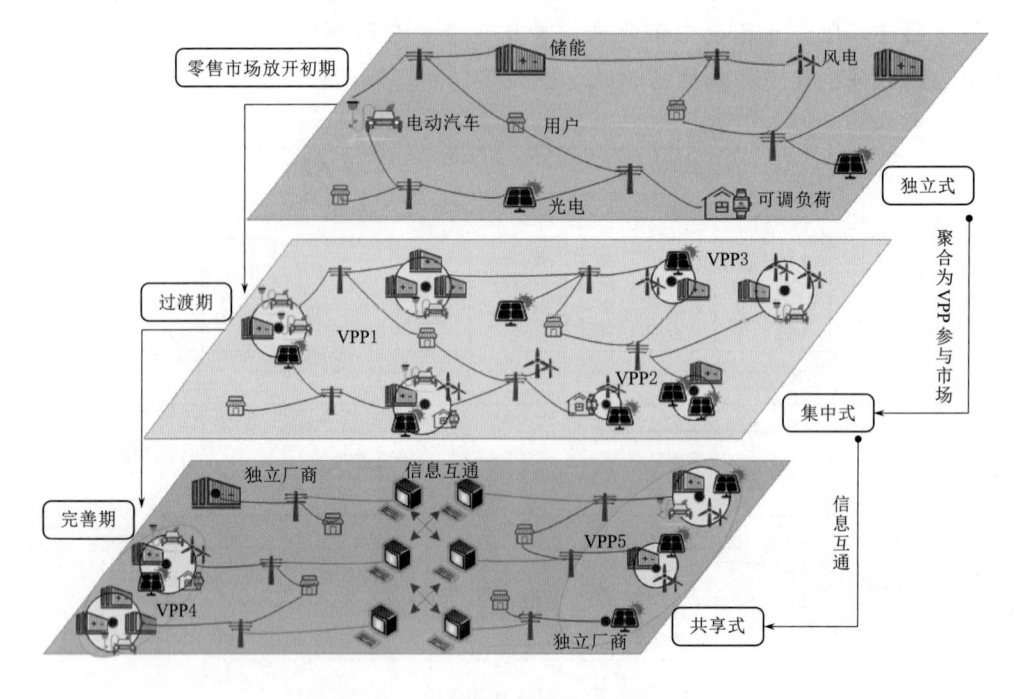

图 5.10　各服务模式参与市场示意图

5.3　适应信息多元市场主体的商业模式

本轮电力体制改革的重点任务之一是推进售电侧市场化改革，并充分发挥其在市场资源配置中的重要作用。更多售电公司的涌现改变了我国电力市场的结构与运营模式，市场化的购售电行为体现了交易主体多元化、市场活跃性强、竞争性增加、用户买卖电力更具活跃性等特征，这使得电力市场环境下的各竞争主体均会按照利润最大

5.3 适应信息多元市场主体的商业模式

化原则进行报价，买卖双方的价格策略和选择性不再单一，各主体的购售电行为也具备了多向选择性。电力市场的多向性选择会促使多元化主体间的激烈竞争，从而释放更多的改革红利，有效地降低企业成本，促进实体经济发展。以绿色新能源为主体的新兴市场主体成为能源交易市场中的重要组成部分，为了提高能源利用率、多渠道扩展能源本地消纳，新兴市场主体获得合法就近售电资质，其能源生产和消费结构呈无中心、多节点状。现有能源运营模式由于具有集中式管理，垂直一体化交易的特点，难以简单套用于这些新兴的市场主体。

传统电力交易模式是基于大电网的电力交易模式，该模式下电网公司从独立发电商处购买电能，再由电网公司将电能出售给用户。另外，随着我国电力市场的深化改革，有些用电大户可以直接从发电厂进行直购电，但大体上依然是由大电网来集中调度和分配电能，在此过程中电网公司具有对购电权的垄断地位。实际中，电网公司的职能：一是管理电力交易后电力的调度和分配，同时维持功率平衡以及线路潮流不越限；二是负责对输电线路以及输变电设备的建设和维护工作；三是完成电能后的资金转移，即电网公司需要反复与银行机构进行核算。随着负荷需求和发电方式的变化，电力生产方向正在逐渐由集中式生产方式转变为分布式生产方式。基于现阶段电力行业的发电、输电、用电、储能的数据以及金融交易的大背景下，逐渐形成一种新型的电力系统，该新型电力系统的具体特点归纳如下：

（1）发电。从传统上以大型发电厂为代表的集中化发电模式逐步发展成以大区域集中化发电和小区域电力新兴市场主体相互支持、协同发展的模式，由于电力所固有的商品属性，分布式电力交易模式会在不断深化开放的电力交易市场中迸发出新的活力。

（2）输电。从电网拓扑结构的角度来看，由于电力新兴市场主体的不断普及，以微电网为代表的小型区域电网正逐渐成为电网中的关键一环，与大型区域电网共同构成整个电力网络的骨架。从电网物理层面来看，随着能源互联网的不断发展，新科技的加持使得电网不仅仅是电能的传输线，还会被承载更多的使命，例如"互联网＋电力"和"区块链＋电力"，其中电网承担着传递信息流和资金流的作用。

（3）用电。电力消费者将是新型电力系统中的重要模块，消费者在电力系统中不再是纯粹的用电负荷，由于配置了电力新兴市场主体设备，使得在满足自身用电的同时具备一定的产能，这一类用户统称为产消者。产消者可以通过余电上网的方式售电给配电网来获取收益，对于配置了储能的产消者可以参与需求侧响应来帮助电力系统削峰填谷，也可以成为虚拟电厂的成员参与电网的优化调度，对于具备点对点交易平台的相应试点，产消者可以实现"去中心化"电能交易。

（4）储能。由于种种限制因素导致电能不能大量存储，但随着新材料和电化学技术的发展以及大量的新能源汽车的出现，使得分布式储能的总量不断扩大，对于闲置的分布式储能加以充分地利用，可以带来显著的经济效益，另外对于配置了储能的产

第5章
零售市场价值体系、服务模式与商业模式

消者来说，可以灵活地参与需求侧响应，更加方便地进行电能交易。

综上所述，未来电力行业会与现在大为不同，发电侧会逐渐走向分布式和集中式协同发展局面，电网的拓扑结构也会随着发电侧的分布而发生改变。消费者在产业链中的价值越来越大，成为整个产业链价值的推动者。新兴市场主体会作为产业链中新的环节存在，会对电力系统产生重大影响。

对于商业模式的提出，本书首先构建区块链技术为支撑，P2P机制为基础理念的分布式共享平台；其次提出包含分布式共享平台在内的适应信息多元市场主体的商业模式。

5.3.1 区块链技术

2017年是区块链行业的"问道"之年，2018年将成为区块链应用落地之年，区块链技术逐渐获得人们正视和认可，"区块链＋"将成为热潮。国外IT巨头如IBM、谷歌、微软、亚马逊等都明确提供区块链即时服务功能。2017年12月23日，中国支付清算协会在北京举办的"区块链发展应用业务研讨会"提出，区块链构建了一种新型的经济互信机制，传统市场的基础架构可通过重构以大幅提高交易及清算效率。2017年10月31日，国家发展改革委、国家能源局正式下发关于《关于开展电力新兴市场主体市场化交易试点的通知》，分布式能源在被动接受调度指令管理多年之后，可以主动参与市场交易，在满足相关技术条件下，在110kV电压等级之内可以选择就近销售电量，并获得合法的售电资质，集发电售电于一体。在我国电力市场逐步开放的政策条件下，电网企业、分布式售电商、服务公司、第三方机构等电力交易实体在购销电力流程中发挥着重要作用，未来的能源交易方式将发生巨大变化。2018年5月，工信部发布的《2018中国区块链产业白皮书》表明目前我国区块链产业链条已经形成，区块链有望成为实现能源互联网基础设施的重要手段。

近几年，能源互联网的概念在政府层面已经被写入国家政策当中，然而能源互联网虽然被描述得很美好，实现起来仍存在诸多困难，因此有文献提出用区块链技术协助能源互联网落地。从目前市场的数据来看，69%的区块链能源项目与电力有关，可以得出区块链的主要应用场景是能源行业，区块链的"去中心化"恰恰契合了分布式能源的特点。区块链技术的应用可能会反作用于当前的电力行业，使得原本无法动态交易的家庭分布式电源在未来都有机会接入到一个大网络中，从而给整个系统带来革命性的变化。电力产业目前主要还是中心化模式，电力故障以及电力短缺的现象也是时有发生。例如，中国的西部地区有很多风电站和光伏电站经常由于无法消纳电能而出现弃风弃光的现象，在北京、上海这些发达地区，用电需求极高，电价常年居高不下，东西部呈现着完全不同的局面。区块链技术的出现，使得现有的现象有了一些解决方案，能源互联网与区块链在很多方面具有一定的共性，尤其对具有分布式特点的对象

上，二者都体现出"去中心化"、自动化以及市场化的属性，另外二者都需要准确和实时的数据采集设备、完善的物理和信息网络系统以及实现和扩展各种功能的软件系统。除此之外，区块链实质上是个具有高度自治的分布式数据库，通过网络中的各个节点来共同记录信息和状态，伴随着物联网相关基础设施的不断完善以及智能算法的不断升级迭代，未来的能源生产、传输和使用将更加高效智能，让消费者从能源供应中获利。

目前区块链技术主要体现出两大优势，第一，区块链技术可以实现能源的数字化精准管理，每一度电都知道它来自哪里，而数字世界的每一度电都有数字映射，可以重新建模电力网络，实现精确管理和结算。由于近几年来售电行业在所有能源行业中发展较好，所以基于区块链技术的"去中心化"售电应用将成为区块链的能源应用的一个研究热点。第二，区块链技术能够提供一个可靠、快速且公开透明的平台来记录并验证金融和业务交易。这些交易可以是无中间商的情况下来出售和购买电力，所以现有的公用事业单位即电力公司的职能就会发生改变，部分权利就会被转移到消费者身上，因此需要进一步深化电力事业的市场改革。鉴于分布式能源的迅速兴起，电力行业的区块链应用市场也会得到快速发展。

5.3.2 P2P经济

P2P经济的概念，也称共享经济，涉及一种"去中心化"市场，个人可以直接执行交易，而无需中央机构或第三方的参与（Hamari等，2016）。但是，这些所谓的"第三方"执行经济蓬勃发展所需的几项重要任务，例如交易验证以及充当未知个人之间的中介。在这种经济中，这些任务是通过利用在线计算机系统即信息和通信技术（区块链）来完成的。这些系统允许在非常短的时间间隔内安全处理大量交易。随着分布式电源的不断增加，配置有电力新兴市场主体的家庭用户在满足自身用电需求的同时可以将富余的电能通过余电上网的方式卖给大电网，当前余电上网的价格较低，普遍经济效益不高。此外，具有电力新兴市场主体的微电网不断增多，微电网作为独立的一个整体也可以参与到电力交易中。然而电力新兴市场主体突出的问题在于其出力受到自然条件的影响较大，具有间歇性和随机性的特点，不能够保证功率的稳定输出。电力交易市场主要是以中长期的计划交易为主，在这种情况下，传统的期货市场已经不能对新能源实现在线实时的交易，这就产生了电力现货市场。考虑到电能作为一种可以瞬时交易的特殊商品，现货市场需要一个高效实时的交易平台，传统集中管理和销售模式已经无法满足需求。P2P电能交易作为一种新型的电力交易在智能电网中应运而生，其理念是电能的生产者和消费者不再通过任何中间商，通过点对点直接交易的方式，达到对电力现货的高效实时交易。区块链本身具有分布式、"去中心化"的属性，与分布式电能交易的特点相契合，通过分析大量相关文献可以得出：P2P电能交易的适用范围主要是在小区域电网，但对于跨大区域的电网来说，由于涉及复杂的潮流控制问题，集中式管理和调度依然具有不可替代的优势。目前国内外对P2P电能交易的研究主要是围绕在交易机制和交易模式的设计上，其主要应用对象是微电网内具有分布式电源的个体用户以及以独立微电网为交易主体的多微电网群的电能交易。相关研究在国外已有较多的试点项目，其中不乏一些已产生经济效益的案例，但国内由于电力政策和国情的原因，相关研究的试点工作开展的较少，还没有产生较好的经济效益，但是随着共享经济的发展，P2P电能交易将会成为未来电力系统发展的主流。

5.3.3 基于区块链+P2P技术的分布式共享平台

区块链技术具有可追溯性、交易公开、数据透明的优势，其分散化特性与分布式能源无中心特点相符合，Peer-to-Peer（P2P）理念又可以在一定程度上解决垂直一体化垄断的局面，提高能源利用率，故提出构建区块链+P2P平台，为即将提出的商业模式做出准备。

目前的电力分配系统允许用户将剩余电力出售给分布式网络运营商（分布式共享平台）。进行这些销售回售的出口关税大大低于上网电价，几乎没有激励消费者出售剩余能源。建立一个区块链+P2P技术的分布式共享平台，消费者和生产者可以以低于标准上网电价但高于出口电价的溢价率在彼此之间销售和购买能源，从而进行互动。该系统的模型是每20s处理一次交易，并创建了一个模拟工具，以获得消费者—消费者之间的每日资金流动总额。在建模系统和仿真中也考虑了分布式存储系统（DSS）的包含。

在当前的电力市场中，消费者使用配电基础设施从配电网络运营商（分布式共享平台）购买电力，该配电基础设施最初用于将能源从中央发电厂分配给最终用户。提供给消费者的电能充电约为12.38p/(kW·h)（Ukpower.co.uk，2018a）。在本书中，该收费将被称为T_s或"标准关税"。在这些系统中，除了消费者之外，还有所谓的"生产者"，例如在太阳能光伏装置的帮助下在本地发电的消费者。他们使用本地产生的电能来满足部分或全部需求。在某些情况下，在一天中的某些时候，会产生多余的能量，这些能量可以以较低的价格卖回分布式共享平台。在本书中，此收费被称为T_e或"出口关税"。

现在正在出现新的模式，这些模式可以利用可再生技术降低成本，并激发区块链的发展潜力，从而有可能改变电力市场。此类模型通过在能源结构中引入更多可再生能源来降低当前对化石燃料的依赖，并提高当前系统的效率。这些变化通常需要付出更多的代价，利用区块链技术来推动技术进步，可能会创造一个更好、更智能的电力市场。这种模式需要激励消费者更加熟悉电力市场运行逻辑，也可以缓解当前分布式共享平台基础设施的部分压力。

5.3 适应信息多元市场主体的商业模式

我们可以通过引入一种能源交易频繁的小型 P2P 模式来改变市场运作的方式。这些交易在生产者和消费者之间以及与分布式共享平台之间直接"半直接"进行。有些交易被称为"半直接交易",因为它们仍需要使用分布式共享平台的基础架构,因为生产者和消费者之间不太可能存在直接联系。但是,每笔交易都像处理过一样。为了说明生产者与消费者之间的距离,该模型引入了"损失百分比"因子,作为从生产者向消费者出售能源期间损失的一部分能量。能源的这种"损失百分比"还可以用来模拟分布式共享平台使用其基础设施作为进行这些交易的平台可能收取的费用。如果费用与出售/购买的能源成比例,则可以按百分比建模。提议的系统使用与分布式共享平台紧密配合的"区块链层",以匹配节点或区域内电能的生产和需求。区块链层在有多余能量的生产者附近找到需要能量的客户。生产者以溢价率 T_{pc} 出售这部分剩余的能源(占亏损),该比率位于 T_s 和 T_e 的平均值,因此对生产者和消费者都具有吸引力。溢价关税 T_{pc} 对生产者具有吸引力,因为他们否则会将剩余的能源出售给 T_e 的分布式共享平台,而对消费者也有吸引力,因为他们通常会在 T_s 从分布式共享平台购买能源。如果在某些时候,匹配的客户没有任何能源需求,则生产者仍可以照常将剩余能源卖给 T_e 的分布式共享平台。同样,如果匹配的生产者没有可用的剩余能源,则消费者仍可以在 T_s 从分布式共享平台购买能源。

需要强调的是,为了使提议的 P2P 电力市场正常运转,需要当前的分布式共享平台基础设施。因此,应该存在一种激励措施,允许分布式共享平台维护其基础设施,即收入流。因此,引入了分布式存储系统(DSS)的思想。DSS 旨在散布在分布式共享平台中基础设施,并以电池形式提供一定的存储容量。然后,如果在特定时间消费者需求不足,则生产者可以将其剩余能源出售给 DSS,而不是直接将其出售给分布式共享平台。如果生产者向 DSS 出售能源的销售关税仍高于向电网出口的电力(出口关税 T_e),则此方法有意义。如果消费者和生产者从 DSS 购买能源的电价仍低于 T_s:两个新的关税 T_{sh} 和 T_{sl} 是 DSS 交易结算的电价。DSS 从 T_{sl} 的生产者那里购买能源,进行存储,然后在 T_{sh} 将其卖给消费者或生产者。这样,对于 DSS 买卖的每个能源单位都会产生 T_{sh}、T_{sl} 的收入。这种方法使分布式共享平台可以从系统架构中受益。这是期望的结果,因为分布式共享平台负责维护所需系统的功能,以使建议的系统正常运行。包括 DSS 在内的分布式共享平台设计如图 5.11 所示。

5.3.4 三种商业模式

发电企业售电部分服务于大用户及市场交易平台,大部分电能在电力市场中完成竞价,少部分电能直接与大用户签署合约进行直售,使用户能够获取较市场电价更为低廉的电价。独立售电公司从交易平台购电,将电能售卖给电力用户。能源服务公司主要从交易平台购得可再生能源,将可再生能源与其他能源以套餐形式销售,并承担

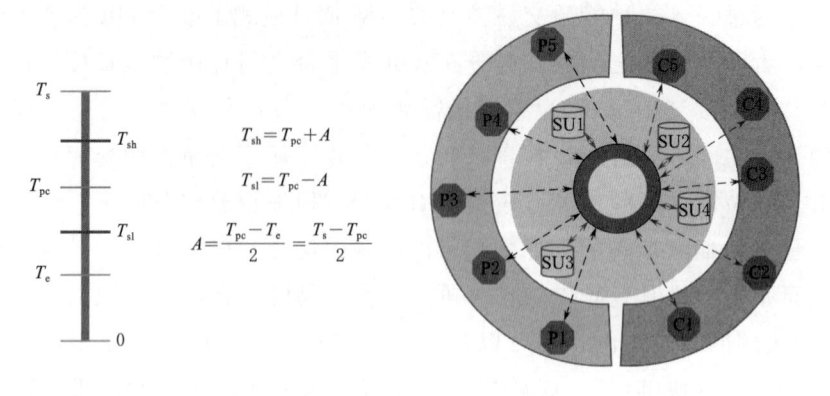

第 5 章
零售市场价值体系、服务模式与商业模式

图 5.11 分布式共享平台设计图

节能服务及用电管理等业务。大型工业园区组建的售电公司不仅从交易平台大批量购电，还从分布式能源企业购买分布式能源，并接受能源服务公司提供的节能服务及用电管理，使园区企业在享受稳定的电力供应的同时，能够优化自身的用电策略。分布式能源企业首先需要打开微电网市场，微电网多处于边远地区，其与大电网互连的成本较高，而分布式能源企业具有地区优势，可以通过出售或租赁设备的方式收取设备费或租赁费（或以电费形式收取）。这一阶段形成以物联网云平台为中心、各售电公司为主导的商业模式，以智能监测技术和信息技术为载体，为整个商业网络提供技术支撑，逐渐形成大数据库，积累市场交易经验，促进可再生能源及分布式能源的发展。在思考市场发展的规律前提下，提出三种新型市场主体参与电力零售市场的商业模式。

（1）独立式商业模式。零售市场放开使得多元小微主体被赋予直接独立地参与市场的权力。针对单独运行的多元小微主体，提出独立式的商业模式，提供独立式服务，如图 5.12 所示。

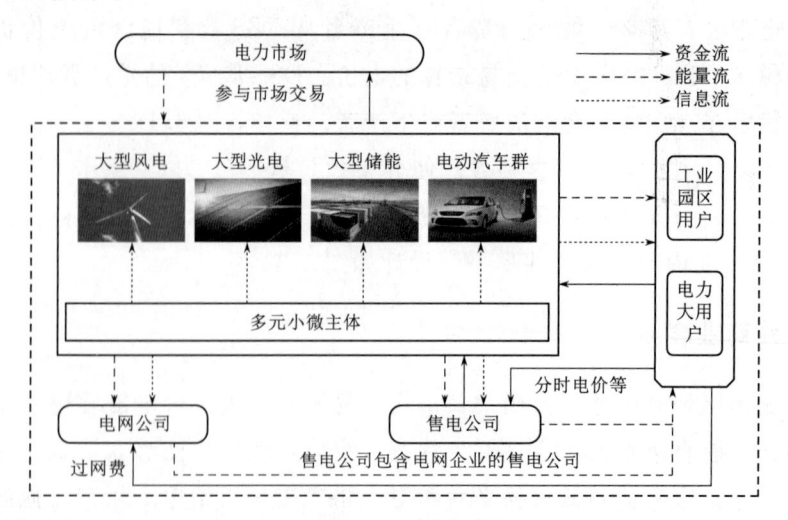

图 5.12 独立式模式

如图 5.12 所示，此阶段零售市场初步放开，更加注重参与市场。独立式的商业模式是指符合上网条件的多元小微主体与电力用户遵守双方意愿，通过双边协商、集中竞价等方式进行交易，电网公司仅负责输配电业务，此种商业模式直接放开购售电选择权，有助于形成多买家多卖家的竞争性的市场格局。其收益主要是价格差以及增值服务费用。

独立式商业模式的数学模型：

1）具有调节效应主体（储能等）收益 M，其表达式为

$$M = c_{s,t}^m + c_{z,t}^m + c_{h,t}^m \tag{5.1}$$

其中，m 包含可调负荷、储能、电动汽车等可调节性主体。

2）不具有调节效应的主体（风光等）收益 N，其表达式为

$$N = c_{s,t}^m + c_{z,t}^m + c_{h,t}^m \tag{5.2}$$

式中：$c_{s,t}$ 为多元小微主体的能源收益；$c_{z,t}$ 为多元小微主体 m 的增值收益；$c_{h,t}$ 为多元小微主体 m 的环境收益。

其中，m 包含风电、光电等不可调节性主体。

（2）集中式商业模式。为保证社会资源最大效用化，结合近几年"聚合商""虚拟电厂"的概念，考虑多个利益相关者的组合式能源消纳基础上，提出集中式的商业模式，将多元小微主体聚合为 VPP，提供集中式服务，如图 5.13 所示。

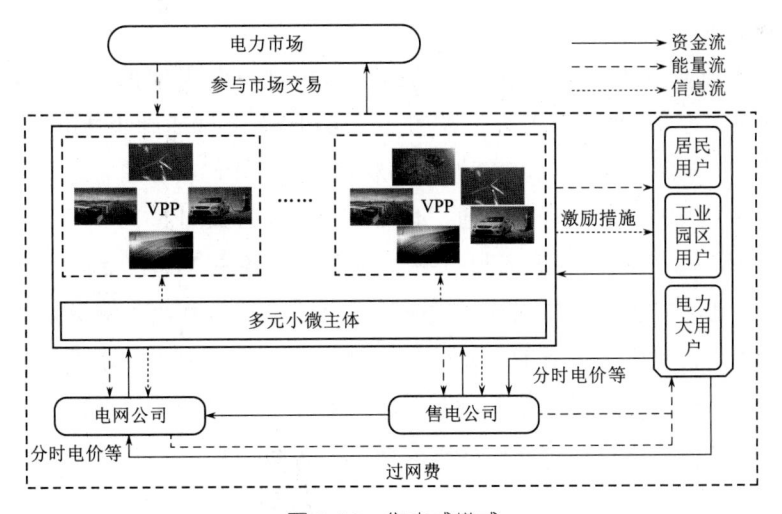

图 5.13 集中式模式

如图 5.13 所示，该阶段市场进入过渡期，各主体更加注重利益分配。通过 VPP 将所在地的储能、电动汽车、分布式能源等多元小微主体进行整合、参与调度、克服市场主体出力不确定性等缺陷，实现市场多主体均能参与市场交易，实现利益公平分配。VPP 参与市场交易时，从一定程度上可以认为聚合的 VPP 充当电源和负荷的双重身份：作为负荷时，可以降低购电成本；作为电源时，可获得能源收益。

第5章 零售市场价值体系、服务模式与商业模式

模式运行的关键是利益的合理分配，因此提出一种基于两步联盟合作博弈的电力交易算法，该算法首先采用拍卖法确定交易顺序，然后应用 Shapley 值公平分配收益。在合作博弈中的隐含假设是，参与者可以组建联盟并就如何分配具有可转让效用的联盟收益进行具有约束力的协议。在合作博弈情境下建立多元小微主体的收益模型，根据各主体在合作博弈项目中的贡献对收益进行合理分配，即主体 i 的收益等于 i 对其所参与联盟的边际贡献均值。

假设 $S=\{1,2,3,\cdots,n\}$ 为 n 个参与合作项目的主体集合，对于 S 的任一子集 $x \in S$，均对应一个实数函数 $f(x)$，该函数满足：

$$\begin{cases} f(\phi)=0 \\ f(x_1 \bigcup x_2) \geqslant f(x_1)+f(x_2) \end{cases} \tag{5.3}$$

式中：$f(x)$ 为联盟 x 的合作收益，即使联盟人数增加，其收益也不会减少。

联盟内主体 i 的利益分配所得值为

$$c_i(u) = \sum_{x \in S} \theta(\xi)[f(x) - f(x \setminus i)]$$

$$\theta(\xi) = \frac{(\xi-1)!\,(n-\xi)!}{n!} \tag{5.4}$$

式中：x 为包含成员 i 的所有子联盟；ξ 为子联盟 x 中成员的个数；$f(x \setminus i)$ 为子联盟 x 除去成员 i 后的收益；$f(x)-f(x \setminus i)$ 为成员 i 对子联盟 x 的边际贡献；$\theta(\xi)$ 为联盟出现的概率。

(3) 共享式商业模式。随着电力市场的不断推进，电力辅助服务市场日趋完善，结合"共享经济，云交易"的理念，在集中式商业模式的基础上提出共享式商业模式，建立以多元小微主体为主体的能源交易机制，且 VPP 或者独立运行的主体之间能够进行信息共享，需求响应，资本流通，其商业模式运营如图 5.14 所示。

如图 5.14 所示，市场进入完善期，更加注重的是各主体如何更好地参与市场，从而利益最大化。此时，多元小微主体可同时参与电能量市场和辅助服务市场。多元小微主体提前上报次日在电能量市场的投标电量和电价，以及辅助服务市场调频容量、调频里程的大小和价格，用户只需申报其各时段的购电需求，交易平台根据双方的申报信息以及预测的次日日内市场负荷偏差，决定交易日的交易计划。多元小微主体与常规机组获取电能的方式有较大差异，比如风力发电，光伏发电可视为零成本，储能从市场买电，成本与实时电价有关；而常规机组发电成本与产量相关，其报价曲线是发电量的线性函数，多元小微主体则可采用策略性报价。

此模式运行的关键是兼顾收益与风险，因此本书提出一种多元小微主体联合竞价的双层 Stackelberg 博弈竞价模型。其中上层模型中的多元小微主体作为领导者以总体收益最大化为目标进行策略报价，并受到外部的竞标约束以及内部调频容量、调频里程的约束；下层模型以调度和交易中心为跟随者，以购电成本最小为目标函数，进行日前联

合市场（电能量市场和辅助服务市场）出清并受到日前功率平衡约束、网络安全约束等约束。同时引入多场景描述交易决策博弈过程中竞争对手的不确定性给多元小微主体收益带来的风险。

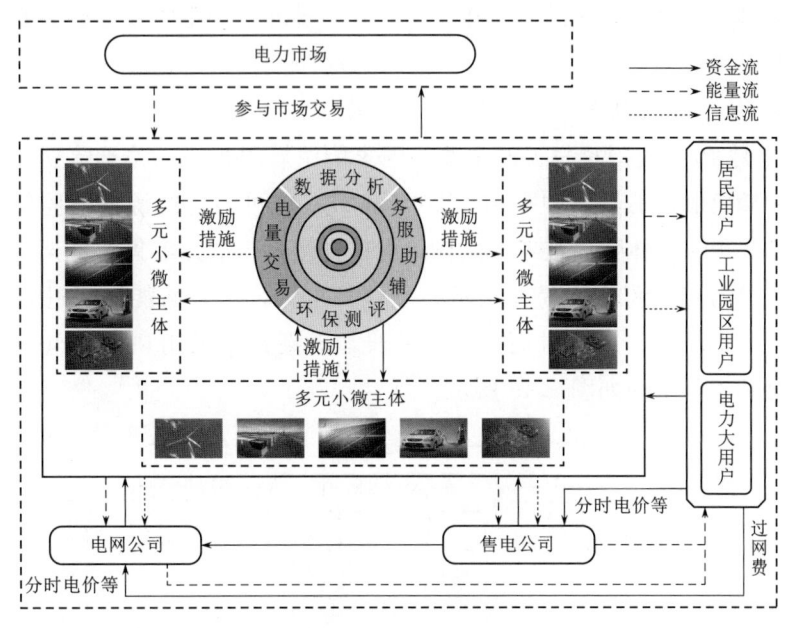

图 5.14 共享式模式

上层市场目标函数为

$$\max \sum_{q=1}^{Q} \tau_q \sum_{t=1}^{T} \sum_{m=1}^{M} [p_{t,q} r_{m,t,q}^{dis} + p_{t,q}^{as}(r_{m,t,q}^{up} + r_{m,t,q}^{dn}) + p_{t,q}^{as,v}(m_{m,t,q}^{up} + m_{m,t,q}^{dn})] \tag{5.5}$$

式中：τ_q、Q 分别为场景 q 出现的概率和个数；$p_{t,q}$、$p_{t,q}^{as}$、$p_{t,q}^{as,v}$ 分别为场景 q 下 t 时刻日前能量市场、辅助服务市场调频容量和里程的出清价格；$r_{m,t,q}^{dis}$、$r_{m,t,q}^{up}$、$r_{m,t,q}^{dn}$、$m_{m,t,q}^{up}$、$m_{m,t,q}^{dn}$ 分别为场景 q 下 t 时刻多元小微主体 m 在日前能量市场中标电量，在日前辅助服务市场中标的上、下调频容量和里程。

下层市场出清模型为

$$\min \sum_{q=1}^{Q} \tau_q \{ \sum_{m=1}^{M} p_{m,t,q}^{dis} r_{m,t,q}^{dis} + \sum_{c=1}^{C} p_{c,t,q} r_{c,t,q} + \sum_{m=1}^{M} [p_{m,t,q}^{as}(r_{m,t,q}^{up} + r_{m,t,q}^{dn}) + p_{m,t,q}^{as,v}(m_{m,t,q}^{up} + m_{m,t,q}^{dn})] + \sum_{c=1}^{C} [p_{c,t,q}^{as}(r_{c,t,q}^{up} + r_{c,t,q}^{dn})] + \sum_{c=1}^{C} p_{c,t,q}^{as,v}(m_{c,t,q}^{up} + m_{c,t,q}^{dn}) \} \tag{5.6}$$

式中：$p_{c,t,q}$、$p_{c,t,q}^{as}$、$p_{c,t,q}^{as,v}$ 分别为场景 q 下 t 时刻常规机组 c 在能量市场、辅助服务市场调频容量和里程的报价；$p_{m,t,q}$、$p_{m,t,q}^{as}$、$p_{m,t,q}^{as,v}$ 分别为场景 q 下 t 时刻多元小微主体 m

第 5 章
零售市场价值体系、服务模式与商业模式

在能量市场、辅助服务市场调频容量和里程的报价；$r_{c,t,q}$、$r_{c,t,q}^{up}$、$r_{c,t,q}^{dn}$、$m_{c,t,q}^{up}$、$m_{c,t,q}^{dn}$分别为场景 q 下 t 时刻常规机组 c 在能量市场中标电量和在辅助服务市场中标的上、下调频容量和里程；C 为常规机组个数。

在分析整体竞争性商业模式的基础之上，针对多元市场主体参与电力零售市场提出以下两种交易品种。

1. 交易品种1：跨省批发—省内零售直接交易

2019年5月10日由国家发展改革委、国家能源局颁布的《关于建立健全可再生能源电力消纳保障机制的通知》中提出2020年正式实施可再生能源消纳监督与考核。在此背景下，新兴市场主体作为被考核主体，可在直接参与电力零售的框架模式下，新兴市场主体用户参与跨省跨区交易购买低价新能源电力，一方面能够促进省外新能源消纳，满足自身消纳权重；另一方面可以进一步调动新兴市场用户参与电力市场的积极性。该交易品种工作原理如图5.15所示。

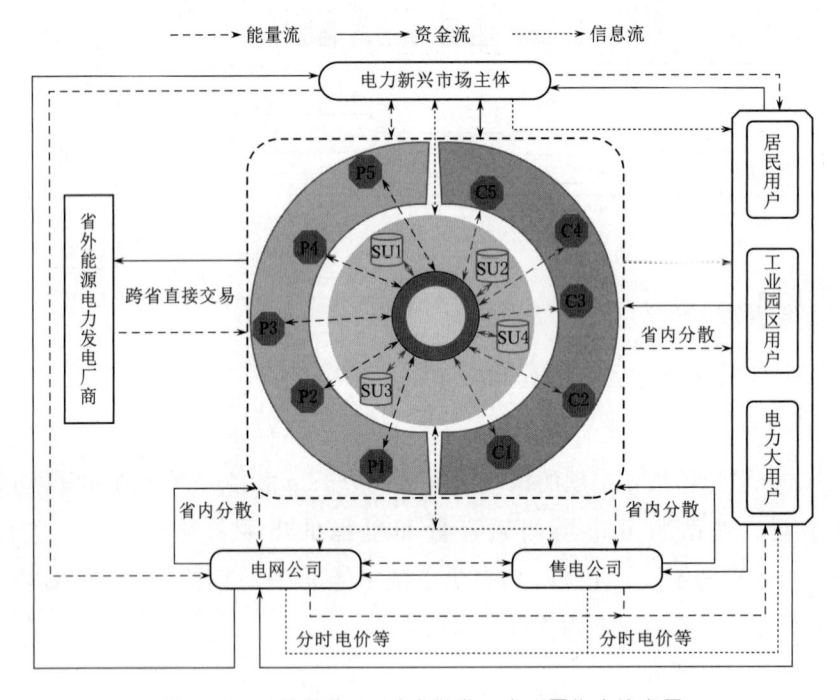

图5.15 交易品种1：跨省批发—省内零售直接交易

（1）服务内容。基于特高压输电技术，充分发挥其输电容量大、距离远、损耗低的优点，促进可再生能源在大范围内消纳。该模式下新兴市场主体采用跨省跨区直接交易方式购买省外低价新能源电，在计入设施投资及其运维成本后，再以低于本省上网价格的方式进行省内分散零售交易，以扩大市场规模。

（2）收入来源。此商业模式下，售电公司作为运营商，其收入主要来源于省外发电价与省内零售电价的价格差及服务费，即

5.3 适应信息多元市场主体的商业模式

$$W_1 = \sum_{t=1}^{24} \sum_{m=1}^{M} T_{m,j}(t) P_{m,j}(t) p_c(t) \tag{5.7}$$

其中
$$p_c(t) = p_e(t) + p_w$$

式中：W_1 为新兴市场主体收入；$p_c(t)$ 为 t 时段整体电价费用；$p_e(t)$ 为 t 时段新兴市场主体/公司省外省内电价差。

（3）服务成本。服务成本主要包括：跨省购买可再生能源电力的费用、特高压输电费、用户/公司设备运维费用以及其他成本，具体表述如下：

$$C_1 = C_y + C_q + C_g \tag{5.8}$$

其中
$$C_g = Q_z \times (p_{wz} + p_g)$$

式中：C_2 为新兴市场主体的服务成本；C_g 为省间购电成本；p_g 为特高压输电费用；p_{wz} 为省间批发交易价格。

2. 交易品种2：以虚拟电厂为载体的集中交易

分散的电动汽车、风力发电等新兴市场主体参与电力市场交易，将面临较高的市场门槛，从而影响用户响应程度。虚拟电厂是利用先进的调控、计量、通信技术把电力新兴市场主体、分布式储能设施、可控负荷等不同类型分布式资源进行整合优化参与市场交易的载体。电动汽车作为移动储能设施具备的优异特性，使其能够很好地融入虚拟电厂，从而以间接方式参与电力市场，打破了市场门槛的限制。该模式工作原理如图 5.16 所示。

（1）服务内容。新兴市场主体可在虚拟电厂中充当电源和负荷的双重身份：一是作为负荷可有效减少购电成本；二是作为电源可获取额外收益。虚拟电厂运营商可针对此特性提供相应服务：一是通过新能源跨省批发—省内分散零售模式为新兴市场主体提供用电服务；二是作为市场主体参与电力批发市场，竞价获得辅助服务。进一步根据辅助服务要求，通过分时电价等激励手段整合主体发用电状况，拟合出符合电网需求的负荷曲线响应电网以获取相应的收益。

（2）收入来源。此商业模式下，虚拟电厂作为运营商，其收入主要来源于用户电费及服务费、反向卖电以及参与辅助服务市场带来的收益，具体表述如下：

$$W_3 = \sum_{t=1}^{24} \sum_{m=1}^{M} T_{m,i}(t) P_{m,i}(t) p'_c(t) + W_b + W_f \tag{5.9}$$

其中
$$p'_c(t) = p'_e(t) + p_w$$
$$W_b = C_b$$

式中：W_3 为虚拟电厂那个运营收入；$p'_c(t)$ 为 t 时段虚拟电厂内用户/公司的用电费用；W_b 为放电补偿收入；W_f 为虚拟电厂参与辅助服务市场获取的收入。

（3）服务成本。服务成本主要包括：省间购电费用、用户用电补偿、设备运维费用、内部资源整合费用、其他成本，具体表述如下：

$$C_2 = C'_b + C'_g + C_y + W_f \times \mu + C_q \tag{5.10}$$

第 5 章
零售市场价值体系、服务模式与商业模式

其中
$$C_b' = \sum_{t=1}^{24}\sum_{m=1}^{M} T_{m,o}(t) P_{m,o}(t) \times p_b'$$

式中：C_2 为虚拟电厂运营商的服务成本；C_b' 为虚拟电厂内新兴市场主体的售电补偿；p_b' 为虚拟电厂内部的放电价格；μ 为辅助服务收益分配比例。

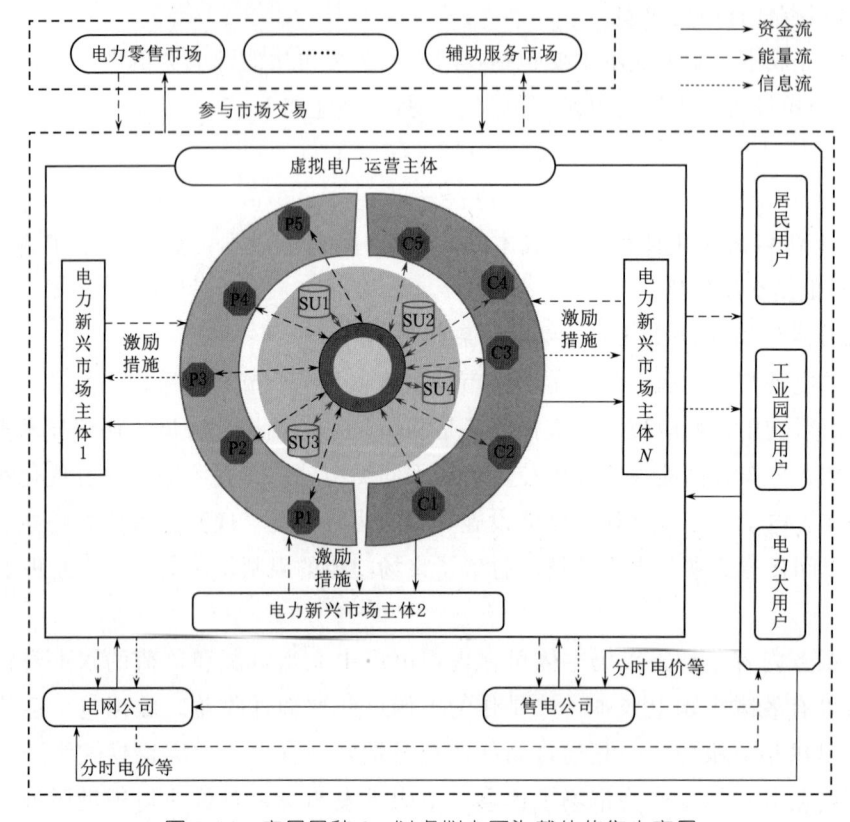

图 5.16 交易品种 2：以虚拟电厂为载体的集中交易

商业模式 1 由新兴市场主体/公司跨省购买低价新能源电力，能够在更大时空范围内促进新能源消纳，不利之处在于其可控性较差。商业模式 2 则是通过第三方运营商进行控制，以间接方式参与电力市场，其优势在于不仅能够充分消纳可再生能源，而且能够弥补商业模式 1 的不足，与电网实现分层优化调度，显著减轻电网运行管理压力，不利之处在于其对响应速率和响应稳定性要求较高。

对于商业模式的长期运营我们可以从以下九个方面进行考虑：

（1）客户细分。电力新兴市场主体的客户可以区分为提供电能的发电厂业主、提供电能增值服务的供应商、用户三种类型。这其中提供电能的发电厂业主可以细分电力新兴市场主体的发电厂和外部发电厂；提供电能增值服务的供应商也可分为内外部供应商；用户细分为售电公司（从电力新兴市场主体买电之后再卖给用户）、大客户、用户。这三种客户特点也不相同，需要从不同的需求出发。发电厂为新兴市场主体供

· 92 ·

应电能，需要售卖更多的电力；电能增值服务的供应商要通过电力新兴市场主体做平台销售增值服务；用户需要购买到性价比高、增值服务多的电力产品。

需要针对具体目标客户，提供细化方案，如：

1) 工商业客户（大工业用户、园区中小型企业用户、商业用户）以企业为单位，数量少，但用电量大，工业电费往往较多，是售电大客户；针对工商业大客户，应该从购电量、符合时间特性、议价空间、企业效益、行业细分、特殊需求等维度进行分析，提出适合的售电套餐，吸引大客户。进行产品定制，如组合电价、能源承包；进行增值服务，如绿色电力销售、能源审计、能效管理、热电联产等。

2) 居民用户以家庭为单位，数量多，单位年用电量少，电费支出较少，价格相对不敏感。针对居民用户营销方案，应重在价格促销，如折扣、返现、礼券等；提供增值服务，如个性化电力套餐、家庭能源管理、APP等。

（2）价值主张。电力新兴市场主体的售电平台将提供给用电客户稳定、高质量的电力供应，以及围绕电力供应的辅助服务，如电量管理、分布式能源管理、节能管理、高附加值的折扣电价，客户可以享受到针对性强的电力套餐服务，针对大客户，还有额外的特色服务。针对供应电力的发电厂业主，提供匹配性强的服务，建成一个稳定交易平台，满足电厂、售电公司、电网、用户不同特点的需求。

（3）分销渠道。按照新电改的精神，将逐步放开用户侧需求。电力新兴市场主体应该利用现有的各种营销方式，通过互联网、上门营销、大众媒体等进行宣传。零售渠道可以布局超市、社区店、折扣店等网点营销。向上级部门争取对清洁能源有力的政策，如吸纳风电等清洁能源。改变过去的计划电量营销方式，主动走出去做市场，传达价值主张。在互联网时代，应积极进行创新营销研究，积极布局和涉足电动汽车和充电桩领域，进行光伏板、分布式能源开发和管理，节能项目研究，电力新兴市场主体的工程和设计等板块具备此类人才，经过与国外成熟电力市场交流后，有能力实施此类方案。

（4）客户关系。电力供应在中国之前有自然垄断的特质，在之前发电厂卖电给电网，电网卖电给客户的原有过程中，客户关系简单，也谈不上真正的服务质量。所以新电改之后，面对售电侧放开的市场竞争环境下，电力新兴市场主体的售电平台与客户的关系，仍然要建立在让顾客满意为基础的准则上，所以电力新兴市场主体需要针对客户关系维护，建立一整套的体系，维护客户关系，建立稳定的客户关系。需要针对零售业开发培育：本地客户关系，细分客户产品和合同设计，通过增值服务，有效提升电力零售利润、降低用户流失率。

（5）收入来源。电力新兴市场主体的售电平台商业模式的收入将来自于售电销售收入与向发电厂买电和购买增值服务的支出的差或者其他。这将是一个动态的过程，如果议价能力强，可以卖出合适的电价，那么将实现盈利，并会随着数量的增加，盈

第5章
零售市场价值体系、服务模式与商业模式

利增加,反之则为负。提供的增值服务,也具备盈利的空间。通过开发金融产品,可以实现增值利润。交易空间,可以通过售电平台实现自身价值。

(6) 关键资源。电力新兴市场主体是一个综合性的电力主体,旗下除了发电厂资源外,或许还有工程、设计、节能、服务、金融等全部或者部分资源,在进入售电领域的同时,也可以将内部资源整合,提供增值服务给客户,开创新的局面,形成合力。电力新兴市场主体的关键资源包括风电、太阳能等发电厂,先进的管理流程,人力资源,企业文化等。第一,具备竞争力的资源来自自有的清洁发电资源,这是独特竞争力的来源;第二,先进的管理流程保障了电力的安全生产;第三,在电力生产、电力服务等方面丰富的人力资源,电力营销人力资源是弱项;第四,电力新兴市场主体的企业文化使得员工富有战斗力。

(7) 关键业务。电力新兴市场主体的售电平台的关键业务包括电力生产、成本控制、电力市场营销。实现安全稳定的电力生产,电价成本在社会平均成本之下,有良好的议价能力,通过实体营销,以及与未来的网络营销结合,尽量增加用户,维护用户。通过提升电能服务质量,吸引客户:

1) 能效服务。通过节能公司对企业用户进行用能托管、节能改造等手段,通过能效服务平台,进行数据采集、用能检测,通过软件的分析,进行用能诊断、收益分析,选取用户最优化的方案,告知用户。

2) 电能服务维保业务提升。一定时间段内提供专家分析报告,为用户变电站提供专业定期巡检,进行在线监测,针对故障的及时抢修等。

3) 金融创新服务。通过引入金融信贷及保险产品,对用户及关联方进行远期收益担保、购买设备等服务。

(8) 重要伙伴。电力新兴市场主体的商业模式,需要与下列单位建立战略伙伴关系,如提供电力供应的发电厂,提供电力增值服务的供应商,还有从售电平台进行购买电能服务的售电公司,大客户等。可以提供金融创新业务的服务提供商,可以提供新型营销渠道的合作伙伴,如"互联网+基因"的腾讯、阿里巴巴等新型商业类型等。在新电改的业务扩展模式下,伙伴类型的定义将大大丰富,不能拘泥以以前的常态来定。

(9) 成本结构。部分电力新兴市场主体资产已经具有一定规模,并随着在建电厂的投运,集约化生产管理水平的提高,发电成本逐渐下降,人力资源成本也随着规模的变大在逐渐下降。电力新兴市场主体中的风电、太阳能电厂将随着技术的提高,也呈逐步降低趋势,这是一个动态的过程,要具体问题具体分析。从长久来看,以清洁能源为主业的电力新兴市场主体,符合国家能源调整结构的长久目标,所以随着可销售电量的增长,成本结构将逐渐优化。

第6章

分布式交易支撑技术及平台功能需求

6.1 区块链技术原理

6.1.1 区块链关键技术

1. 区块链概念

区块链技术是一种基于密码学原理的分布式P2P网络共信智能账本技术,中国区块链技术和产业发展论坛编写的《中国区块链技术和应用发展白皮书》将区块链定义为:分布式数据存储、点对点传输、共识机制、加密算法等计算机技术的新型应用模式。一般认为区块链技术整合了以下几点关键技术:①P2P网络技术;②分布式账本技术;③非对称加密技术;④共识机制技术;⑤智能合约技术。

在很长一段时间里人们都将比特币和区块链混为一谈。2015年是区块链技术在国内逐渐被金融界和科技界认可的关键年,相应的应用场景、落地项目、创新团队如雨后春笋般涌现出来。但时至今日,依旧有很多人将区块链技术与比特币对等起来,区块链技术经过近10年的发展,已经发展成为一种具有革命性的信息共享技术,而比特币则是区块链最大、最成功的虚拟币应用之一。

(1) 技术方面。区块链是采用了共识机制和"去中心"实现的公共数据库。共识机制是引入了可以实现数据一致性的信息技术算法;"去中心"指在区块链技术的应用中没有统筹数据生成的中心节点,每一个系统节点都具有对等的权责;公开的数据库是指所有系统节点都可以查看已有的数据和交易记录,从而确保在"去中心"的网络环境下系统的数据无法造假和随意修改。

(2) 价值方面。区块链是一个价值互联网,可以实现价值的传递。从比特币应用上来说,区块链的初始应用就是已经具备了记录价值、传递消息和价值转移等功能的分布式交易数据库。从区块链的本质来看,其是一种可靠的分布式数据库,"分布式"特征不仅体现在数据储存,还体现在链上数据的产生和记录,分布式数据库保证交易数据的安全和可追溯。

第 6 章
分布式交易支撑技术及平台功能需求

（3）结构方面。区块链的各区块之间利用哈希加密算法的数字指针链接彼此。单个区块分别包括区块头和区块体两个部分。区块的头部主要包含编号、相邻区块的链接认证函数、时间戳和 Merkle 根等信息，其中区块头的编号是区块的唯一身份标识。区块体是分布式数据的主要载体，以区块头中的 Merkle 函数为根，形成由上至下的"倒树状"数据存储模式，按照哈希函数加密的方式将交易数据信息存储在区块体，供系统用户进行数据的查找和调用。典型区块的结构示意如图 6.1 所示。

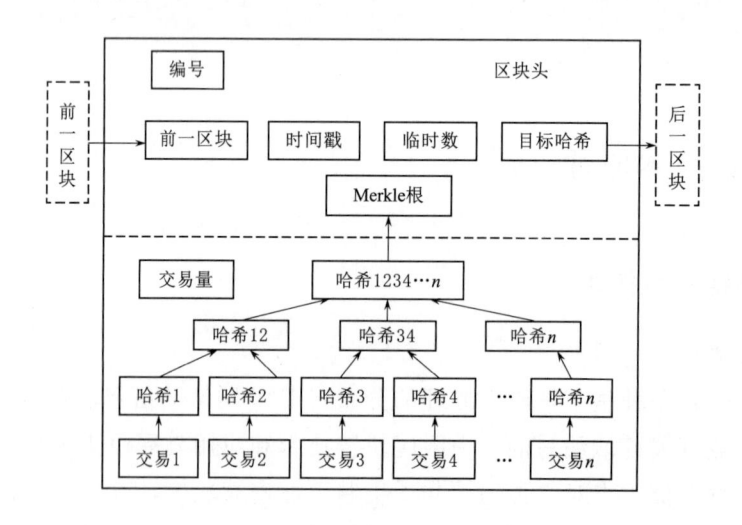

图 6.1 典型区块的结构示意图

2. 区块链分类

区块链的分类标准不同，所分的种类也不同。一般采用按区块所面向服务对象的不同，分为公有链（Public Blockchian）、联盟链（Consortium Blockchain）和私有链（Consortium Blockchain）（图 6.2）。

（1）公有链主要是为了面向大众社会成员，用户不需要进行身份注册即可匿名参与公有链数据信息下载、查看、记录等操作。应用公有链开发的区块链应用主要有比特币和以太坊，分别是区块链 1.0 和区块链 2.0 的应用。公有链也称非许可链，即不需要第三方或系统投票同意许可，就可以直接获取链内数据。公有链主要应用在虚拟货币、面向大众的电子商务、互联网金融以及面向全社会的公共事业监督等。

（2）联盟链的受众主体范围相对公有链有减少，开放程度低于公有链，对特定范围内的组织成员开放，链上的数据一般对外是可查看的，但链上数据的产生、记录等权限由联盟链的管理者自定义。联盟链的代表主要有 R3 区块链联盟和超级账本（Hyperleder），加入这两个组织都需要注册许可后才可以成为此联盟链上的节点，同时可操作的内容根据节点等级不同而不同，联盟链是许可链（Permissioned Blockchian）的一种。联盟链主要用于合作机构之间的交易、结算或信息共享等 B2B（Business-to-Business）的场景。

6.1 区块链技术原理

区块链分类

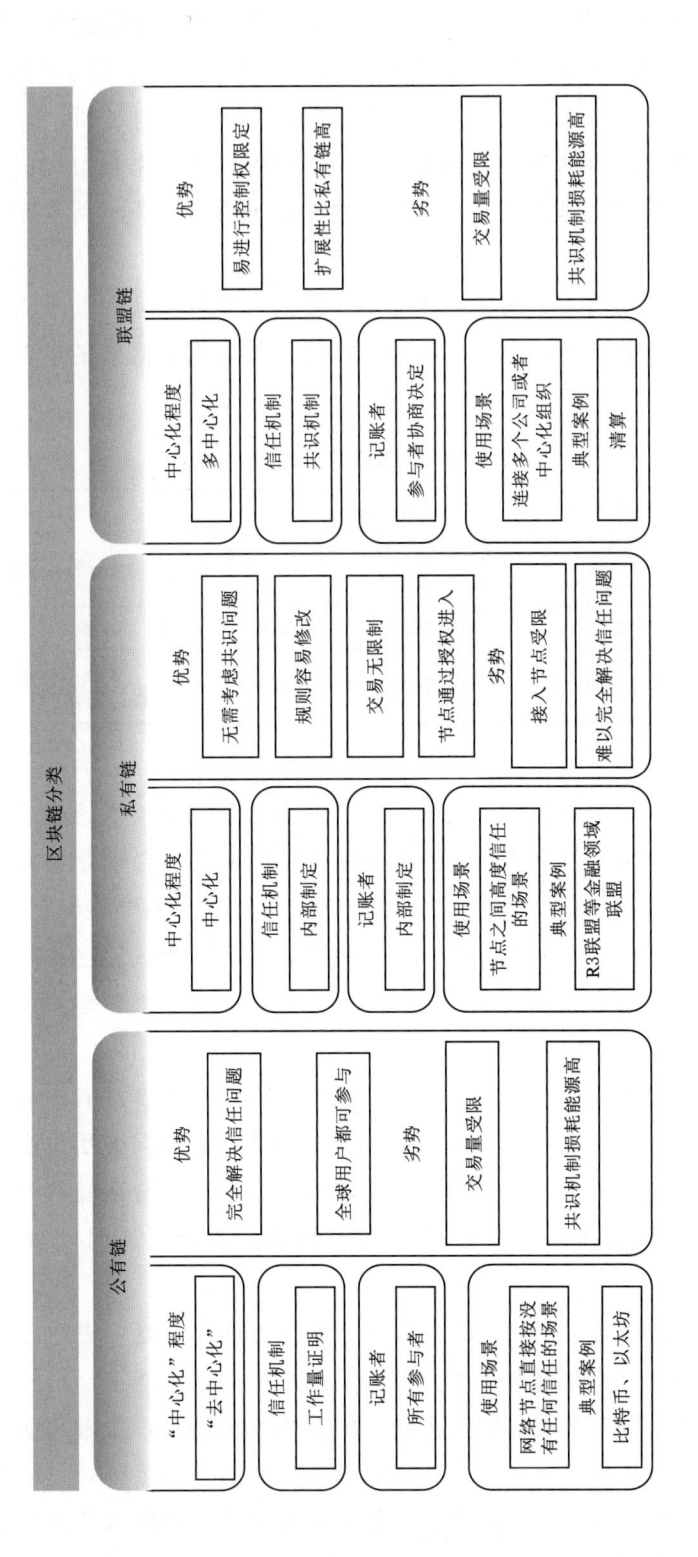

公有链

优势
- 完全解决信任问题
- 全球用户都可参与

劣势
- 交易量受限
- 共识机制损耗能源高

- "中心化"程度："去中心化"
- 信任机制：工作量证明
- 记账者：所有参与者
- 使用场景：网络节点直接没有任何信任的场景
- 典型案例：比特币、以太坊

私有链

优势
- 无需考虑共识问题
- 规则容易修改
- 交易无限制
- 节点授权进入

劣势
- 接入节点受限
- 难以完全解决信任问题

- 中心化程度：中心化
- 信任机制：内部制定
- 记账者：内部制定
- 使用场景：节点之间高度信任的场景
- 典型案例：R3联盟等金融领域联盟

联盟链

优势
- 易进行控制权限定
- 扩展性比私有链高

劣势
- 交易量受限
- 共识机制损耗能源高

- 中心化程度：多中心化
- 信任机制：共识机制
- 记账者：参与者协商决定
- 使用场景：连接多个公司或者中心化组织
- 典型案例：清算

图 6.2 区块链分类

第6章
分布式交易支撑技术及平台功能需求

（3）私有链与联盟链类似，主要面向组织内部的各个成员而设计，私有链上的数据产生、记录、查看以及认证都按照组织自身规定执行，针对不同应用场景可设置相应的系统数据共享规制。私有链主要应用在企业内部、机构之间，其可以提供安全、可追溯、不可篡改、自动执行的运算平台，同时可以防范来自组织内部、外部对数据的恶意破坏。私有链也是许可链，可以因地制宜地设置组织运行规制，具有更好的适用性。

总的来说，不同区块链类型的基础特征是一致的，但具体应用场景需要结合相应的智能合约来规定系统的节点权限，以满足具体场景的安全、高效的运营。区块链分类的差异对比见表6.1。

表6.1 区块链分类的差异对比

类型	开放程度	面向主体	适用范围	项目或实例
公有链	高	全社会大众	面向全社会的金融货币、电子商务以及公共事业监督等	发行的各种虚拟货币
联盟链	中	机构之间	金融机构之间的支付、结算等	R3联盟等
私有链	低	企业内部或机构之间	企业内的数据库管理或审计等	布鲁克林的Trans Active Grid项目

3. 区块链技术特征分析

区块链技术并非一门全新的信息技术，而是许多已有网络技术的改进和部分新生技术的组合。区块链技术是网络信息、数据加密、即时通信、自动化脚本嵌入、共识机制协议以及数据库等技术的综合体系。区块链技术具有"去中心化"、分布式、自治性、智能化、可追溯性、安全性等特征。区块链数据的分布式储存和产生决定了其应用中将不会再有垄断系统数据的组织或个人，可以为公共事业提供一个开放、透明、去中心的数据信息共享的环境。

（1）"去中心化"。区块链技术的"去中心化"特性使得系统没有中心节点，系统数据被完整地储存在每一个节点上，即使大部分系统节点的数据遭受攻击而毁坏，理论上只要有一个节点的数据完整，依旧可以重建或恢复原区块链系统的全部数据，这在一定程度上可以避免传统数据中心化所带来的信息垄断、透明以及数据安全的问题。

（2）自治性。区块链技术的自治主要体现在两个方面：一是"去中心化"的架构设置决定了系统内所有节点都是对等的，节点具有相同的权责要求，每一个节点都可以自由地加入和退出系统，节点需要遵循既定的系统规则运行，无需其他节点的参与协助来运行节点；二是区块链系统一旦运行起来，可以自行产生区块更新数据，无需人工参与即可自动执行，系统内的所有节点都必须按照系统智能合约的内容操作，违规操作产生的数据在进行其他节点认证的时候将无法通过验证，将会被视为无效数据而被抛弃。

(3) 智能化。智能合约是一种程序化的规则，每一次进行交易前都会先运行智能合约的内容，只有通过验证的交易才能被系统认证通过。所以智能化合约是进行交易的程序化约束，产消用户间的电力零售交易的交易机制和配电约束均可以智能合约的形式嵌入脚本中，对电力交易每一个过程进行验证。

(4) 可追溯性。区块链系统的分布式数据储存，每一个节点都拥有系统数据的副本，相当于是一个公开的交易账本不可以篡改，因为区块间连接的需要经过哈希（Hash）加密运算，使得交易之间都有一定的关联性，从而实现交易数据的可追溯。如果单个节点私自修改本地区块数据后将与系统大多数节点的数据产生冲突，将无法继续链接延伸区块，被认定为无效侧链而抛弃。区块链数据的不可篡改和可追溯特性保证了交易数据的真实、安全、有效，因其具备"去中心化"、系统自治、智能化运行、安全可追溯等特征，从而备受关注。区块链技术特性分析见表6.2。

表6.2　区块链的技术特性

技术特征	技术设计	实现功能
"去中心化"	分布式数据储存	提供透明安全的系统数据解决方案
自治性	Point to point 的架构设计	避免垄断的产生，为节点提供权责平衡的交易环境
智能化	程序化规制设计	自动实现交易认证，提供统一的交易要求准则
可追溯性	区块的特殊连接设计	避免已生成的数据被篡改，为系统提供真实、有效的数据

4. P2P 网络技术

比特币系统之所以能够从2009年快速兴起，与其采用了P2P网络技术密不可分，相较于传统的客户机、服务器模式的信息系统而言，采用P2P网络结构的系统具有"去中心"、容错健壮、隐私保护、负载均衡等特点。已有研究表明，现实网络具有小世界模型的特征：特征路径平均长度较小，即网络中任意2个节点之间的连接边数较小，研究统计表明该平均长度为6；聚合系数较大，即近邻界的节点聚合程度比较大。小世界模型的P2P结构网络如图6.3所示。

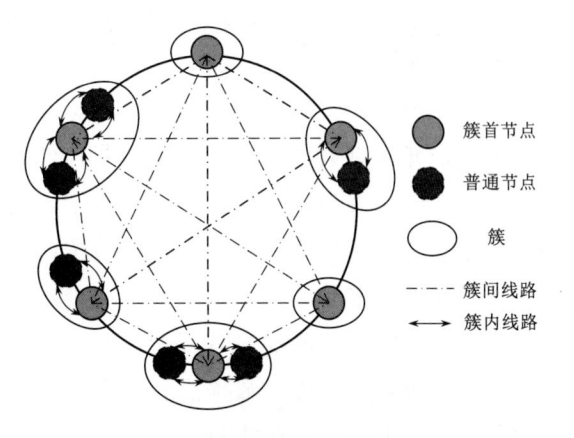

图6.3　小世界模型的P2P结构网络

图6.3中，网络上的节点会组合成一个个的簇，所有这些簇组成整个网络，每一个簇中有若干个普通节点和一个簇首节点，其中普通节点主要记录了簇内节点信息，而簇首节点不仅记录了簇内节点的信息，还记录了其他簇首节点的信息。每一个节点在查找目标节点均优先在簇内

查找，没有找到就会通过簇首节点来到其他簇中查找。簇首节点并不是固定不变的，根据节点的能力贡献以及其他一些随机因素，例如：节点加入、节点退出、节点变更等，簇内节点的角色和数量以及整个网络中的簇的组成与数量均发生着动态的变化。

同其他现实中的 P2P 网络一样，区块链网络也可以遵循小世界模型来设计和运行。按照节点是否参加记账，可以将区块链的节点分为非记账节点和候选记账节点，其中非记账节点可以从事交易活动和验证活动，候选记账节点则需要依据设定的共识算法来努力成为记账节点并执行记账活动，否则参与验证活动，候选记账节点并执行记账活动，否则参与验证活动。一旦记账节点得以产生，其他交易节点需要将交易信息发送给记账节点，以便记账节点打包生成区块并加入区块链中。在交易节点发送交易信息到记账节点的这个过程就是小世界模型的原理，每一条交易信息并不是通过洪泛的方式广播到区块链中的所有节点之上，而是就近发送给临近的簇首节点，然后由簇首节点广播给候选记账节点。由于簇首节点是动态的，簇的组成和数量也是动态的，因此，并不能事先预测。同时，由于小世界模型能够保证在节点变动（加入、退出、变化）的情况下，动态维持整个网络的稳定性，从而保证了区块链网络的健壮性，进而保证了区块链上交易数据的完整性和一致性。

5. 分布式账本技术

区块链与传统数据库的一个最大的区别就是传统的数据库提供对数据的增、删、改、查四种数据的基本操作，但是在区块链中却只有增加和查询两个操作，没有修改和删除操作。传统数据库分为中心化数据库和分布式数据库，分布式数据库的基本思想是将原来集中式数据库中的数据分散存储到多个通过网络连接的数据存储节点上，以获取更大的存储容量和更高的并发访问量。区块链被认为是一种分布式账本技术，与分布式数据库一样都是分布式的，但两者之间在存储方式和数据结构上存在不同。

(1) 存储方式。数据的存储方式可以分为集中式、分割式、复制式以及混合式。集中式就是将所有数据都存储在同一个存储空间中。分割式指的是将数据分割成固定大小或者不固定大小的块状，分别存储于不同的存储空间。按照分割的维度，可以分为水平分割和垂直分割。水平分割是指按照某个条件对数据进行分割，每一个数据块都具有相同的数据属性信息，例如：在分布式数据块的每一个数据中心都具有相同的数据库结构，但在存储数据时可能按照一定条件才选择存储空间，如按照地域。垂直分割是指按照数据属性对数据进行分割，每一块数据值都包含有部分数据属性信息，例如在一个三中心的分布式数据库中，一个存放用户信息，一个存放业务信息，第三个存放日志信息。复制式是指同一份数据在分布式数据库中有一个或者多个备份，分别存储于不同的数据存储空间中。复制式还可以细分为全复制式和部分复制，全复制式指的是同一份数据在所有数据存储空间中都有备份，部分复制指的是同一份数据只

6.1 区块链技术原理

在部分数据存储空间中有备份。全复制式拥有最高的数据存储可靠性，但太浪费空间，部分复制可以根据需要设定备份数量。混合式是指将分割式和复制式混合起来使用，首先是对数据进行分割，然后根据需要对所有分割的数据块进行复制，并将这些数据块分别存放到不同的数据存储空间中，统一数据存储空间不存在相同的数据块备份。

区块链的数据存储方式可以认为是一种混合模式，首先按照时间间隔打包封装成数据块，然后同步到所有区块链网络节点，每一个节点上拥有相同的数据，是水平分割的全复制式存储方式，虽然有些区块链会允许某些节点为节省空间只存储部分数据块，但并不影响区块链的存储方式。区块链这种数据存储组织方式保障了数据的完整性和不可篡改性，并且还可以提高数据查询的效率。

（2）数据结构。区块链的数据结构可以分为3个层次来描述，首先是链，然后是区块，最后是交易，同一个时间周期中的交易组成了区块，按时间顺序将区块链接起来就成了区块链，下图分别对链、区块链、交易数据的结构进行了描述（图6.4、图6.5）。

图6.4（a）描述的是链的结构，每一段时间内的数据组成了一个数据块，除了本身有一个hash（哈希）值形式的ID之外，还记录了上一个区块的ID，这样就能够将这些按照时间顺序生成的数据块连接起来形成一个链表。在区块链的实际运行中可能存在分叉现象，即同一时刻产生了2个区块，都指向了前一个区块，如图6.4（b）所示。区块链技术通过共识机制来解决分叉问题，哪条分支被接受的节点更多，那条分支即为主分支，其他分支被抛弃，不同区块链的共识机制需要不同的区块周期来认主要分支，比特币是6个区块周期就可以确定主要分支。区块链的这种链式结构保证了整个网络上的区块数据的一致性，从而维护了区块链上的数据安全。

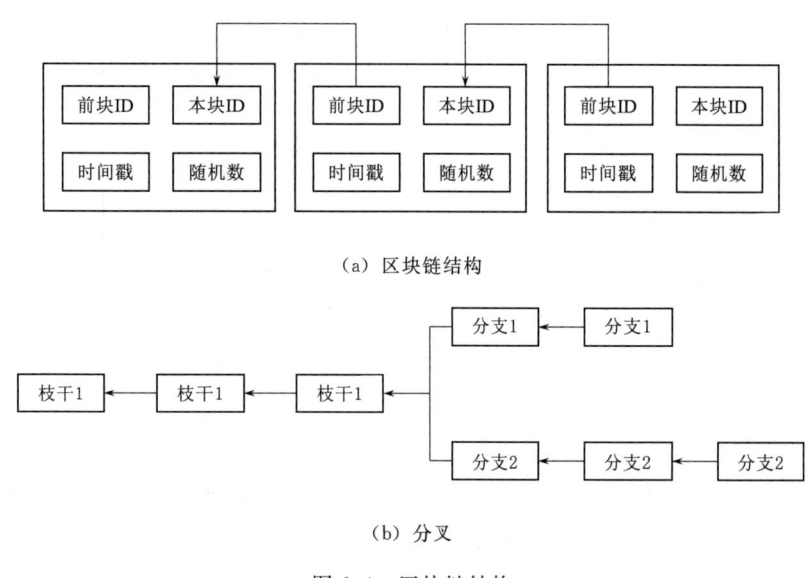

（a）区块链结构

（b）分叉

图 6.4 区块链结构

第 6 章
分布式交易支撑技术及平台功能需求

图 6.5 所示为区块的内部结构示意。所有交易信息按照默克尔树的结构组织起来，在树的最底端，每一个交易经过哈希之后生成一个 hash 值，这些 hash 值再两两结合经过哈希得到新的 hash 值，以此向上最终生成一个 hash 值就是本区块的 ID。假设区块中的某一个交易发生了改变（例如交易 2 发生改变），则其 hash 值也会发生改变（hash2 发生改变），当其重新与相邻的 hash 值进行哈希之后会得到不同于之前的 hash 值（hash23 发生改变），由此而上，最终使得区块的 ID 发生改变，从而导致区块从区块链中断开。一个从区块链中断开的区块是不能获得区块链网络承认的，因此，证明了这种数据存储结构能够起到防止数据篡改的作用。虽然有些区块链可能不是采用默克尔树的结构来组织区块内的数据，但是效果是一样的，就是内部任何一个改动都会引起整个区块 ID 的变化。区块内部的这种组成结构形式保证了数据的完整性，避免了因为敌手攻击等原因导致数据被篡改的情况发生。

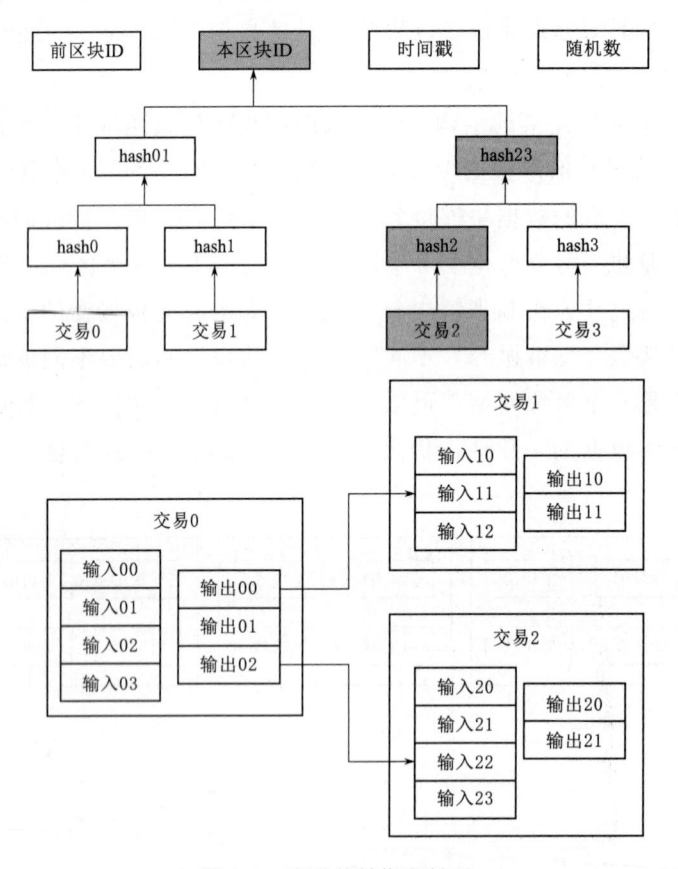

图 6.5 交易的结构和关系

图 6.5 所示为交易的结构和关系，在每一笔交易中记录了数字货币的输入和输出信息，输入的图 6.5 区块的内部结构数字货币必须是从上一个或者几个交易中转入。

输出的数字货币也必须只能是转入到下一个或几个交易中。通过这种输入输出关系的建立，每一笔数字货币的转移都可以进行追溯，直到追溯到该数字货币输入的那个区块。通过这种方式，区块链技术实现了对交易信息的溯源，从而保证了数据的真实性。

6. 非对称加密技术

非对称加密技术是保证区块链安全的基础技术。非对称加密技术含有两个密钥：公钥和私钥。首先，系统按照某种密钥生成算法（如 SHA256 hash 算法、base58 转换），将输入（如随机数）经过计算得出私匙（一串固定长度的字符串），然后，采用另一个算法（如 secp256kl 椭圆曲线）根据私钥生成公钥，公钥的生成过程不可逆。由于采用 SHA256 算法的私钥可达到 2^{256} 个，在现有的计算能力条件下难以通过公钥来穷举出私钥，因此可以认为是密码学安全的，从而能够保证区块链的数据安全。

非对称加密技术在区块链中有数据加密和数字签名两种用途。数据加密的过程为：信息发送者（记为 A）采用信息接收者（记为 B）的公钥对待发送的信息进行加密后发送给 B，B 采用自己对应的私钥对加密信息进行解密获得原始信息；数字签名的过程为：信息发送者 A 采用自己的私钥对待发送信息进行加密后发送给接收者 B，B 采用 A 对应的公钥对加密信息进行解密获得原始信息。非对称加密在区块链的交易信息中得以应用。

区块链的交易分为交易签名和交易验证两个过程。交易签名的过程为：①本次交易（如交易 2）接收者（如用户 2）的公钥对上一次交易（如交易 1）进行加密 hash；②本次交易发送者（如用户 1）采用自己的私钥对第 1 步的 hash 进行签名。交易验证的过程：首先，本次交易发送者（如用户 1）的公钥对其签名进行解密，获得信息 X；其次，上一次交易数据与本交易交易的接收者（如用户 2）一起拼接起来采用同样的算法进行 hash 运算，得到信息 Y；最后，如果 X 恒等于 Y，则证明了本次交易的发送者确实是用户 1，接收者确实是用户 2，用户 1 确实要与用户 2 进行本次交易。非对称加密技术的应用使得区块链具备了秘密性和真实性。

随着对区块链技术的深入研究以及区块链应用的需求，非对称加密技术已经不仅仅用在交易签名验证之上，如图 6.6 所示。例如：为了达到有限匿名，还需要考虑将记录在区块链的数据进行加密，只有拥有解密钥匙的人员才能打开查看，这就用到了多重签名技术。但是，区块链有一个重要的机制就是记录在区块中的数据需要被其他节点校验，而有不愿意让校验者看到真实的信息，此时需要使用盲签名技术，通过多重盲签名技术来实现对区块链数据的签名和保护将是区块链研究与应用的重要课题，创世的 ZCash 零币就是采用了多重签名技术，只能由交易双方来打开，从而实现了对交易双方的隐私保护。

7. 共识机制技术

共识机制，简单说就是在一个时间段内对事物的前后顺序达成共识的一种算法，

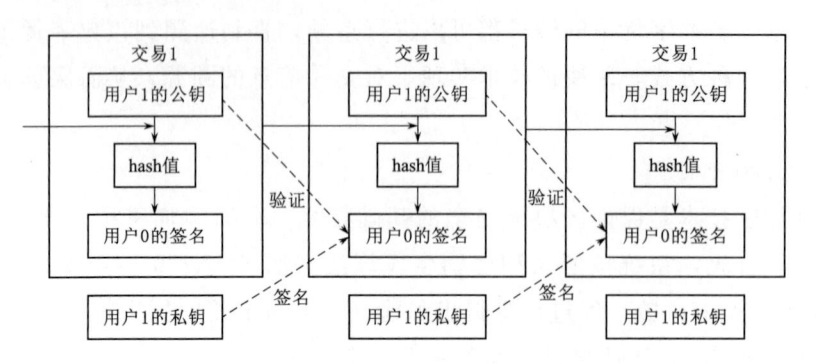

第6章
分布式交易支撑技术及平台功能需求

图 6.6　非对称加密在区块链交易中的应用

是区块链中另一个基础技术,共识机制在"去中心化"的思想上解决了节点间互相信任的问题。共识机制用来决定区块链网络中的记账节点,并对交易进行确认和一致性同步。在区块链上,共识机制就像一个国家的法律,维系着区块链世界的正常运转。在区块链上,每个节点都会有一份记录链上所有交易的账本,链上产生一笔新的交易时,每个节点接收到这个信息的时间是不一样的,可能存在一些节点在这时发布一些错误的信息,这时就需要一个节点把接收到的信息进行验证,最后公布最正确的信息。目前,常用的共识机制有以下三种:

(1) 工作量证明机制(Proof of Work,PoW)是最熟知的一种共识机制。就如字面的解释,PoW 就是工作越多,收益越大。这里的工作就是猜数字,谁能最快猜出这个唯一的数字,谁就能做信息公示人。它将作为新块加入的凭证并据此获得激励收益。

(2) 权益证明机制(Proof of Stake,PoS)也属于一种共识证明,它类似股权凭证和投票系统,因此也叫"股权证明算法"。由持有最多(token)的人来公示最终信息。它以权益证明代替工作量证明,由具有最高权益的节点实现新块加入和获得激励收益。

(3) 拜占庭共识算法(Practical Byzantine Fault Tolerance,PBFT)也是一种常见的共识证明。它与之前两种都不相同,PBFT 以计算为基础,也没有代币奖励。由链上所有人参与投票,少于($N-1$)/3 个节点反对时就获得公示信息的权利。

PoW 的基本思想是设定一种激励机制(奖励一定数量的数字货币)吸引区块链网络中的节点来做一个求解困难但验证容易的 SHA256 数学难题,该数学难题要求计算得出的随机数小于或者等于目标 hash 值。符合要求的随机数通常由多个前导零组成,如果目标 hash 值越小,则找到这个随机数的难度越大。为了找到这个随机数需要耗费大量的计算能力,如果有节点试图改变既有区块链,则需要投入更大的计算能力来重新计算,这种情况还只是停留在理论上,而且随着高度增加,所需计算能力呈几何级别增加。正是由于这种机制保证了区块链的数据一致性和不可篡改性,但是同时也带来了资源浪费，甚至由于超大矿池的出现而失去了去中心的优势。

PoS 的基本思想是以权益证明替代工作量证明。由区块链网络中具有最高权益的节点而不是拥有最高计算能力的节点来记账并获得激励收益。权益表示的是节点对特定数量数字货币的所有权，采用币龄或者币天数表示，是币数与最后一次交易的时间长度的乘积。不同于 PoW 中各节点在挖矿上具有相同的难度，PoS 的共识机制中难度与交易中所消耗掉的币龄成反比，消耗掉的币龄越多则难度越低，越有可能成为记账节点，累计消耗币龄最多的区块将加入到主链。PoS 算法使得网络的所有节点都可以参与防卫，抵御攻击，保障网络的安全性，任何敌手试图私藏一个含有比主链更多销毁币龄的区块链都需要付出更多的成本。

PBFT 的基本思想是每个节点（类似股份公司中的股东）按照其所拥有的股份享有对应的投票权利，节点可以将其选票投给某一个代表节点，最后获得票数最多的前 100 个节点按照既定的时间表轮流负责封装交易产生区块，每个区块中所包含的交易费的 10% 作为激励平均分发给这 100 个代表节点。作为代表节点必须保证实时在线，为大家提供良好的区块生成广播服务，否则，很有可能失去大家的投票进而失去代表节点资格。PBFT 共识机制中每个节点都能够自主决定其信任的授权节点且由这些节点轮流记账生成新区块，大幅减少了参与验证和记账的节点数量，可以实现快速共识验证，这与 PoW 共识机制必须信任最高算力节点和 PoS 共识机制必须信任最高权益节点不同，但这并不影响其保证区块链网络数据的安全性。

8. 智能合约技术

智能合约在区块链 2.0 中得到长足发展。以以太坊为代表的区块链将智能合约的应用推向了更高水平。早前，尼克萨博（Nick Seabo）将智能合约定义为：一套以数字形式定义的承诺。包括合约参与方可以在上面执行这些承诺的协议。对于区块链中的智能合约可以从以下 5 点进行理解：①由一段脚本或者代码来实现其业务逻辑；②能够被注入区块链的执行环境中执行；③具有图灵完备性；④事件驱动；⑤具有状态。所谓图灵完备指的是在可计算理论中，当一组数据操作的规则（一组指令集，编程语言或者元胞自动机）满足任意数据按照一定的顺序可以计算出结果，被称为图灵完备（Turing complete）。

从安全的角度来看，智能合约首先是同一般的区块链数据一样，具有分布式、存证、一致完整、不可篡改删除等特性；其次，智能合约也是作为保证区块链安全的一种技术手段。在智能合约里规定了参与方的权利义务，合约执行的触发条件以及对应结果，一旦该智能合约被加入区块链中就可以不受任何一方影响，客观、准确地执行。

在提供了安全的区块链环境之后，智能合约的安全很大程度上取决于合约代码。如果合约代码里的实现逻辑存在问题就严重影响到区块链的安全，因此，有必要对上

第6章
分布式交易支撑技术及平台功能需求

链的智能合约进行慎重检查。一种效率较高的解决办法就是提供智能合约模板。智能合约模板经过了专业审核、试用验证，用户在使用智能合约模板时只需要填写相关输入数据即可。

为了提高智能合约安全性检查的效率，可以引入形式化方法，将模式化驱动工程（MDE）和模式化驱动框架（MDA）的理论和实践应用到智能合约的建模、生成、测试。

6.1.2 区块链技术基础架构

区块链技术的模型自顶而下包括应用层、合约层、激励层、共识层、网络层以及数据层，共有6层。第一层是数据层，数据层是区块链模型中最基础的结构，数据层包含底层数据区块的链式数据结构和相关的时间戳以及非对称加密技术等，数据层是区块链的基石。第二层是网络层，网络层包含P2P组网机制、数据传播和数据验证机制等。网络层之上为共识层，共识层中包含了各节点的共识算法与共识机制，是区块链完成共识的核心模块，前三层架构组成了区块链最基础架构。第四层为激励层，激励层将激励模式如发行各种代币、积分等纳入区块链中，目前的区块链激励层架构的应用主要体现在公有链。第五层是合约层，合约层中封装了各类自动脚本、智能合约和高级算法等，合约层是区块链与其他应用场景耦合的重要接口，区块链通过智能合约和脚本可以完成复杂的业务逻辑，算法的复杂度可以提升合约的应用价值，合约层是区块链丰富性与实用性的体现。区块链模型顶层结构是应用层，应用层是封装了各种应用场景的代码，通过各种业务场景的结合，实现区块链在不同场景的应用与实现。在该6层结构中，数据层、网络层、共识层是区块链的基础结构与必需元素，而激励层、合约层和应用层并非区块链的必要元素，作为区块链的拓扑结构，部分区块链应用可以不完全拥有这三层结构。区块链技术基础架构如图6.7所示。

（1）数据层。位于整个体系结构的最低层，负责将一段时间内接收到的交易数据存入正在创建的数据区块中，再通过特定的哈希函数和Merkle树数据结构将区块中存入的交易数据进行封装，并在上层协议的协助下，生成一个符合算法约定的带有时间戳的新区块，并通过相应的共识机制链接到主链上。在此过程中，数据层主要涉及数据结构、数据模型和数据存储等与分布式数据库相关的内容，主要包括数据区块、hash函数、链式结构、Merkle树、时间戳、非对称加密等技术要素，确保区块链分布式账本中数据的可靠性和稳定性。

（2）网络层。区块链是一种基于互联网的创新应用，不同节点之间的组织形式对区块链系统的整体性能起着关键作用。区块链网络层采用不受任何权威节点控制或层次模型约束的完全"去中心化"的P2P组网方式，以此来实现区块链系统中各个节点之间的互联，为交易数据和新区块创建信息在节点之间的快速传输及正确性验证提供通信保障，并为每个节点参与新区块记账权的竞争提供公平的网络环境。与互联网中广泛采用的 C/S（Client/Server，客户机/服务器）通信与存储架构不同的是，在区块链系统中，P2P 网络在组网结构和通信机制方面具有独特的应用优势：在组网方式上，每个节点既是资源的提供者又是资源的使用者，每个节点在网络中的身份平等，这正是区块链（尤其是公有链）"去中心化"应用的突出特点；在通信机制上，P2P 为区块链中各节点之间基于 TCP/UDP 协议的对等通信提供了服务保障，确保了节点间链路的可用性和通信的灵活性。

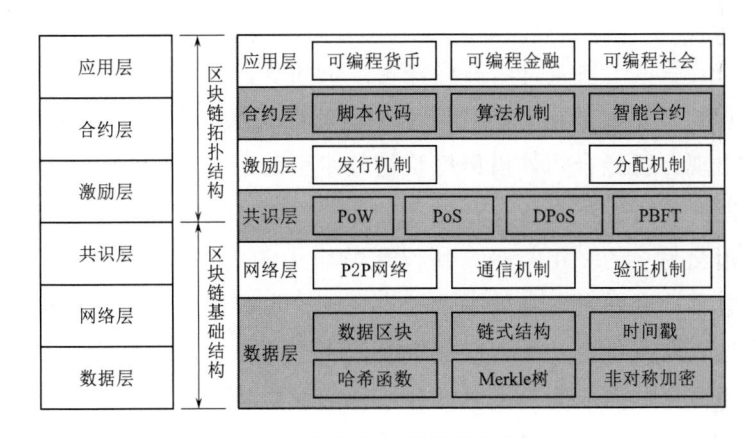

区块链拓扑结构				
应用层	应用层	可编程货币	可编程金融	可编程社会
合约层	合约层	脚本代码	算法机制	智能合约
激励层	激励层	发行机制		分配机制
共识层	共识层	PoW	PoS	DPoS	PBFT
网络层	网络层	P2P网络	通信机制	验证机制
数据层	数据层	数据区块	链式结构	时间戳
		哈希函数	Merkle树	非对称加密

图 6.7　区块链技术基础架构图

（3）共识层。共识层借助于相关的共识机制，在一个由高度分散的节点参与的"去中心化"系统中就交易和数据的有效性快速达成共识，确保整个系统所有节点记账的一致性和有效性。其中，一致性是指所有节点中保存的区块主链中已确认的区块完全相同，而有效性是指每个节点发送的交易数据都能够被存放在新区块中，同时节点新生成的区块数据也能够被链接到区块链上。在早期的比特币系统中，设计者采用了高度依赖于节点算力竞争的 PoW 机制，随着区块链应用的发展，研究者又提出了一些符合不同区块链应用要求的共识机制，如应用于点点币（Peercoin）的 PoS 机制，应用于比特股（Bitshares）的 DPoS（Delegated Proof of Stake，股份授权证明）机制等。

（4）激励层。激励层主要通过提供激励机制刺激网络中的每个节点参与区块链中新区块的生成（挖矿）和验证工作，以保证"去中心化"区块链系统的安全、有效和稳定运行。促动激励层和共识层运行的源动力是相同的，以比特币为例，共识过程是趋利的，每个节点参与共识的目的是追求自身利益的最大化，激励是对已达成共识的一种货币发行和分配机制。其中，比特币系统每 10min 生成一个新区块，同时给生成该区块的节点（矿工）奖励一定数量的比特币，以此完成比特币系统货币的发行过程。从第一个区块（Genes is Block，创世区块）产生后的 4 年中（大约产生了 21 万

第6章 分布式交易支撑技术及平台功能需求

个区块),每个区块获得 50 个比特币的奖励,在之后的 4 年中每个区块获得 25 个比特币的奖励,依次类推。整个系统最后会产生 2100 万个比特币。另外,新区块的创建者(矿工)还会从每笔交易中获得相应的交易费用(手续费)。新建区块的奖励和每笔交易的手续费都会存入新建区块的第 1 个交易位置(Coin base)中;根据区块链的共识和激励机制,节点的算力越大则"挖矿"成功的概率越高。为了提高"挖矿"的成功率,多个小算力节点会通过组建一个"矿池"将参与节点的算力汇合起来,在挖到矿后再根据各自贡献的算力大小来分得不同股份(Share)的新建区块奖励和交易手续费。

(5) 合约层。智能合约是部署在区块链上的用计算机程序来实现日常合同条款的内容及执行过程的协议。早在 1994 年,Szabo 就在文献中提出了智能合约的概念,但直到比特币的出现,智能合约才借助区块链技术引起了业界的关注。由于比特币中采用的是一种非图灵完备、不具备复杂循环和流程控制、功能简单的脚本语言,其实质是嵌入到比特币交易上的一组指令,所以比特币中的脚本只能算是智能合约的雏形。在以太坊中内置了一套图灵完备的编程语言,用户可以根据需要在以太坊平台上编写复杂的智能合约,实现各类"去中心化"的应用。智能合约的应用,使区块链技术不再局限于比特币应用,而成为一项具有普适性的底层技术框架。

(6) 应用层。随着电力市场交易规模的放开,大量中小型用户将进入电力零售市场,售电公司的业务会更加活跃,对售电公司行为的审查和监管更为必要。一方面,受限于金融机构与交易机构的信息交互尚不完善,目前售电公司的履约保函查验是通过电话或现场的方式进行,工作量大且存在疏漏。另一方面,售电公司和用户可以频繁绑定和变更代理关系,签订多样的购售电合同,存在更新滞后和数据篡改的风险,在结算时可能产生纠纷。

1)应用区块链存证溯源技术进行售电公司履约保函查验。电力交易平台和银行数字票据交易平台分别与区块链集成,银行将售电公司保函信息上传区块链,由区块链进行存证并提供电力交易平台查询,以解决保函线下验证的复杂流程,同时便于监管保函的流通以及补充、变动、执行等情况。

2)应用区块链智能合约技术进行零售交易自动撮合管理,实现合同的在线起草、审批、传签、归档和轨迹查验。合同起草过程为:向售电公司、零售用户提供自主维护的代理合约编辑功能,售电公司可编辑不同内容的代理服务套餐,零售用户可根据自身市场策略编辑代理需求。合同签署过程为:系统验签电子签名和签署时间,通过验签后,形成电子合同文件;也可以设定响应规则自动达成代理协定,由区块链记录合约内容并完成在各节点的共识传输,信息同步至交易与结算环节执行。合同存证过程为:存证系统使用哈希算法计算提交的电子合同的数字指纹,并与区块链上的数字指纹进行比对,判断合同真伪以及是否被篡改。合同公证过程为:产生合同纠纷时,申请方向公证中心提交合同查询码，公证中心从存储端获取电子合同快照文件，从区块链获取电子合同的数字指纹，匹配两者的数字指纹执行公证。分布式发电市场化交易业务：分布式发电交易面临的主要困难是交易中的潜在信用风险。一方面是用户主体数量庞大且分散，需要可信的认证管理手段避免计量不清、骗补等问题。另一方面是 P2P 交易数量庞大且分散，交易选择的灵活性、市场价格的剧烈波动和用户出力/负荷预测能力较弱，都会导致主体违约风险高，需要对交易流程和结果进行可信记录。

3）应用区块链身份认证技术进行市场成员注册登录管理，以数字证书云端托管的方式为市场主体提供身份认证服务。当用户完成入市注册后，通过区块链密钥生成机制，形成包含存证编号＋用户信息＋公钥的完整的区块链身份凭证信息，背书用户身份和公钥的绑定关系，实现区块链身份认证。以手机盾＋区块链背书的方式替换现有数字证书 U-key 实物灌装模式，可以简化登录手续，同时在保障安全的前提下，实现用户电脑端、移动端随时随地便捷登录与签名存证。

4）应用区块链智能合约技术完成分布式发电交易的自动撮合交易。具有交易资格的用户与分布式能源发电商通过交易平台注册并提出购售电请求。分布式交易主要有以下 3 种匹配方式：

a. 对点交易模式。用户在应用层自行达成交易意向，完成买卖双方的匹配，由区块链对交易结果进行确定与存证。

b. 合约模式。购售双方将交易需求以结构化方式委托至区块链网络运行，当市场中的价量信息满足用户设定的交易条款时，触发智能合约，区块链自动匹配交易双方，达成交易合同，实现全天候的安全、智能交易体验。

c. 报价撮合模式。在一个交易周期内，平台收集卖方售价信息并升序排列，收集买方报价信息并降序排列。将排序好的报价信息全网广播，根据主体的临近范围和信用评价等因素给定可选择的交易范围同步广播。如果节点确认交易，则进行线路安全校核；若校核不成功，则重新匹配交易。校核通过后则自动生成智能合约，买卖双方通过多重签名最终确认合约执行，交易完成后钱款自动入账，流程如图 6.8 所示。

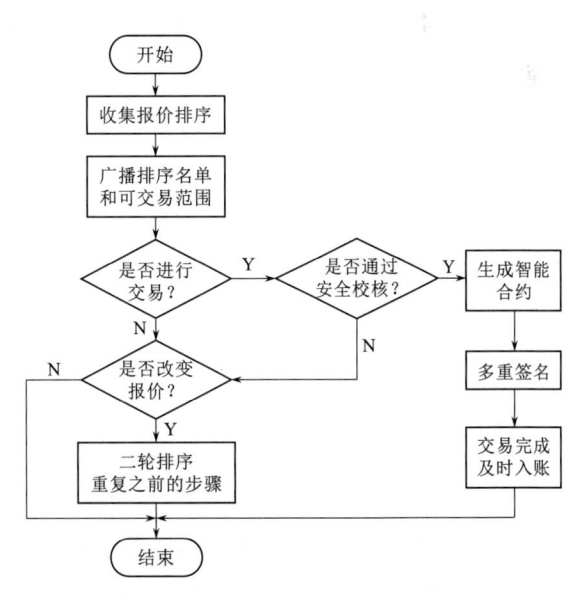

图 6.8 报价撮合模式的分布式发电交易流程

6.1.3 结合区块链技术的电力交易信息—物理流程

2008年，中本聪发行了基于区块链技术的虚拟货币——比特币，让世人了解了区块链技术，同时成为全球最大、最完善的区块链交易应用。应用了区块链技术的金融领域突破了传统中心金融机构垄断的约束，为普通用户之间无担保地开展P2P交易、结算构建了一个开放、自治、透明的交易环境。随着区块链技术在金融领域应用的不断深入，其在能源交易领域的研究和应用落地也在不断地展开。目前，应用区块链技术的能源应用项目有近七成集中在微电网和P2P的能源交易平台的建设，其主要的原因是：首先，分布式发电技术不断发展，光伏发电可能会成为未来电力发展的主要方式之一，但是分布式在配电侧高比例接入之后将会给配电网的配电系统安全稳定带来影响，所以利用新技术帮助分布式电能进行分布式的安全消纳，具有前瞻性的研究价值。其次，无论区域电网系统、省内电网系统、配电网系统以及个人分布式屋顶光伏发电都在向智能化的能源互联网迈进，需要一个能源互联网平台支撑能源系统的实时信息共享和能源交易。区块链技术的"去中心化"、自治性、智能化执行等技术特征符合分布式发/售电的架构。最后，区块链技术提供了一个平等、透明的系统环境，能源参与主体可以利用区块链技术与电力市场机制相结合引导分布式用户在透明的系统环境下合理规划自身用电，改善输、配电系统的运行状况。其中，即时、可靠的系统电能数据的反馈是实现用户侧需求响应、电能调度、规划的基础，而区块链技术在这些方面具有优势。

1. 结合区块链技术的金融应用

以比特币的转账流程为例，应用区块链技术的金融交易一般需要经过交易生成、交易信息在网络中传播、工作量的证明、节点认证以及最终的记账到区块链几个关键的过程。假设在一个私有链系统中，节点A与节点B进行交易。节点A和节点B的交易创建之后，节点A需要使用自身的私钥对交易数据签名确认并后缀交易对象B的公钥信息，形成从A到B的交易订单。系统按区块链技术的共识机制广播订单信息，得到订单信息的系统节点进行信息的解密认证。认证通过的交易订单将按照后缀价值进行价值的结算和转移，实现系统节点A对节点B的价值转移，最先解算出交易信息并认证的系统节点将获得一定量的价值奖励。利用区块链技术的金融交易应用可以抽象为图6.9所示的一般交易流程。

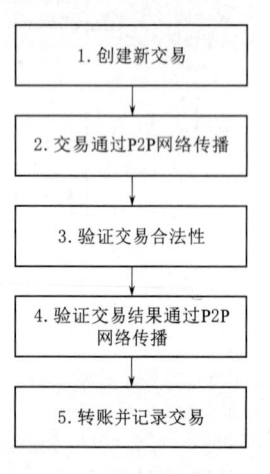

图6.9 结合区块链技术的一般交易流程

2. 区块链技术实现分布式能源落地应用

利用区块链技术实现分布式能源落地应用正在蓬勃

发展，其中布鲁克林的 Trans Active Grid（TAG）和澳大利亚的 Power Ledger（PL）的商业电力交易项目发展最具典型性。

2016 年 4 月，德国的西门子公司利用区块链技术与纽约的 LO3 Energy 公司合作，着力开展用户间的电力交易项目。LO3 Energy 由 next47 与西门子数码电网共同开发出了基于区块链技术的用户对用户电力交易平台，称为 Trans Active Grid（以下简称 TAG）。LO3 Energy 根据西门子提供的微电网解决方案利用区块链技术的交易系统平台，为纽约布鲁克林区的微电网计划提供服务，让微电网内的居民用户在屋顶安装的光伏发电设备的发电量超过自身需求时可将多余电能在 TAG 电能交易平台上与邻居进行电能交易，并用虚拟货币结算。TAG 是联合区块链技术、屋顶太阳能、微电网解决方案来开展普通居民电力用户之间的电能交易平台。其在区块链技术框架下程序化微电网系统的配电约束条件并开发相应电能交易平台的用户 APP，为普通居民间开展电能交易提供支持。TAG 是区块链技术首次电能交易的实际应用项目，为微电网内分布式光伏发电用户间的电能交易提供了参考，也为分布式可再生电能在配电侧的高效消纳提供了有利的借鉴。基于区块链技术的布鲁克林 TAG 电力交易项目开展电力交易的流程示意如图 6.10 所示。

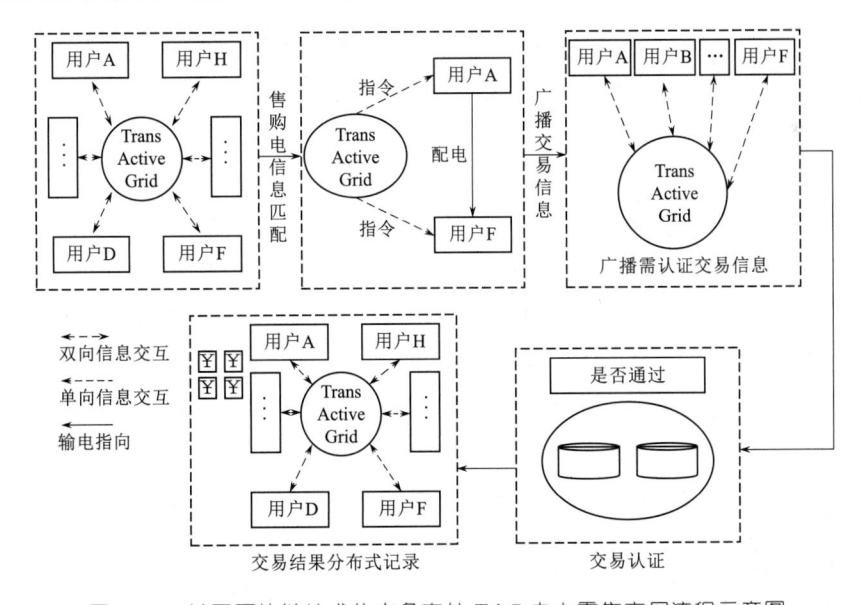

图 6.10 基于区块链技术的布鲁克林 TAG 电力零售交易流程示意图

澳大利亚 Power Ledger（PL）商业电力交易项目的推动得益于澳大利亚居民屋顶分布式发电量超过传统电网这一标志性事件，也是目前商业化程度最高的区块链能源项目。PL 商业电力交易项目成立于 2016 年 5 月，同年 8 月在西澳大利亚巴亚瑟尔顿开发并试运行 P2P 能源交易网络，这是当时世界上规模最大、最先进的 P2P 能源交易网络。2016 年第三季度，澳大利亚的能源区块链项目试运行，通过将 National

第6章
分布式交易支撑技术及平台功能需求

Lifestyle Villages 的 15 户居民互联形成一个社区级别的能源市场。同年第四季度，PL 与新西兰的公司 Vector Ltd. 合作部署该能源区块链项目。2017 年第二季度，PL 商业电力交易项目的虚拟货币可与法定货币进行实时兑换，同时该项目在西澳大利亚弗里曼特尔的 White Gum Valley 廉租房中实现商业运行，并创建了澳大利亚首个电动汽车充电平台。至此之后，该项目不断完善整体生态系统体系，着力开展电力碳排放交易、电力批发结算、微电网项目运行管理等建设，从其最新发布的白皮书来看，PL 不仅仅是进行 P2P 的电力交易，还在向一个综合的电力交易应用平台发展，嫁接了多重电力应用场景，如创建储能项目，开展分布式电力的储存；微电网的运行通过电力的计量、大数据分析、快速交易等方式进行电力能源的快速配置，减少分布式发电在配电侧的浪费和对配电系统的安全影响；电动汽车项目是利用区块链技术参与主体数字身份设定，构建新能源汽车与配电网的良性互动。PL 电力商业项目通过多应用场景的嵌入，最终实现其电力生态系统的良性循环。

除以上两个项目外，还有许多利用区块链技术正在开展的电力项目，如南非的 Sun Exchange、美国的 Grid+、以色列的 Greeneum Network、德国的 Conjoule 项目等。利用区块链技术的电力能源交易项目，从结构上来看需要包括信息层的电力交易和物理层的配电。所以，针对国内分布式发电在配电侧用户之间开展电力零售交易也需要从信息层和物理层两个层面去研究。

3. 结合区块链技术的电力交易信息流程

利用区块链技术的普通产消用户间电力零售交易需要校验配网系统的安全性和分布式交易数据的正确性。电力零售交易的配电验证过程是将电力零售交易匹配的数据与嵌入终端的智能合约指标进行比照，如果满足配电要求，则电力交易的配电物理验证通过，否则需要调整交易的内容，再次进行配电验证，主要验证配电电压、电量等参数指标；交易数据验证量较大，需要贯穿整个电力交易的全过程。以基于区块链技术应用的一般交易应用流程，产消用户在应用终端上进行的电能交易应用需要经过电力零售交易的数据申报、交易匹配、数据认证、分布式记录和储存以及交易价值的清算和转移几个主要的步骤。产消用户间的电力零售交易需要以高效的即时通信网络为桥梁，实现普通居民用户之间的数据交互。

利用区块链技术的电力交易的信息层面操作流程包含数据信息的输入、输出以及内部数据的生成过程。交易数据一般应包含电力交易的金额、系统内交易用户的地址 OD、区块编号等。开展产消用户之间的电力零售交易一般是以实时电力市场为研究场景，在电力零售交易的前 5min 完成系统交易数据的匹配（目前区块链 EOS 系统与利用石墨烯的量子通信技术结合，可以每秒钟完成千万次级别的交易量），并在执行电力交易订单前完成输配电的线路规划，完成了以上两个要求就可以生成有效的电力零售交易的订单，如图 6.11 所示。

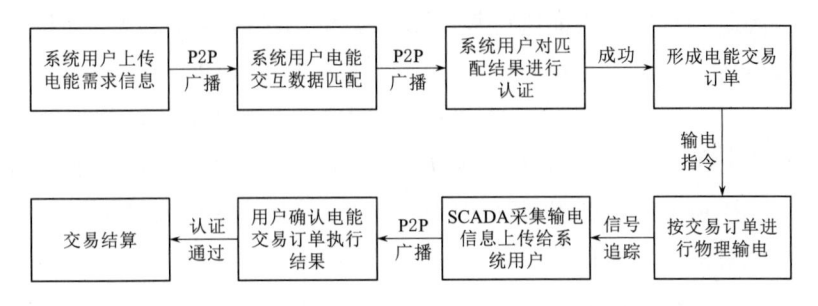

图 6.11 电力零售交易的信息执行流程图

采用了价值的"前推引用"的方法来确保用户在区块链上的价值不被篡改和伪造。价值的"前推引用"是指某节点交易中支付的价值信息均为之前该节点收到其他节点的价值信息，支付时仅进行私钥签名和引用操作。当产消用户间进行转账时，产消用户 A 与产消用户 B 执行电力交易之后，用户 A 需要将自身链上的虚拟货币转给用户 B。在转账之前，系统自动验证用户 A 转出的货币是否有效，此时用户 A 转出的货币需后缀其上一笔接收价值的流转记录，以此类推，系统可以认证货币价值的来源以判断价值的有效性，同时用于支付的价值会自动被锁定并将从支付账户扣除，由接收用户根据数据头字段进行挖矿操作获得这笔交易的支付价值并签署接收方的私钥，成为用户 B 的虚拟资产。当用户 B 需要使用由用户 A 转入的虚拟货币支付给用户 C 时，用户 B 会自动引用用户 A 向用户 B 的转账记录，以证明用户 B 支付价值的合法有效性。所以，区块链技术中价值转账的数据信息的流转过程如图 6.12 所示。

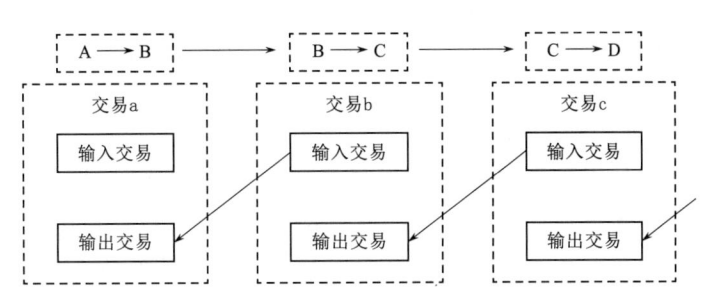

图 6.12 基于区块链技术转账操作的价值传递示意图

利用区块链技术的电力零售交易过程中需要反复自动根据共识机制执行脚本中的智能合约内容，确保电力交易的合法性。调用脚本中的智能合约进行交易约束验证的时候需要对申报的输入、输出数据信息进行类似堆栈处理的过程，同时应遵循"先进后出"的数据处理流程。以电力零售交易过程中用户 A 向用户 B 转账为例说明调用智能合约的验证过程。电力交易的输出数据信息中需要包含用户 B 的 ID，当用户 B 向用户 C 支付价值时需要对输入交易数据中所包含的用户 B 数字签名和对应公钥，即证明此价值属于用户 B。用户 A、用户 B 进行电力交易的参数验证和链上虚拟价值转

第6章 分布式交易支撑技术及平台功能需求

移时,由脚本从左向右依次验证执行数据的真实性,首先参与交易的产消用户需要对入栈过程进行签名,后输入自身的公钥 ID;接着复制脚本的栈顶元素指令,然后按照哈希的加密算法进行栈顶元素的计算,求出栈顶元素的哈希值,得到栈顶公钥哈希后,输出脚本的公钥哈希入栈并采用区块链规制算法来验证栈顶的哈希数值是否相等。相等时,继续利用区块链规制算法验证签名,当签名验证也通过,则交易已经认证通过,脚本将根据嵌入的程序自动完成后续用户间的链上虚拟价值结算和转移的操作。区块链脚本对交易执行的堆栈认证流程如图 6.13 所示。

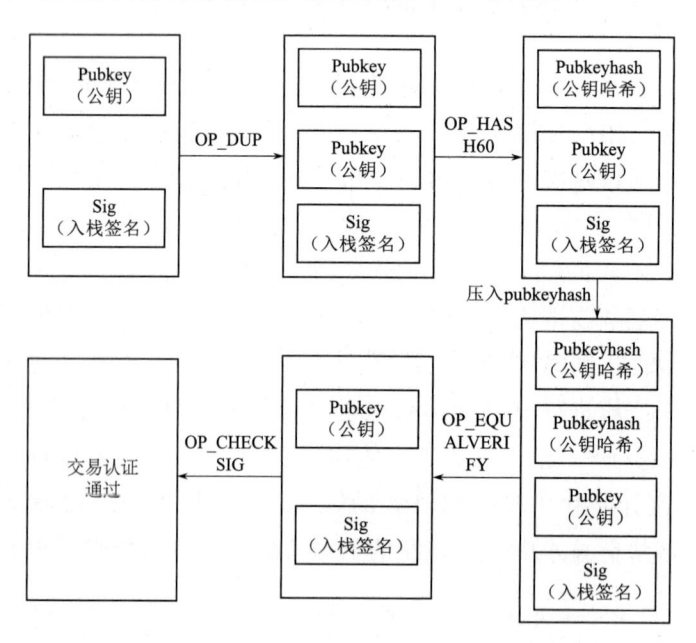

图 6.13 利用区块链技术交易的数据堆栈流程

近年来,区块链技术发展迅猛,相继推出区块链的 2.0、3.0 版本,重点对可编程部分的脚本进行了大量的优化和拓展,具体电力交易过程当中可以预先将分布式发电居民用户的电力交易机制和需要验证的配电约束条件程序化嵌入脚本,在开展电能交易的过程中,利用区块链脚本自动实现电力交易的匹配和验证。最后,将居民用户之间的匹配信息以 P2P 的多模广播形式发送给整个区块链配电网系统中的所有居民用户进行数据信息的认证和分布式储存。

4. 结合区块链技术的电力交易物理流程

区块链技术的"去中心化"特点与配电网系统拥有分布式发电设备的居民组成微电网架构类似。分布式发电的居民组成的社区微电网,具有独立的电力供给能力,例如:发电、输电、配电的硬件配置,应用区块链技术开发出适合普通用户间电力交易的平台,开展产消用户间的电力交易需要考虑配电网的配电线路、用户的地理分布、用户的发用电容量和用户的用电习惯等方面的因素,并将约束条件量化成电力零售交

6.1 区块链技术原理

易的智能合约,编写约束程序嵌入到脚本中,供交易匹配时的调取和验证。

普通居民用户间的电力交易物理层流程主要包括:实时输电网络参数的采集、验证以及配电操作。参与电力交易的用户发出购电/售电信号,区块链自动广播用电需求信息,并后缀其 ID 以及交易信息,供系统内的其他用户在本地智能终端的脚本中验证本次交易的合法性;验证通过则形成电力零售交易的订单,否则将进行有限次的配电阻塞管理,规划配电的线路,并进行相应的输电校验;如果脚本校验成功的话,区块链将自动广播交易订单的内容,订单的内容主要包括:系统参与电力交易的电量、交易开展的时间、交易执行的价格和配电线路等数据信息;到达预定的交易执行时间,执行交易,配电系统的能量管理系统(EMS)按照电力交易订单记录交易的实际数据,同时实时跟踪记录配电数据。最后,将本轮电力交易的配电数据信息记录到区块体中,供系统用户节点进行信息的记录和校验。认证成功的电力交易,按实际成交量和配套机制进行交易价值结算操作。用户间的电力零售交易物理层流程如图 6.14 所示。

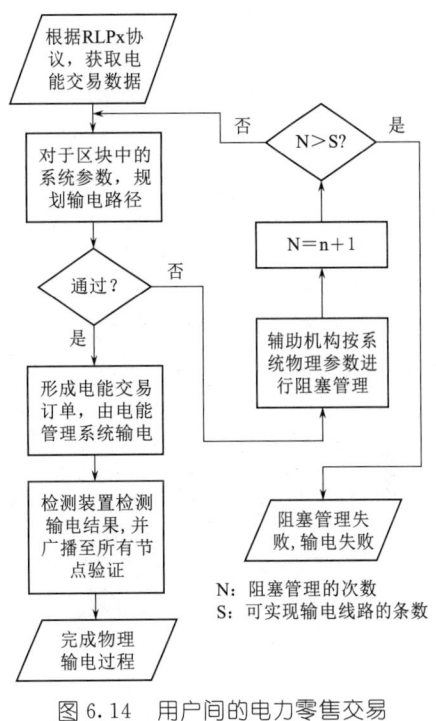

图 6.14 用户间的电力零售交易物理层流程图

5. 区块链技术在电力零售交易中的应用模型

结合区块链技术特征和产消用户间电力零售交易的特点,"去中心化"的电力零售交易应用按照交易数据的生成顺序,可分为:电力交易发起、匹配、认证、执行和结算转账 5 个阶段。本章以产消用户发布购电请求为例,建立"去中心化"电力交易的抽象函数模型。购电产消主体 A 和响应售电产消主体 B 的"去中心化"交易的实现流程如图 6.15 所示。

(1) 发起电力零售交易。基于区块链的"去中心化"电力零售交易一般具有自动和手动发起两种交易模式。自动交易模式为配网能量管理系统 EMS 整合产消用户智能合约的净负荷预测、发电计划及实时配网监测数据,自动上报实时不平衡电量/响应电量,供电力交易平台进行电力零售交易匹配。智能化的自动交易模式发起过程规范、逻辑清晰并且效率高;手动上报模式应用于紧急状况或产消用户电力需求临时改变时,在共识机制的规范下发起的实时电力交易。

实时电力零售交易的第一阶段 (t_0, t_1),从 t_0 时起,开始新一轮购/售电交易申报,缺电用户按共识机制和网络协议自动上报购电信息至记账产消主体,购电信息主

第6章 分布式交易支撑技术及平台功能需求

要包括用户 ID、交易时间、交易电量、交易电价等内容。缺电用户的购电请求数据会储存于对应时段的交易区块体中（一个区块的形成周期为 t_1），区块头和区块体抽象函数表示购电请求。

（2）交易匹配。第二阶段（t_1，t_2），t_1 时刻，产消群内的产销用户停止接收购/售电的申报信息，进入电力零售交易集中匹配阶段。"去中心化"电力零售交易集中匹配需要在共识机制约束的前提下进行，将各产消用户发布的交易申报数据信息与配电系统的监测数据结合，利用智能合约对交易申报的产消用户进行电力交易的筛选、匹配和认证，生成的电力零售交易订单数据储存到区块体中，交易匹配成功的双方利用私钥签名确认；若电力交易匹配不成功，需要电力用户修改报价和电量来再次申报电力交易，直至匹配成功或到达本轮交易申报的截止时间。匹配成功的交易输出函数会增加售电用户 B 的私钥签名。

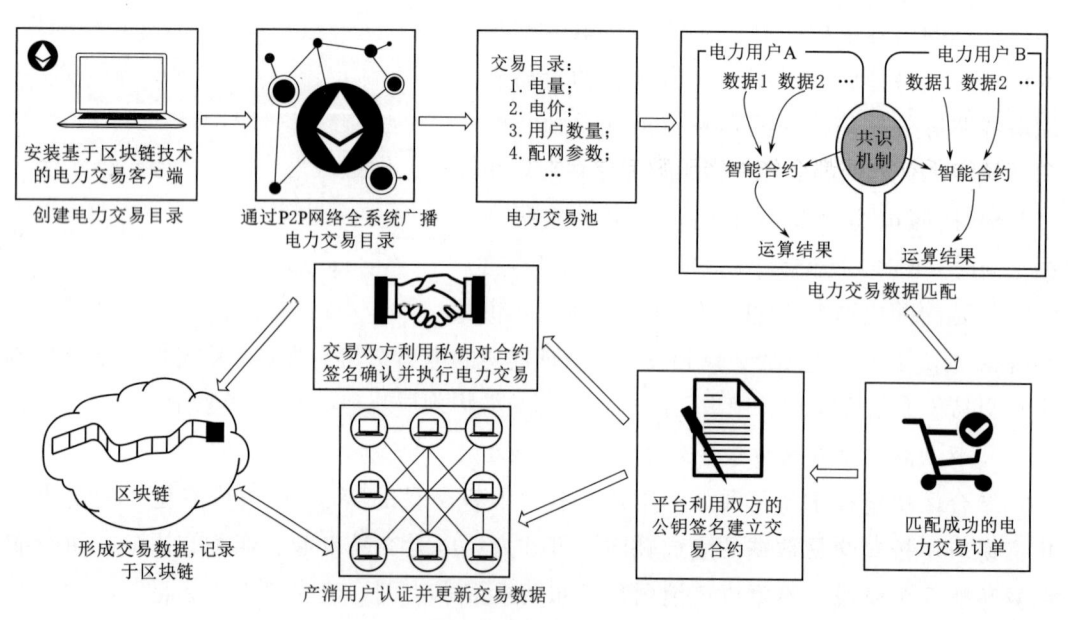

图 6.15 产消用户间的电力交易应用流程

（3）电力零售交易认证。第三阶段（t_2，t_3），在第二阶段生成经交易双方确认的交易订单广播至系统所有产消用户进行分布式交易验证，验证成功后方可执行后续操作。基于区块链的产消用户按照共识机制约束对接订单内容进行分布式计算和认证，并通过 P2P 网络广播认证结果。当区块链上认证交易通过认证的节点数大于认证结果不通过的节点数时，表示该交易通过认证。例如，用户 A、用户 B 之间的电力零售交易，用户节点认证通过的比例达 51% 时交易认证通过，形成有效电力交易合约，进入交易下一个阶段。

（4）交易执行和结果认证。第四阶段（t_3，t_4），各产消用户在 t_3 时刻开始执行交易配电。电能计量设备在既定时间读取交易的配电数据并储存。"去中心化"环境下，参与电力零售交易的产消用户需严格按照合约内容执行交易。区块链应用平台将自动更新记录交易参与产消用户的 IP 地址及其终端交易执行数据，一般包括（不仅限于此）：交易时间、交易电量、配电路线以及配网系统其他数据。系统中 51% 以上的用户节点认证通过时，区块链价值账本会按交易订单内容自动完成买（卖）电的用户数字币的减少（增加）；当执行结果没有通过认证，判定为交易出错，按实际交易情况结算、转账并向违约方收取违约金补偿对应交易用户。无论交易是否成功，本次交易信息都将储存在对应时段形成的区块体内，供后续查询。

（5）结算和数据保存。t_4 时刻电力交易执行结束，电力交易平台终端自动核准交易数据、结算、转账，并对交易转账信息进行分布式储存。根据交易合约的内容结算费用，当电量需求节点用户 A 向电量响应节点用户 B 转账时，按照"前推认证"的方式由节点用户 A 对交易资金进行私钥签名并后缀节点 B 的 ID 信息，经加密输出资金函数，节点用户 B 接受资金之后利用自身公钥对资金解密，获得资金拥有权。当节点用户 B 使用这笔资金与节点用户 C 进行交易时，会自动引用资金 A 到 B 的输出函数。同时，整个交易的所有数据都会经加密函数后储存在区块体中，供分布式共享和交易查看。

6.2 基于区块链的分布式点对点交易支撑技术

6.2.1 P2P 电能交易的混合式拓扑

1. 电力物理网络与信息网络的节点映射

分布式发电主体和电能消费者之间点对点电能交易的执行需要依附于物理系统进行，电能交易需要与物理传输网络的运营相协调，以保证交易的顺利执行。电能交易的信息网络并不直接与电力物理系统的能量流对接，而是借助物理设备通过信息的交互实现分布式发电主体和电能消费者之间的关联，电力物理与信息网络的节点映射关系如图 6.16 所示。

2. 点对点电能交易信息网络

分布式发电与 P2P 网络有极强的相似性，即每个分布式发电节点自我决策、频繁地加入与离开。分布式发电节点之间通过 P2P 网络的完全分布式且无等级结构的特点，相互连接所构建的分布式发电系统将具有出色的适应性。而这种适应性则得益于节点的连接方式：任何一个节点的加入和离开行为都是独立的，都是随机分布在整个网络中，体现出了实时性、健壮性、可靠性和可扩展性。

3. 混合式拓扑结构

随着地域分散、数量庞大的分布式发电主体和电能产销者参与点对点电能交易，

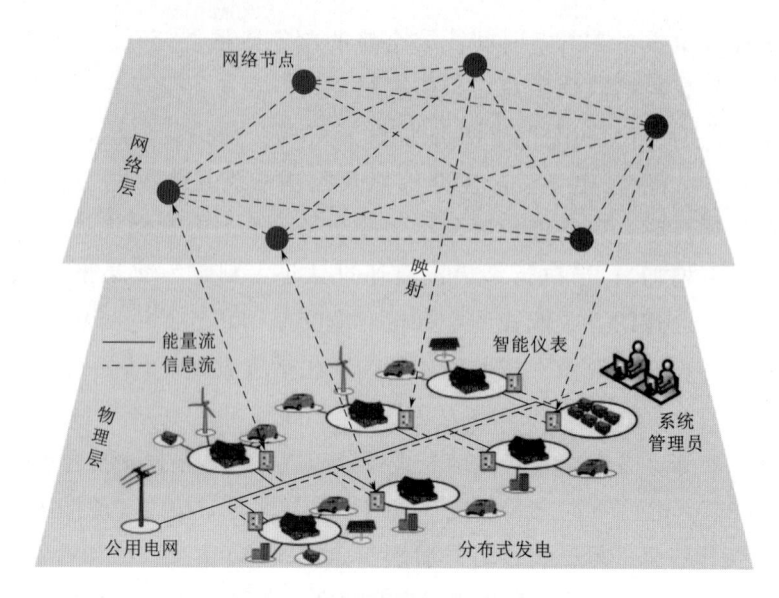

第6章
分布式交易支撑技术及平台功能需求

图6.16 分布式发电与信息网络节点映射关系

将会产生海量的设备运行数据、物理网络数据和交易数据，为了保证交易的实时性和安全性，构建合理的信息网络拓扑结构，提高节点之间信息共享速度、检索速度以及安全性就显得极为必要。混合式P2P网络既具备集中式P2P网络的通信效率高的优点，也具备完全分散式P2P网络的"去中心化"的优点。P2P网络中的节点按照能力不同（计算能力、内存大小、连接带宽）可划分成超级节点和普通节点两类。超级节点较之普通节点有更强大的算力，通过与多个普通节点相连接，形成"自治簇"。簇内采用目录式P2P模式，而整个P2P网络中各个不同的簇之间再通过纯P2P模式将超级节点连接起来。一个典型的带有超级节点的混合式P2P网络拓扑结构如图6.17所示。

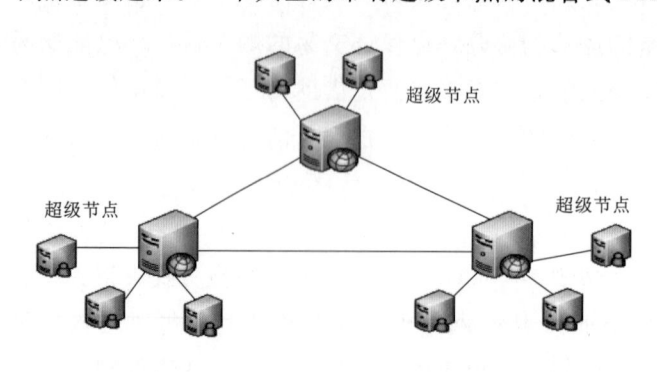

图6.17 混合式P2P网络拓扑结构

广域内多个超级节点之间可自组织为星形拓扑、环状拓扑、总线拓扑等拓扑结构，最终呈现一种更加复杂的混合式拓扑（图6.18）。

该混合式结构中，由于普通节点的信息交换首先在本地所属的簇内进行，只有查询结果不充分的时候，再通过超级节点之间进行有限的洪泛。这样就极为有效地消除P2P结构中使用洪泛算法带来的网络拥塞、搜索迟缓等不利影响。同时，由于每个簇中的超级节点监控所有普通结点的行为，能确保一些恶意的攻击行为在网络局部得到控制，在一定程度上提高整个网络的负载平衡。

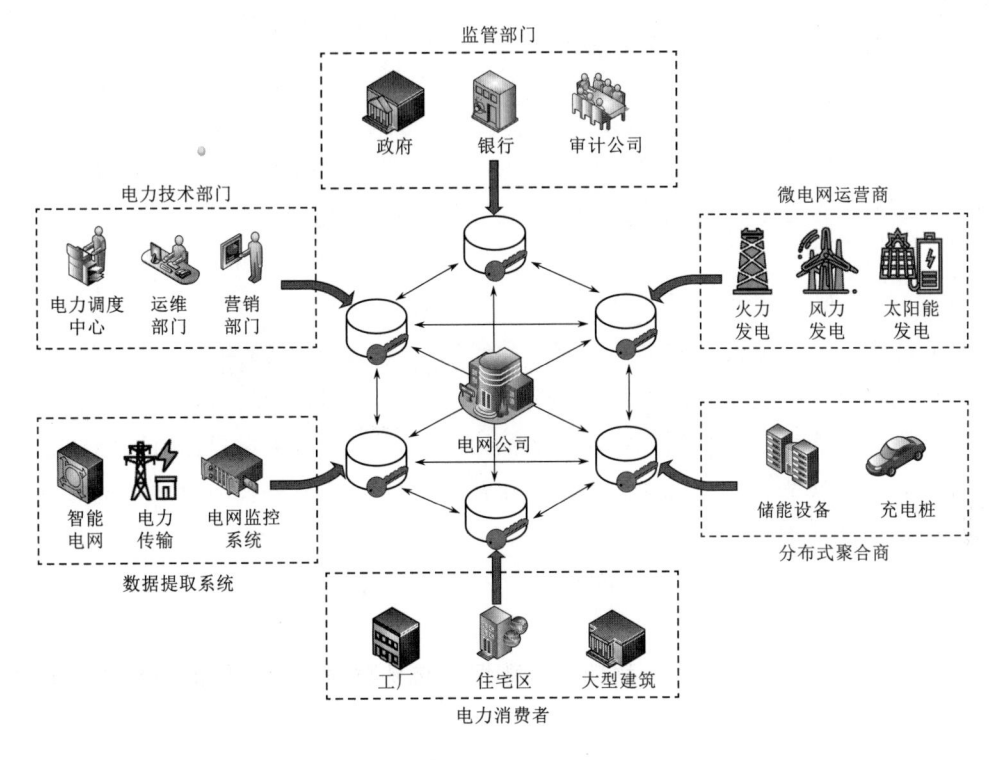

图 6.18　复杂混合式 P2P 拓扑结构

6.2.2　基于智能合约的 P2P 交易模式

1. 基于以太坊智能合约的分布式储能共享模型

(1) 以太坊与智能合约。以太坊（Ethereum）作为支持智能合约的公共区块链平台，本质是一个基于交易（Transaction）的状态机，状态中可以包含能够被计算机描述的任何信息，始于创世区块状态，随着交易的执行，实现状态的改变直至最终状态，其形式化表述为

$$\delta_{n+1}=\gamma(\sigma_n,T) \tag{6.1}$$

式中：σ_n 为以太坊在第 n 阶段的状态；γ 为以太坊状态转换函数；T 为 $n\sim n+1$ 阶段内发生的有效交易。与其他区块链系统类似，以太坊中一段时间内的所有交易被整合进区块中，节点间通过工作量证明机制争夺下一区块的记账权，相邻区块依靠哈希值以时间先后顺次链接，实现节点间分布式数据库的一致性以及交易的可追溯性。此外，以太坊提供了外部账户（exter nallyowned account，EOA）与合约账户（contract account，CA）两类账户模型。其中：EOA 由私钥控制，可主动发起交易转移以太币或调用智能合约；CA 无法主动发起交易，可以被 EOA 或从其他 CA 接收消息触发调用其存储的合约代码。智能合约存储在区块链中，是一个运行于以太坊虚拟机上的计算机程序，可由外部账户或合约账户根据合约地址调用并自动执行。在以太坊

共识机制与安全管控机制的保障下，智能合约一旦被部署便无法被篡改或删除，无需第三方的监管即可确保合约条款公平、透明地执行。智能合约运行机理如图6.19所示。

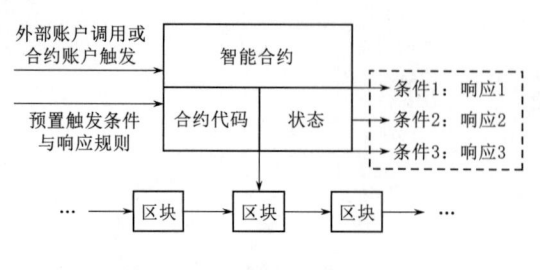

图6.19 智能合约运行机理

（2）分布式储能合约模型。首先，智能合约由交易触发执行合约内相关逻辑代码的特性，与储能设备根据操作指令执行相应充/放电行为的特性相一致；其次，智能合约的不可更改性与储能设备的固有属性的不变性相吻合；最后，智能合约的完备性确保了为储能运行特性编写智能合约的可行性。因此，本书提出将分布式储能的运行特性编写成智能合约部署到以太坊区块链中，即"储能与合约对应"的方式构建分布式储能共享模型：

$$ES_k(id_k, add_k, ower_k, E_k^{\min,\max}, P_k^{C,\min,\max}, P_k^{D,\min,\max}, s_{k,\Delta t}, CP_{k,\Delta t}) \quad (6.2)$$

其中
$$s_{\Delta t} = (p_{k,t}, e_{k,t}) \quad (6.3)$$

$$CP_{k,\Delta t} = (current\_ower_k, t_{\text{start}}, t_{\text{end}}) \quad (6.4)$$

式中：id_k、add_k、$ower_k$ 分别为储能 k 的编号、合约账户地址以及所属者的外部账户地址；$E_k^{\min,\max}$、$P_k^{C,\min,\max}$、$P_k^{D,\min,\max}$ 分别为储能 k 的电量、充/放电功率约束；$s_{k,\Delta t}$ 为储能 k 在 Δt 时段的运行状态；$CP_{k,\Delta t}$ 为储能 k 在 Δt 时段的控制权状态；$p_{k,t}$、$e_{k,t}$ 分别为储能 k 在 Δt 时段的充/放电功率以及该时段结束时的电量；$current\_ower_k$、t_{start}、t_{end} 分别为在 Δt 时段内储能 k 控制权的拥有者的外部账户地址、控制权的生效与失效时间。

储能 k 的电量可通过相邻时段电量与充放电功率的递推公式计算得出，即

$$e_{k,t} = e_{k,t-1} + \Delta t \left(\eta_k^C p_{k,t}^C - \frac{p_{k,t}^D}{\eta_k^D} \right) \quad (6.5)$$

式中：$e_{k,t}$、$e_{k,t-1}$ 分别为储能 k 在上一时段末和本时段末的电；$p_{k,t}^C$、$p_{k,t}^D$ 分别为储能 k 在时 t 的充/放电功率；η_k^C、η_k^D 分别为储能 k 的充/放电效率；Δt 为各时段的时间间隔。

储能充/放电功率与容量约束条件表达式为

$$\begin{aligned} P_k^{C,\min} &\leqslant p_{k,t}^C \leqslant P_k^{C,\max} \\ P_k^{D,\min} &\leqslant p_{k,t}^D \leqslant P_k^{D,\max} \\ E_k^{\min} &\leqslant e_{k,t} \leqslant E_k^{\max} \end{aligned} \quad (6.6)$$

式中：$p_{k,t}^C$、$P_k^{C,\min}$、$P_k^{C,\max}$ 分别为储能 k 在 t 时段的充电功率以及该储能允许的最小/最大充电功率；$p_{k,t}^D$、$P_k^{D,\min}$、$P_k^{D,\max}$ 分别为储能 k 在 t 时段的放电功率以及该储能允许的最小/最大放电功率；$e_{k,t}$、$E_k^{\min}$、$E_k^{\max}$ 分别为储能 k 在 t 时段结束时的电量以及

该储能允许的最小/最大容量,与储能的荷电状态 SOC 边界对应。根据储能的特性编写相应的储能合约,并由所有者部署到以太坊即可参与到储能共享活动中。

2. 分布式储能点对点共享双层交易模式

储能装置虽不能移动,却可通过电力网络与通信技术实现用户与用户、用户与设备之间在物理与信息层面上的广泛连接与交互。本节综合考虑共享经济强调物品的所有权与使用权的暂时性分离的本质特征,利用以太坊"交易"核心属性,提出一种适用于储能共享经济的双层交易模式,如图 6.20 所示。

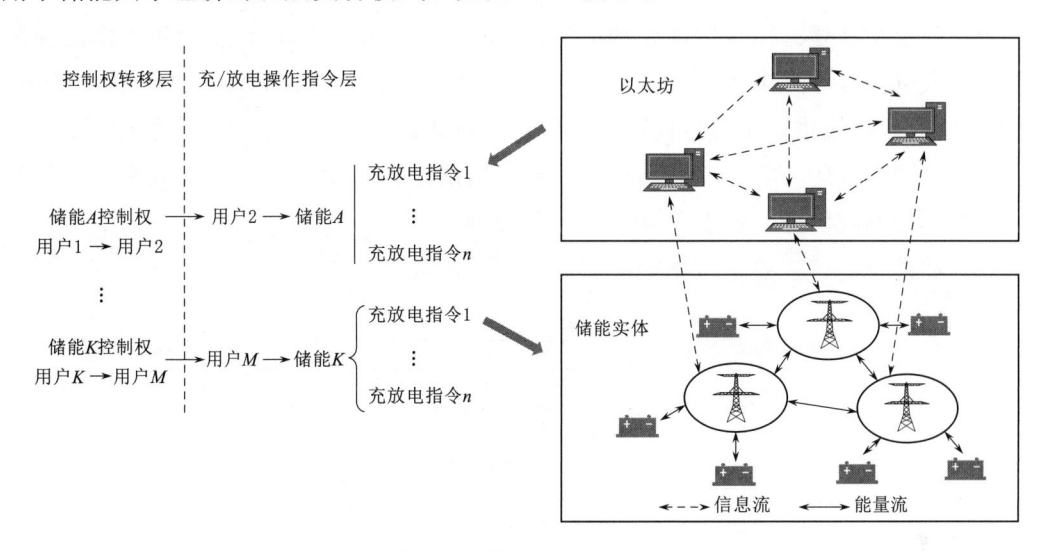

图 6.20 分布式储能点对点共享双层交易模式

(1) 控制权交易层。以一笔储能共享协议 $C_i(g_i, l_i, d_i, m_i)$ 为例,其中:g_i 和 l_i 分别为出租方与承租方的外部账户地址;d_i 为控制权转移时长;m_i 为该笔共享协议的金额。经过以下步骤实现储能控制权的转移:

1) 出租方向管理员合约发送一笔交易 $T_1(l_i, d_i, m_i)$,调用 check_identity() 函数。

2) 承租方向管理员合约发送一笔交易 $T_2(g_i, d_i, m_i)$,调用 management_of_control_permit() 函数进行两笔交易信息的校对,并将 m_i 个以太币存入管理员合约代为保管。若身份验证通过,管理员合约将自动把该储能的控制权状态调整为 CP_i,$d_i = (l_i, t_{start}, t_{start}, d_i)$。只有当储能控制权转移到承租方名下时,承租方才能够对储能进行充放电操作。

(2) 充/放电操作指令层。把以太坊中的"交易"看作用户远程调用储能设备执行充/放电操作的指令,实现以太坊区块链环境下的储能远程控制:

1) 承租方外部账户向储能合约账户发送一笔交易 $T_3(p, \Delta t)$,调用 charging_or_discharging() 函数,其中 p 为接下来 Δt 时段内储能的充/放电功率。

第6章　分布式交易支撑技术及平台功能需求

2）储能合约收到交易后，调用接口函数从管理员合约中获取该储能当前控制权所有人的地址，并与承租方地址核对，且当 p 与 e_k，$t+\Delta t$ 的大小满足式（6.6）时，储能可按照交易 $T_3(p,\Delta t)$ 的指令进行充/放电操作，调用 change_the_storage_state() 函数修改管理员合约中的储能状态，且承租方在 $(t,t+\Delta t)$ 内不再具有更改储能运行状态的权限。

3）共享协议到期后，出租方发送一笔交易 $T_4(g_i)$ 调用 getback_control_permit() 函数，管理员合约将暂存的以太币转入出租方账户中，共享协议结束。

上述双层交易模式需要智能合约的支持，除了负责整合储能信息、管理储能控制权的管理员合约外，其余均为储能合约，合约的内部结构与状态机示意如图6.21所示。图6.21中虚线描述了合约间的继承关系，点线涉及以太币交易。合约包括：

（1）管理员合约。管理所有储能的信息与储能的控制权状态。函数依次分别负责身份核对、控制权转移、储能状态更新以及控制权召回。

（2）储能合约。主要包含储能的充放电特性函数。

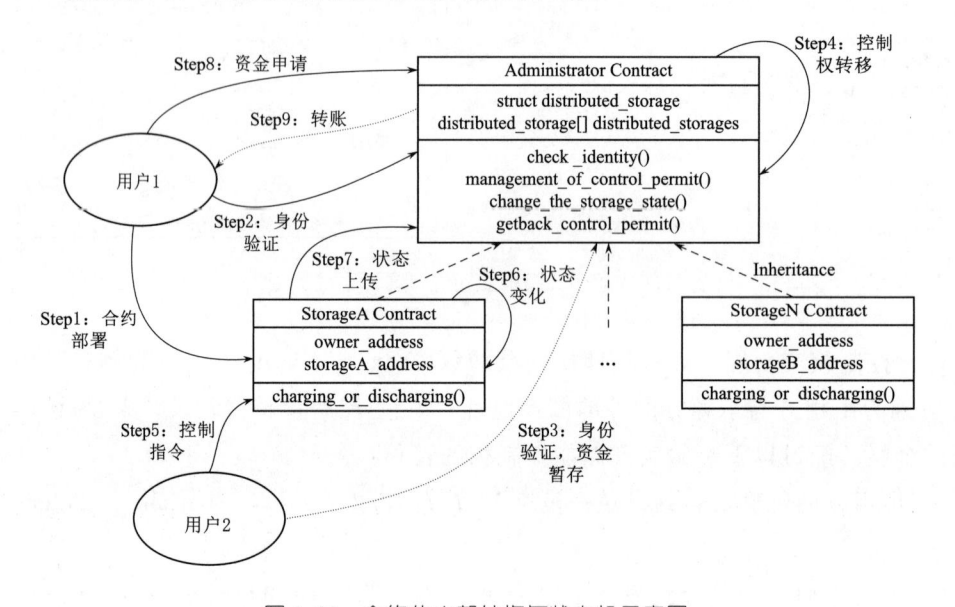

图6.21　合约的内部结构与状态机示意图

6.3　分布式P2P交易的平台设计

6.3.1　超级账本

区块链目前有多种架构可以应用，选取适合能源应用场景的区块链架构是实现区块链交易平台区块链模块的基础。超级账本（Hyperledger）是由 Linux 基金会主导的区块链开发平台项目，Linux 基金会主导的区块链项目 Hyperledger 的目标是一个商用跨行业的区块链技术框架。Hyperledger 目标为新型分布式账本交易平台，增强商业应用的互信互任、公开透明、业务可追溯，并简化与商业流程相关的事务。除了 Hyperledger 之外，比特币、以太坊等知名区块链技术也被广泛应用，这些框架的主要区别主要体现在共识算法、适用场景以及智能合约上。区块链应用对比见表 6.3。

表 6.3　　　　　　　　　　区块链应用对比表

区块链应用	共识算法	区块链形式	开发语言	智能合约
比特币	PoW	公有链	C++	否
以太坊	PoW/PoS	公有链/联盟链	GO	是
超级账本	PBFT	PBFT	GO	是

从表 6.3 可以看到，在共识算法方面，Hyperledger 与主流的比特币、以太坊等有着不同之处，比特币和以太坊依赖的 PoW 和 PoS 共识算法本身依赖于"挖矿"，而挖矿实质是通过计算机进行高效计算，使电力资源转换为虚拟货币、虚拟积分资源，这种耗能巨大的共识模式显然不适合能源互联网，超级账本使用的 PBFT 即拜占庭容错算法本身并不需要代币，而是以记账共识的形式实现资产转移。目前区块链的代币分为两种，除了挖矿还有 ICO，ICO 借鉴了"众筹"的概念，但是 ICO 筹集的并不是法定货币而是比特币、ETH 等虚拟代币，然而这些虚拟代币本身也是通过挖矿生成的。相比而言，目前的代币积分模式不适合应用于区块链的能源应用场景中，所以相较于依靠消耗大量电力挖矿产生代币的共识算法，无代币的 PBFT 模式更加适合能源相关的应用场景。

区块链技术中链的概念包含三种：公有链，即对所有人开放的链，以比特币为例，如图 6.22 所示，任何人都可以在任何时间去挖取比特币或者交易比特币，即使用户不了解比特币原理也可以买一台电脑或者一台矿机，加入一个矿池或者自己独立去挖矿，也可以通过互联网购买、交易比特币。公有链在能源互联网中的应用实质上是有限制的，因为与互联网信息不同，电力网络是需要高度稳定性的，任何节点的加入以及该节点对电力网络的干扰

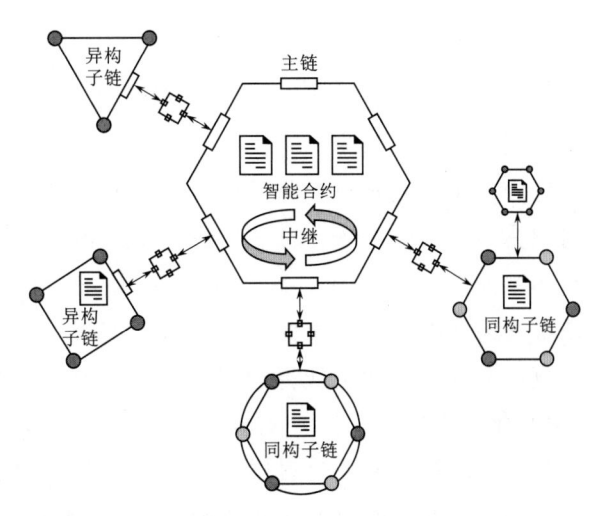

图 6.22　公有链挖矿交易模式

对于电力网络来说是会产生极大的安全隐患的,所以这种纯粹开放的公有链目前的发展情况来看并不适合一些商用场景。相较于公有链,联盟链是对特定团体开放,与公有链不同的地方在于参与联盟链需要一个认证环节,达到认证标准或一些条件才能满足上链需求,对于能源区块链而言这种模式更加适合。而私有链类似个人组织的小型的联盟链,相较于联盟链在能源互联网的应用,私有链在微电网的区块链应用能发挥自己的优势。HyperledgerFabric目前已经升级到1.0以上的版本,1.0版本系统包含很多的功能模块,这些模块都是可拔插、可被编辑的。其中数字认证模块负责成员认证,共识算法模块负责交易的共识,BCCSP负责Hyperledger的非对称加密等,为了满足大多数的业务需求,Hyperledger提供了通用的接口,模块在区块链容器的Deploy环节完成部署后即可应用。智能合约的运行环境也在虚拟容器Docker中,容器给智能合约运行提供的是安全沙箱环境将背书节点(endorser)与智能合约隔离开,这种模式下,如果智能合约发生问题也不会影响在区块链上的背书节点。除了背书节点外超级账本还包括记账节点(committer)和排序服务节点(orderer),这些节点也部署在虚拟容器中,在区块链交易流程中发挥各自的作用,节点可以加入不同的通道(channel)中,Hyperledger通道是由多个成员(节点)组成的通信子网络,用于进行需要数据保密的交易,智能合约可以运行在不同的节点上,这种结构有良好的扩展性,各节点各司其职提升运行效率。超级账本作为一个定位为商用的区块链平台,在商用应用场景上有一些优势,无代币的共识模式去大量耗费的电力的代币模式相比更加适合能源互联网,而相较于比特币,超级账本借鉴了以太坊智能合约的概念,智能合约是实现能源区块链智能决策,智能调度的重要模块,是实现能源区块链的重要组成部分,超级账本也是目前适合能源区块链应用场景的区块链框架。

6.3.2 区块链电能交易平台体系

区块链核心的应用在于"去中心化"的信任交易,所以实现能源互联网在区块链上的应用场景,该架构中的核心部分为区块链平台,平台能够接入能源流与信息流,区块链交易平台是实现能源互联网在区块链技术应用场景的合理模式,区块链交易平台可分为三层,区块链交易平台底层、交易平台交易层、交易平台顶层。区块链交易平台体系如图6.23所示,区块链交易平台底层负责物理层与信息层的耦合,中间的区块链交易容器负责区块链交易模式的实现,上层区块链交易平台Web应用负责用户的直接交互与区块链业务管理。三层结构体系满足能源应用场景下完整的区块链"去中心化"交易。

(1)区块链交易平台底层传统区块链模型是以PC为终端,依托于现有互联网,进行点对点的互联网交易,以智能合约形式或者"挖矿"的形式实现区块链应用。而在能源互联网层面关心的不仅是信息流,同样也包括能源流,区块链技术应用于信息层,

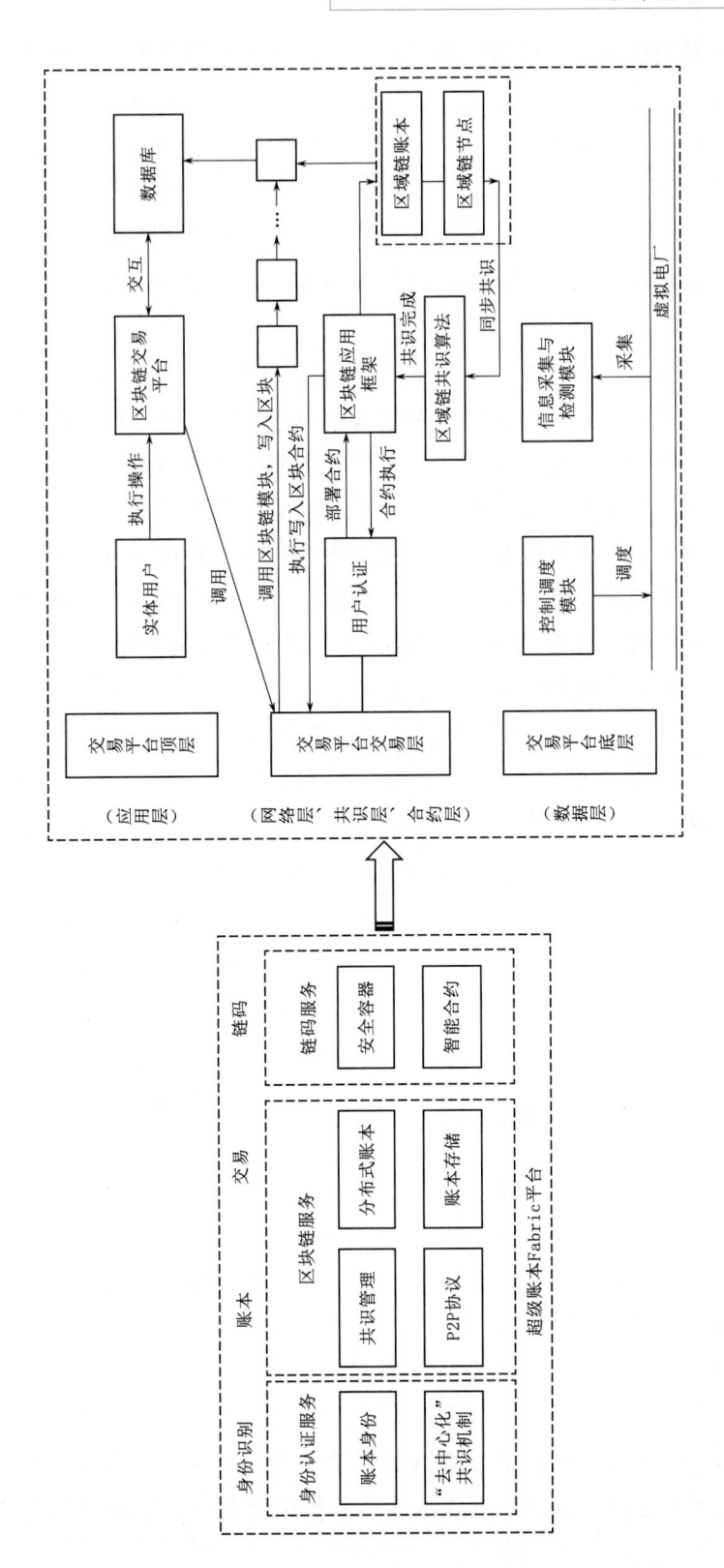

6.3 分布式P2P交易的平台设计

图 6.23 区块链交易平台体系

第6章
分布式交易支撑技术及平台功能需求

与能源层进行耦合必须借助硬件设备,能源路由器或者电能路由器是解决这一问题的有效途径,但是目前能源路由器处于发展和设计当中,并没有实际的产品,所以参考能源路由器设计的概念,区块链交易平台基础平台应该包含数据采集和监视系统(Super Control And Data Acquisition,SCADA)、控制与调度系统,以及可扩展的操作系统平台。SCADA 将能源进行信息采集,形成信息流,在信息层面与区块链技术进行耦合,而控制系统保证了信息层对能源流的输出,实现在物理层的区块链交易行为。

(2)区块链交易容器区块链中最小的单位称作一个节点(Node),单一节点的实体可以是一个人、一个组织、一个机构、也可以是一台电脑、集群等。而在能源区块链架构中,我们把一个节点映射为一台能够进行区块链交易行为的一台设备,交易平台区块链模块在区块链六层模型中,首先包含了基础的三层即数据层、网络层、共识层。这三层基础结构保证了交易平台对于区块链技术的基础实现。合约层的智能合约设定了区块链的交易模式与交易行为,也包含了控制模式与控制行为,区块链交易在容器(container)内进行,容器提供了虚拟沙盒,保证了交易环境的安全性与隔离性,并为区块链交易节点的部署提供了敏捷方案。

(3)区块链交易平台 Web 应用包含了应用层与激励层,目前激励层主要应用于公链中,激励层将资产数字化,以代币或积分的形式对用户、节点进行激励。而应用层是区块链的顶层结构,用户可以通过应用层实现区块链交易行为,应用模块中包含用户管理、用户交易、交易查询、交易挂单买单等网页交易的 Web Service API,集成了业务层的代码与 Web 可视化界面,以 B/S 架构对区块链应用进行能源应用场景的交易平台搭建,交互模式使用 Restful 风格,通过线上的区块链交易,线下的电力调度,两者通过智能合约的链接,实现对区块链技术的能源方向的场景化、业务化与个性化。

6.3.3 区块链电能交易平台架构设计

根据设计的区块链交易平台体系,设计了基于 B/S 架构以及 Hyperledger 区块链架构的区块链电能交易平台,架构图如图 6.24 所示。

从系统架构图可见本系统分为 5 个软件系统:①模拟调度中心软件;②虚拟电表软件;③交易系统前端 Web 系统;④基于 Flask 的后端系统;⑤Hyperledger 区块链系统。各个软件的系统功能模块划分如下所述。

1. 模拟调度中心软件

软件由通信服务器模块、调度中心虚拟电表对象缓存池模块、调度中心智能合约审核模块、智能合约信息缓冲队列管理模块、仿真控制电路,共 5 个模块组成,每个模块的功能见表 6.4。

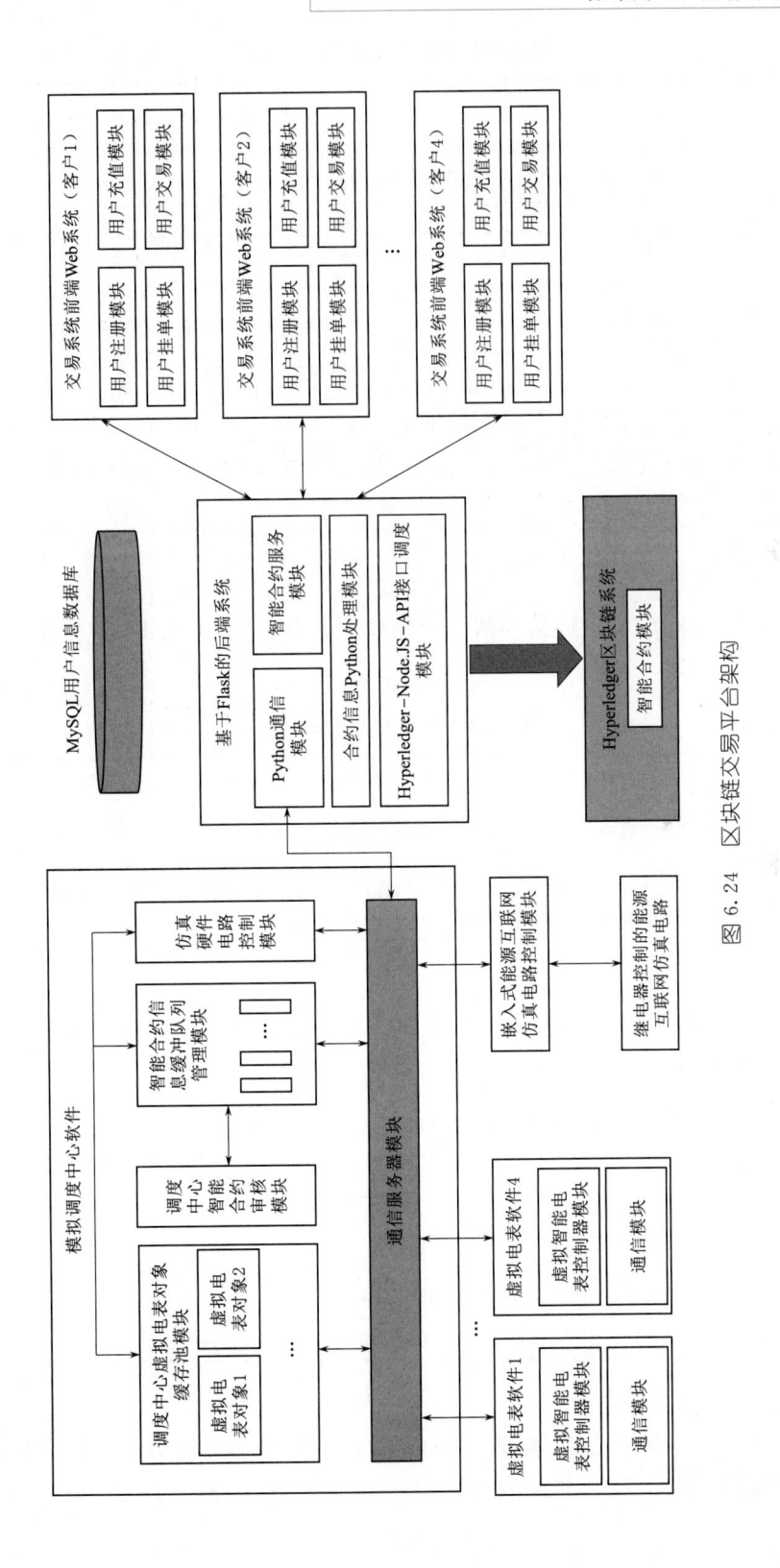

6.3 分布式 P2P 交易的平台设计

图 6.24 区块链交易平台架构

第6章　分布式交易支撑技术及平台功能需求

表 6.4　　　　　　　　　模拟调度中心软件模块功能描述

模　块	模　块　功　能　描　述
通信服务器模块	负责建立 TCP 通信服务器，允许多个虚拟电表、嵌入式仿真电路控制器模块和基于 Flask 的后端系统的 Python 通信模块接入软件内部
调度中心虚拟电表对象缓存池模块	负责在内存中构建和真实电表行为一致的抽象对象，并将这些对象缓存，通过统一的接口进行访问，虚拟电表软件中存储的各项信息将通过 TCP 通信和缓存池中的对象保持一致
调度中心智能合约审核模块	用于模拟仿真电网中的智能合约审核，审核不通过的智能合约将不被执行
智能合约信息缓冲队列管理模块	用于缓存 Flask 后端系统发送过来的智能合约信息，同一个用户只有前面的合约执行完毕后，才会执行后续被审核通过的智能合约
仿真控制电路	被执行的智能合约的行为逻辑，将通过此模块由 TCP 通信发送给嵌入式仿真电路控制器模块，并最终作用于基于继电器控制的仿真电路

2. 虚拟电表软件

软件由虚拟智能电表控制器模块、通信模块，共 2 个模块组成，每个模块的功能见表 6.5。

表 6.5　　　　　　　　　模拟电表软件模块功能描述

模　块	模　块　功　能　描　述
虚拟智能电表控制器模块	负责模拟负荷在线运行，可通过软件设置负荷耗能的速度
通信模块	负责通过 TCP 和模拟调度中心软件的通信服务器模块通信，并将最新用电信息刷新调度中心虚拟电表对象缓存池模块中对应的虚拟电表抽象缓存对象

3. 交易系统前端 Web 系统

软件由用户注册模块、用户充值模块、用户挂单模块、用户交易模块，共 4 个模块组成，每个模块的功能见表 6.6。

表 6.6　　　　　　　　交易系统前端 Web 系统模块功能描述

模　块	模　块　功　能　描　述
用户注册模块	负责提供用户注册的 UI，并构建后端系统对应的注册路由表
用户充值模块	负责提供用户充值的 UI，并构建后端系统对应的充值路由表
用户挂单模块	负责提供用户挂单的 UI，并构建后端系统对应的挂单路由表
用户交易模块	负责提供用户交易的 UI，并构建后端系统对应的交易路由表

4. 基于 Flask 的后端系统

软件系统由 Python 通信模块、路由模块、合约信息 Python 处理模块、Hyperledger-Node.JS-API 接口调度模块，共 4 个模块构成，每个模块的功能见表 6.7。

6.3 分布式 P2P 交易的平台设计

表 6.7　基于 Flask 的后端系统模块功能描述

模　　块	模　块　功　能　描　述
路由模块	负责根据 Web UI 各个模块中的路由表，提供前端 Web 和数据库间的双向数据流
Python 通信模块	负责将链接模拟调度中心软件，并将合约信息推送给调度中心的智能合约信息缓冲队列管理模块进行缓存，模拟调度中心的调度中心智能合约审核模块将逐个审查合约的有效性和执行性
合约信息 Python 处理模块	负责将智能合约进行信息预处理工作
Hyperledger – Node.JS – API 接口调度模块	根据合约信息 Python 处理模块中提供的信息执行 Hyperledger – Node.JS – API，将合约信息及其执行信息写入 Hyperledger 区块链中

5. Hyperledger 区块链系统

软件系统由专门部署的智能合约模块及其区块链的其他信息支撑组成，每个模块的功能见表 6.8。

表 6.8　Hyperledger 区块链系统模块功能描述

模　　块	模　块　功　能　描　述
MSP 成员管理模块	抽象化各成员之间的控制结构关系，对证书颁发、用户认证、后台的加密机制和协议进行抽象
CA 认证模块	提供用户登记和注册的数字证书管理功能，进行交易有效性认证
拜占庭容错共识模块	由各个 peer 节点组成的共识体系与拜占庭容错机制应用，负责交易的共识认证，交易信息广播
智能合约模块	有高并发语言 GO 撰写的注册用户间的合约执行程序体

第7章

售电市场短期运行仿真

7.1 电力零售市场短期运营模型

7.1.1 电力物联网下虚拟电厂的运营机制

电力物联网建设将极大促进电力终端数据的获取及数据驱动下的业务增值，通过信息物理社会系统推动电力全业务集约化、智能化、自动化管理。虚拟电厂是物理—信息—经济融合的能源供需集合体，随着大量分布式电源及柔性负荷的接入，以虚拟电厂为节点的能源管理体系将为电力系统提供安全保障和运营支撑。虚拟电厂运营机制如图7.1所示。

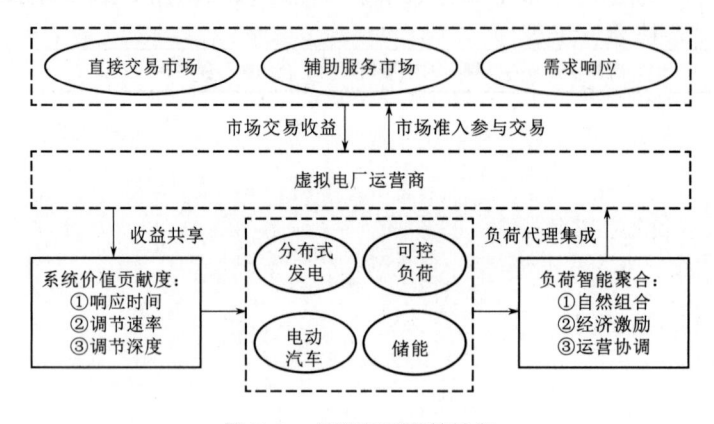

图 7.1 虚拟电厂运营机制

1. 虚拟电厂对外运营机制

（1）虚拟电厂的报价方式。虚拟电厂需要提前36～12h预测自己的可用出力，并在中午12：00日前交易市场关闭前向调度机构提交次日24个交易时段的竞价信息，即发电价—量曲线。由于可再生能源出力的不确定性，虚拟电厂难以在日前市场控制竞标出力和实际出力之间的偏差，因此需要随着实时运行时间的临近，通过日内市场进行调节。日内市场包括平衡市场与需求响应交易市场，而需求响应价格通常会低于平衡电价，因此考虑到虚拟电厂的成本效益，同时为简化问题，本书研究将不考虑平衡市场，虚拟电厂的供需不匹配问题将通过从需求响应市场中购买负荷削减量予以解决，该市场于实时运行前1h关闭。虚拟电厂在实时运行中的偏差电力将在当天交易结束后根据实时电价进行结算。

（2）虚拟电厂的出清方式。在日前市场，各发电机组需上报未来24h供给曲线（VPP需同时上报供给曲线和需求曲线），同时买家上报未来24h需求曲线，这些数据会同时被ISO（独立系统运营商）接受，ISO通过算法分析可得出各时段发电机组的竞标曲线和边际出清价格，最后在交易平台双方达成交易。在实时市场，各发电机组实际发电的偏差可去辅助服务市场购买和售卖，等实时电价和成交电量确定后达到统一出清。VPP运营商的最终目标是与预期实时生产和消费不平衡费用的最小化相结合的日前利润的最大化。

2. 虚拟电厂对内运营机制

VPP联盟由VPP运营商统一调度，VPP内各小微主体根据历史出力曲线得到日前出力与竞价曲线，经过VPP整合后作出不同场景下整个虚拟电厂对外的多种竞价策略，但是只有唯一的一种策略会被ISO接受。VPP根据反馈的出力曲线和竞价曲线，对内部的多元小微主体进行机组组合从而实现最优化调度，使得总体VPP联盟在日前市场的收益最大化。风电机组、光伏发电以及储能机组分属于不同的运营商，所以各多元小微主体之间存在一个动态博弈。小微主体内部的竞标可分为电价竞标与电量竞标两个阶段。第一阶段，在配电网交易电价和负荷电价的基础上，虚拟电厂的控制协调中心制定内部各个分布式电源的电价；第二阶段，虚拟电厂的电价确定之后，虚拟电厂内各个发电单元或用电单元向虚拟电厂的控制协调中心上报每个时刻的竞标电量。

在本书所设计的虚拟电厂竞标结构中，包括电价竞标和电量竞标两个层次，如图7.2所示。虚拟电厂根据与配电网的交易电价，首先制定内部分布式电源的电价和负荷电价。电价竞标模型的一般数学表述为

$$\max G(\bar{\lambda}, P) \tag{7.1}$$

其中 $\lambda = [\lambda_1, \lambda_2, \cdots, \lambda_n]$

式中：λ 为虚拟电厂内部各单元的电价；P 为电量竞标模型的均衡解。

在电价确定后，虚拟电厂内部的分布式电源和负荷各自上报自身的发电量和负荷量。电量竞标模型的一般数学表述为

$$\max G(\bar{\lambda}, P) \tag{7.2}$$

其中 $P = [P_1, P_2, \cdots, P_n]$

式中：P 为虚拟电厂内部各单元的竞标电量；$\bar{\lambda}$ 为电价竞标模型的均衡解。

由于上述两个阶段符合主从递阶结构的动态博弈情况，故本书将虚拟电厂的电价

第7章 售电市场短期运行仿真

竞标和电量竞标视为 Stackelberg 博弈过程。其中,虚拟电厂的控制协调中心的电价竞标相当于 Stackelberg 博弈中的领导者;虚拟电厂内部的分布式电源和负荷的电量竞标相当于 Stackelberg 博弈中的跟随者。具体的博弈过程如下:

(1)领导者发布策略。虚拟电厂的控制协调中心制定内部分布式电源的电价和负荷电价。

(2)跟随者根据领导者的策略选择自己的最优策略。虚拟电厂内部的分布式电源和负荷根据控制协调中心制定的电价,制定自己的竞标电量,以获得最优经济效益。

(3)领导者根据跟随者的策略更新自己的策略。根据虚拟电厂内的分布式电源和负荷的竞标电量,虚拟电厂的控制协调中心对自己的竞标电价进行更新,以获得最优经济效益。

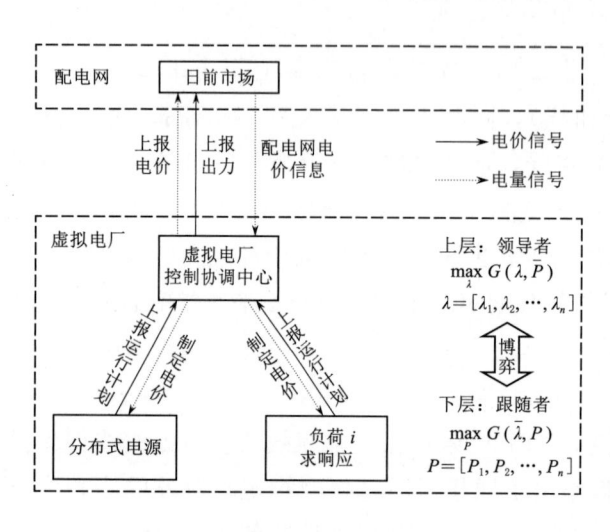

图 7.2 电量与电价竞标示意图

(4)领导者和跟随者根据上述过程不断更新策略直至达到均衡解。虚拟电厂内的分布式电源和负荷不断更新自己的竞标电量,虚拟电厂的控制协调中心不断更新自己的竞标电价,以获得竞标电价和竞标电量的均衡解以及最优经济效益。

7.1.2 新兴市场主体参与零售市场的运营仿真模型

1. 多元小微主体的聚合模型

多元小微主体的主要特点有:多元小微主体以可再生能源发电为主,相对于传统机组其发电成本可以忽略不计;多元小微主体的机组分布广泛,并不像传统机组一样固定在一起,所以其调度比较困难。而且多元小微主体发电受到许多因素的影响,如地理位置、风速的快慢、光照时间长短等,因此其出力曲线很难预测;分布式能源的并网运行影响电力系统的稳定性、安全性、经济性。

多元小微主体接入电网是对电力系统发电侧一次巨大的补充。由于多元小微主体快速调频以及快速响应能力,使得电网更加稳定、可靠的运行。但鉴于多元小微主体容量、体积较小的缘故,其很难直接被电网调度和管理。为了更好地管理多元小微主体,使其在电网运行中发挥有益作用,多种聚合技术应运而生,这些技术以高级量设备、智能电网设备、先进通信系统为基础,作为电网与多元小微主体的中间层存在于电力系统中。而其中应用最广泛的一种技术当属虚拟电厂技术。VPP 将各类分布式资

7.1 电力零售市场短期运营模型

源有机结合,并利用相关调控、通信技术实现整体管理(图 7.3)。

把各个多元小微主体聚合为一个 VPP 后,整个 VPP 对外表现的模型就是发电与购电的过程,其模型可以表示为

$$Q_t^{VPP,net} = P_t^{W,net} + P_t^{BESS,net} + P_t^{PV,net} + P_t^{L,net}$$
$$Q_t^{net,VPP} = P_t^{net,BESS} + P_t^{net,l} \tag{7.3}$$

式中:$Q_t^{VPP,net}$ 为 t 时刻 VPP 向电网中输送的电量;$P_t^{W,net}$ 为 t 时刻 VPP 中风电机组向电网中输送的电量;$P_t^{BESS,net}$ 为 t 时刻 VPP 中储能装置向电网中输送的电量;$P_t^{PV,net}$ 为 t 时刻 VPP 中的光伏发电向电网中输送的电量;$P_t^{L,net}$ 为 t 时刻 VPP 中的可调负荷向电网中输送的电量;$Q_t^{net,VPP}$ 为 t 时刻 VPP 向电网购买的电量;$P_t^{net,BSS}$ 为 t 时刻 VPP 中的储能装置向电网购买的电量;$P_t^{net,l}$ 为 t 时刻 VPP 中的负荷向电网中购买的电量。

图 7.3 多元小微主体聚合后的 VPP

2. 基于主从博弈的 VPP 竞标模型

(1) Stackelberg 博弈。Stackelberg 博弈模型适用于有主从递阶结构的动态博弈关系,参与者通常被分为领导者和跟随者两种。领导者首先做出决策,跟随者可以观察到领导者的决策,从而做出自己的决策。VPP 首先要考虑自身利益最大化,但是也要考虑到其他竞争对手报价和网络运行约束来进行报量报价。调度和交易中心得到市场各主体的报量报价后依照系统购电成本最小为目标进行日前能量市场和实时平衡市场的统一出清,得到日前和实时市场各时段机组的出清电量和出清电价。因此,VPP 参与现货市场竞价的博弈过程可视为一种 Stackelberg 主从博弈,其中 VPP 为决策的领导者,调度和交易中心为决策的跟随者。

虚拟电厂作为 Stackelberg 博弈中的上层领导者,其参与竞价的目标函数为

$$\max F(\lambda, \overline{P}) \tag{7.4}$$

其中 $\lambda = \{\lambda_1, \lambda_2, \cdots, \lambda_n\}$

式中:F 为 VPP 参与联合现货市场的总收益;λ 为 VPP 中多元小微主体 i 的报价;n 为多元小微主体的数量;$\overline{P}$ 为调度层优化后 VPP 的出力大小。

调度和交易中心作为 Stackelberg 博弈中的下层领导者即跟随者,其目标是以系统总报价成本最小为目标函数,其表达式为

$$\min G(P, H) \tag{7.5}$$

其中 $P = \{P_1, P_2, \cdots, P_n\}$

式中:G 为日前电能量市场和辅助服务市场联合运行时的购电成本;P 为多元小微主体 i 的出力大小;$\overline{H}$ 为竞价层的均衡解。

(2) 基于 Stackelberg 博弈的 VPP 模型架构。VPP 参与现货市场竞价的博弈模型

第 7 章　售电市场短期运行仿真

架构如图 7.4 所示，第一阶段以 VPP 优化调度为研究对象，目的是使各主体出力曲线与电网负荷预测曲线吻合度最大，受到各多元主体运营约束以及 VPP 内部功率平衡约束。第二阶段为 Stackelberg 博弈双层模型，上层模型以 VPP 作为研究对象，建立 VPP 作为投标主体进行竞价决策的交易决策模型；下层模型为现货市场出清模型，包括集中竞价交易模式下日前电能量市场与辅助服务市场联合出清。上层模型中的 VPP 作为领导者以自身利润最大化为目标函数进行日前联合竞价，并受到外部的竞标约束以及内部调频容量、调频里程的约束。下层模型是以调度和交易中心为跟随者，以购电成本最小为目标函数，并受到日前功率平衡约束、网络安全约束等约束。

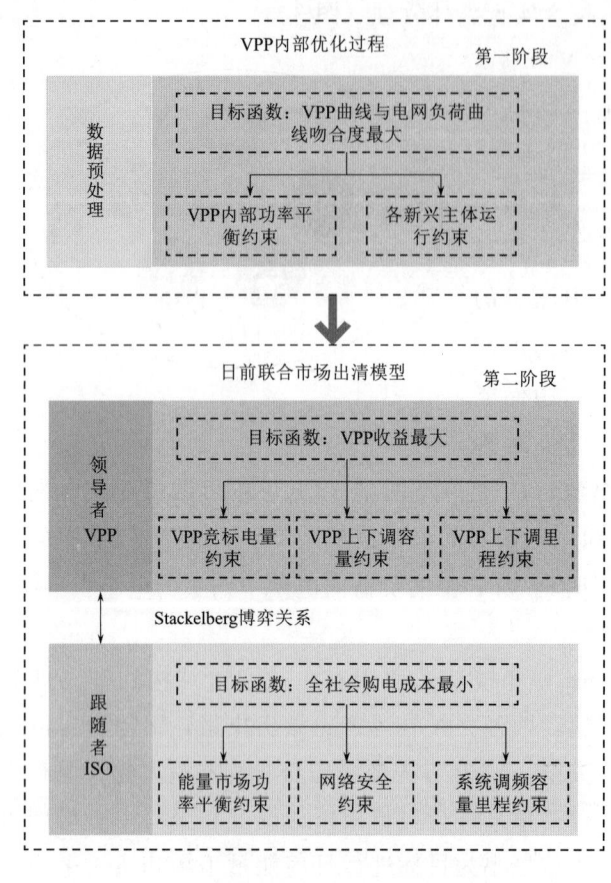

图 7.4　VPP 参与现货市场竞价的博弈模型架构

3. VPP 参与现货联合市场竞价模型

（1）VPP 协调优化调度模型。

1）目标函数。将多元小微主体聚合为一个 VPP，以各主体的出力特性曲线与电网负荷曲线吻合度最大为目标，协调调度内部各小微主体。并将优化后的出力曲线作为下阶段系统运营优化的基础，其目标函数为

$$\min \mid Q_t^{VPP,net} - L_t^{pre} \mid \quad (7.6)$$

式中：L_t^{pre} 为电网中 t 时段预测的负荷量。

2）约束条件。PP 内部功率平衡约束：

$$P_t^w + P_t^{pv} + P_t^{BSS,d} + P_t^{L,sh} = L_t + P_t^{BSS,c} + P_t^{VPP,L} \quad (7.7)$$

式中：P_t^w 为 t 时刻虚拟电厂中风电机组出力大小；P_t^{pv} 为 t 时刻虚拟电厂中光伏发电出力大小；$P_t^{BSS,c}$、$P_t^{BSS,d}$ 为 t 时刻虚拟电厂中储能充、放电量；$P^{L,sh}$ 为 t 时刻内可转移的最大负荷；L_t 为电网中 t 时刻的负荷量；$P_t^{VPP,L}$ 为 t 时刻风电、光伏、储能给 VPP 内部负荷的电量。

风电

$$\begin{cases} P_t^w = P_t^{w,net} + P_t^{W,L} + P_t^{W,BSS} \\ P_t^W \leqslant P_t^{W,\max} \end{cases} \quad (7.8)$$

式中：$P_t^{W,L}$ 为 t 时刻内风电机组向虚拟电厂内负荷供给的电量；$P_t^{W,BSS}$ 为 t 时刻内风电机组向储能机组供给的电量；$P_t^{W,\max}$ 为 t 时刻内风电机组的最大发电。

光伏

$$\begin{cases} P_t^{PV} = P_t^{PV,net} + P_t^{PV,L} + P_t^{PV,BSS} \\ P_t^{PV} \leqslant P_t^{PV,\max} \end{cases} \quad (7.9)$$

式中：$P_t^{PV,L}$ 为 t 时刻内光伏发电向虚拟电厂内负荷供给的电量；$P_t^{PV,BSS}$ 为 t 时刻内光伏发电向储能机组供给的电量。

分布式储能

$$\begin{cases} P_t^{BSS,d} \leqslant P^{BSS,d} u_t^d \\ P_t^{BSS,c} \leqslant P^{BSS,c} u_t^c \\ u_t^d + u_t^c \leqslant 1 \\ E_t^{BSS} = E_{t-1}^{BSS} - P_t^{BSS,d} \Delta t + \eta^{BSS} P_t^{BSS,c} \Delta t \\ E^{\min} \leqslant E_t^{BSS} \leqslant E^{\max} \end{cases} \quad (7.10)$$

式中：u_t^d、u_t^c 属于 0—1 变量，表示的是如果储能机组处于充电或放电状态，其值为 1；η^{BSS} 为储能机组充电效率；$E^{\min}$、$E^{\max}$ 为储能电站最小和最大储存容量。

由于电动汽车与储能机组的约束条件相同，在此不做多余的赘述。

可调负荷

$$\begin{cases} P_t^L = P_t^{net,L} + P_t^{W,L} + P_t^{BSS,L} \\ P_t^{L-} \leqslant P^{L,sh} u_t^{L-} \\ P_t^{L+} \leqslant P^{L,sh} u_t^{L+} \\ u_t^{L+} + u_t^{L-} \leqslant 1 \\ \sum_{t \in T} (P_t^{L-} + P_t^{L+}) \leqslant P^{L,sh,tot} \end{cases} \quad (7.11)$$

式中：P_t^{L-} 为 t 时刻内负荷减少量；P_t^{L+} 为 t 时刻内负荷增加量；u_t^{L-}（u_t^{L+}）表示 0—1 变量，如果在 t 时刻内虚拟电厂负荷减少（增加）则为 1，其余情况为 0；$P^{L,sh,tot}$ 为整个调度期间允许转移的最大负荷。

(2) 上层交易决策模型。

1) 目标函数。VPP 参与现货零售市场的收益包括日前能量市场和日前调频市场的总收益，其目标是日前能量市场与日前调频市场相结合的日前利润的最大化，其目标函数为

第7章
售电市场短期运行仿真

$$\max \sum_{r \in R} prob_r \Big[\sum_{t \in T} \lambda_{t,r}^{DA} \Big(\sum_{i \in I} q_{i,t,r}^{DA} - \sum_{d \in D} l_{d,t,r}^{DA} \Big) \\
+ \sum_{t \in T} \sum_{i \in I} \pi_{t,r}^{DA} (q_{i,t,r}^{up,DA} + q_{i,t,r}^{dn,DA}) \\
+ \sum_{t \in T} \mu_{t,r}^{DA} \sum_{i \in I} (m_{i,t,r}^{up,DA} + m_{i,t,r}^{dn,DA}) \Big] \qquad (7.12)$$

式中:R 为竞争对手报价的场景;$prob_r$ 为场景 R 发生的概率;I 为 VPP 的投资组合(包括风电场、电池存储系统和负荷)参数集合;D 为虚拟电厂内部负荷参数集合;$\lambda_{t,r}^{DA}$ 为在场景 R 和 t 时刻内日前能量市场的系统边际出清价格;$q_{i,t,r}^{DA}$ 为在场景 R 和 t 时刻内第 i 台机组在日前交易市场上报的并被 ISO 所接受的电量,MW·h;$l_{d,t,r}^{DA}$ 为在场景 R 和 t 时刻内第 d 个负荷在日前交易市场上报并被 ISO 所接受的负荷申报曲线;$\pi_{t,r}^{DA}$ 为在场景 R 和 t 时刻内日前服务市场调频容量的出清价格;$q_{i,t,r}^{up,DA}$、$q_{i,t,r}^{dn,DA}$ 为在场景 R 和 t 时刻内第 i 台机组在日前服务市场上报的并被 ISO 所接受的上/下调频容量;$\mu_{t,r}^{DA}$ 为在场景 R 和 t 时刻内日前服务市场调频里程的出清价格;$m_{i,t,r}^{up,DA}$、$m_{i,t,r}^{dn,DA}$ 为在场景 R 和 t 时刻内第 i 台机组在日前服务市场上报的并被 ISO 所接受的上/下调频里程。

2) 约束条件。

a. VPP 竞标电量约束。考虑到 VPP 与主网传输功率限制,VPP 在电力市场的竞标电量需满足如下约束式:

$$-G \leqslant Q_{I,t,r}^{DA} - L_{I,t,r}^{DA} \leqslant G \qquad (7.13)$$

式中:$Q_{I,t,r}^{DA}$、$L_{I,t,r}^{DA}$ 分别为 VPP 在日前能量市场 t 时刻内的售电量和购电量;G 为电力市场最大竞标电量。

b. VPP 上下调容量约束。其约束条件为

$$\begin{cases} 0 \leqslant Q_{i,t,r}^{up,DA} \leqslant Q_{i,\max}^{up,DA} \\ 0 \leqslant Q_{i,t,r}^{dn,DA} \leqslant Q_{i,\max}^{dn,DA} \\ 0 \leqslant Q_{i,t,r}^{DA} + Q_{i,t,r}^{up,DA} \leqslant P_{i,\max}^{dis,DA} \\ 0 \leqslant L_{i,t,r}^{DA} + Q_{i,t,r}^{dn,DA} \leqslant P_{i,\max}^{ch,DA} \end{cases} \qquad (7.14)$$

式中:$Q_{i,t,r}^{up,DA}$、$Q_{i,t,r}^{dn,DA}$ 分别为场景 R 和 t 时刻内第 i 台机组在日前服务市场上报的调频容量;$Q_{i,t,r}^{DA}$、$L_{i,t,r}^{DA}$ 分别为场景 R 和 t 时刻内第 i 台机组在日前能量市场上报的售电量和购电量;$Q_{i,\max}^{up,DA}$、$Q_{i,\max}^{dn,DA}$ 分别为 VPP 内第 i 台机组的最大上、下调容量;$P_{i,\max}^{ch,DA}$、$P_{i,\max}^{dis,DA}$ 为 VPP 在日前市场最大充、放电功率。

c. VPP 上下调里程约束。其约束条件为

$$\begin{cases} Q_{i,t,r}^{up,DA} \leqslant M_{i,t,r}^{up,DA} \leqslant \varepsilon_i Q_{i,t,r}^{up,DA} \\ Q_{i,t,r}^{dn,DA} \leqslant M_{i,t,r}^{dn,DA} \leqslant \varepsilon_i Q_{i,t,r}^{dn,DA} \end{cases} \qquad (7.15)$$

式中:$M_{i,t,r}^{up,DA}$、$M_{i,t,r}^{dn,DA}$ 分别为场景 R 和 t 时刻内第 i 台机组在日前服务市场上报的调频里程;ε_i 为多元小微主体 i 的里程乘子。

(3) 下层交易决策模型。日前市场联合出清模型相对于传统机组组合模型的改进思路为：将爬坡指令纳入出力计划的决策变量；区分辅助服务产品的调节方向；计入机组启停过程出力的影响，其目的是使总"投标"生产成本最小。

1) 目标函数。

$$\min \sum_{r \in R} prob_r \sum_{t \in T} \sum_{i \in I} (b_{i,t,r}^{dis,DA} q_{i,t,r}^{DA} - b_{i,t,r}^{ch,DA} l_{i,t,r}^{DA})$$
$$+ \sum_{i \in I} [b_{i,t,r}^{as,DA}(q_{i,t,r}^{up,DA} + q_{i,t,r}^{dn,DA}) + b_{i,t,r}^{asm,DA}(m_{i,t,r}^{up,DA} + m_{i,t,r}^{dn,DA})]$$
$$+ \sum_{g \in G} [b_{g,t,r}^{as,DA}(q_{g,t,r}^{up,DA} + q_{g,t,r}^{dn,DA}) + b_{g,t,r}^{asm,DA}(m_{g,t,r}^{up,DA} + m_{g,t,r}^{dn,DA})] \quad (7.16)$$

式中：$b_{g,t,r}^{as,DA}$、$b_{g,t,r}^{asm,DA}$ 分别为场景 R 下 t 时刻常规机组 g 在能量市场、辅助服务市场调频容量和里程的报价；$b_{i,t,r}^{dis,DA}$、$b_{i,t,r}^{ch,DA}$、$b_{i,t,r}^{as,DA}$、$b_{i,t,r}^{asm,DA}$ 分别为在场景 R 下 t 时刻虚拟电厂内的多元小微主体 i 在能量市场、辅助服务市场调频容量和里程的报价。

2) 约束条件。

a. 能量市场功率平衡约束。其约束条件为

$$\sum_{i \in I} (q_{i,t,r}^{DA} - l_{i,t,r}^{DA}) + \sum_{g \in G} q_{g,t,r}^{DA} - P_{L,t} = 0 \quad (7.17)$$

式中：$P_{L,t}$ 为 t 时刻系统负荷的大小。

b. 网络安全约束。其约束条件为

$$p_{l,\min} \leqslant p_{l,t} \leqslant p_{l,\max} \quad (7.18)$$

式中：$p_{l,t}$ 为线路在 t 时刻的潮流；$p_{l,\max}$、$p_{l,\min}$ 分别为线路的最大、最小传输容量。

c. 系统调频容量约束。其约束条件为

$$\begin{cases} R_{sys,t}^{up} - q_{I,t}^{up} - q_{G,t}^{up} = 0 \\ R_{sys,t}^{dn} - q_{I,t}^{dn} - q_{G,t}^{dn} = 0 \end{cases} \quad (7.19)$$

式中：$R_{sys,t}^{up}$、$R_{sys,t}^{dn}$ 分别为 t 时刻系统的上、下调频容量；$q_{I,t}^{up}$、$q_{I,t}^{dn}$ 分别为 t 时刻 VPP 中标上、下调频容量；$q_{G,t}^{up}$、$q_{G,t}^{dn}$ 分别为 t 时刻常规机组中标的上、下调频容量。

d. 系统调频里程约束。其约束条件为

$$\begin{cases} M_{sys,t}^{up} - m_{I,t}^{up} - m_{G,t}^{up} = 0 \\ M_{sys,t}^{dn} - m_{I,t}^{dn} - m_{G,t}^{dn} = 0 \end{cases} \quad (7.20)$$

式中：$M_{sys,t}^{up}$、$M_{sys,t}^{dn}$ 分别为 t 时刻系统的上、下调频里程；$m_{I,t}^{up}$、$m_{I,t}^{dn}$ 分别为 t 时刻 VPP 中标的上、下调频里程；$m_{G,t}^{up}$、$m_{G,t}^{dn}$ 分别为 t 时刻常规机组中标的上、下调频里程。

e. 常规机组功率约束。其约束条件为

$$P_{g,t,r}^{dn,DA} - P_{g,\min} \leqslant P_{g,t,r} \leqslant P_{g,\max} - P_{g,t,r}^{up,DA} \quad (7.21)$$

式中：$P_{g,t,r}$ 为 t 时刻机组 g 的出力值；$P_{g,\max}$、$P_{g,\min}$ 分别为机组 g 的最大、最小出力。

常规机组约束还包含爬坡约束、申报的调频容量和里程约束等其他约束。其中，

第 7 章
售电市场短期运行仿真

申报的调频容量、里程约束与储能的形式相同。中标量约束包括常规机组各时段中标量之和不超额定容量以及储能各时段中标量之和不超额定容量和额定功率。

7.2 求解算法

7.2.1 情景生成和缩减

为了考虑 ISO 日前市场出清中的不确定性，通过将每个竞争对手的边际成本曲线乘以区间内的随机比例因子 [0.75, 1.25]（第二阶段方案），生成了 6 个不同竞争对手的报价方案。关于实时运行中的不确定性，最初使用时间序列分析创建了 105 个可能的场景（例如 1000VPP-W 的生产场景和 100VPP-HVAC 消耗场景）。然后，使用适当的场景减少技术（第三阶段场景），将最初的场景大幅减少为 12 个场景（6 个 VPP-W 和 2 个 VPP-HVAC 场景）。

使用时间序列分析技术的初始场景集的场景生成技术是基于采样方法的。具体来说，首先为研究中的随机过程（即风量和暖通空调负荷）确定了一个合适的基于神经网络的预测模型。在所建立的预测模型中，残差时间序列（白噪声）遵循均值为零、标准差为零的正态分布。基于这一特征，采用了一种基于白噪声样本随机生成的迭代过程来开发一种以一组场景表示随机过程的离散方法。然后，采用一种情景约简方法来减少初始情景集的规模，进而减少相关随机规划模型的计算负担。

实现的情景约简方法基于概率距离的概念。随机规划中最常用的概率距离是 Kantorovich 距离，这里也采用此概率距离。关于平衡市场价格，因为这些价格和日前市场清算价格（ISO 市场清算解决方案的结果）之间通常有高度的相关性，为了考虑这些价格的不确定性，对于每个竞争对手的报价方案，一个单一的平衡市场价格方案也被指定。为了考虑一个现实的日前市场出清价格，在 VPP 优化模型的解决方案之前，执行了一组 ISO 市场清算问题（考虑每一个竞争对手报价的场景。这样，一个单一的平衡市场价格场景被分配给每个竞争对手的报价场景，如前文所述。在制定均衡市场价格时，我们认为系数 a 和 b 分别等于 1.2 和 0.7。

7.2.2 求解方法流程图

本书提出的 VPP 报价策略模型属于非线性的混合整数优化问题，模型的非线性来源于第二阶段上层模型中双线性项：各交易类型中 VPP 的申报量和申报价格，因此重点阐述对第二阶段的求解过程，具体的步骤如图 7.5 所示。

首先对上层报价策略进行优化，其结果传递至下层使用 CPLEX 求解器进行现货市场出清，得到各类型交易市场出清价格。若现货市场出清价格发生改变，则将下层出清得到的现货市场价格返回至上层生成新的 VPP 报价,然后继续传递至下层进行现货市场出清。上下层间重复进行迭代直至现货市场出清价格趋于稳定,输出日前市场中标情况并计算其获得的最大收益,并输出 VPP 的最优报价策略。

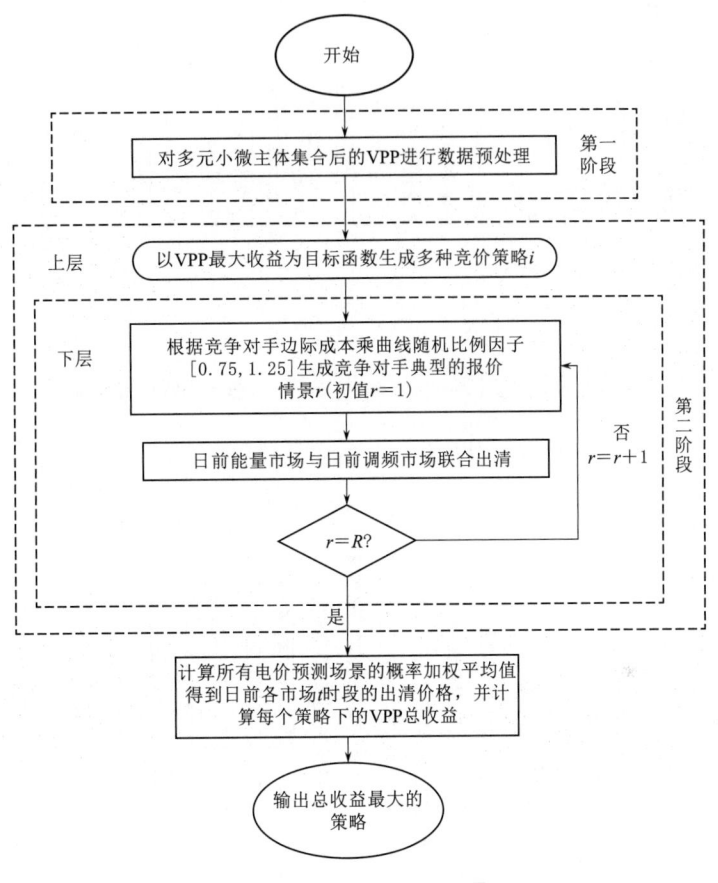

图 7.5 求解方法流程图

7.3 仿真分析

1. 基础数据

本书以一个风电机组、一个光伏机组、一个储能机组和 4000 户家庭构成的 VPP 为算例,VPP 内部优化后各主体充放电功率如图 7.6 所示,VPP 内部负荷优化后的电量如图 7.7 所示,系统总负荷情况如图 7.8 所示。

2. 各市场参与联合市场的竞价结果

各市场主体日前能量市场中标情况及日前辅助市场调频容量、调频里程中标情况如图 7.8~图 7.10 所示。由图 7.9 可以看出,在日前能量市场上传统机组 G1、G2 提供了绝大多数能量,而 VPP 主要在 1:00—6:00 与 13:00—15:00 期间提供能量,

第7章
售电市场短期运行仿真

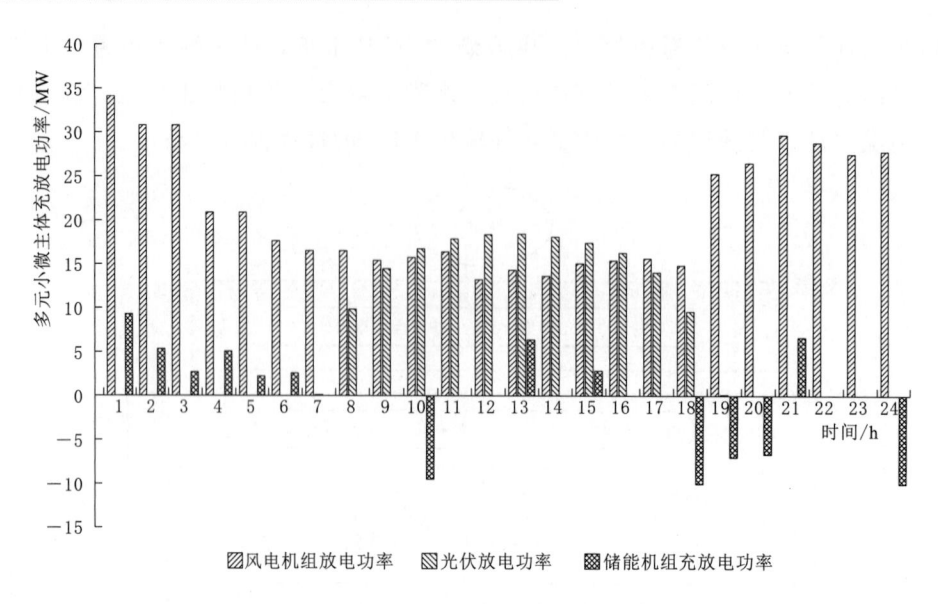

图 7.6　VPP 内部优化后各主体充放电功率

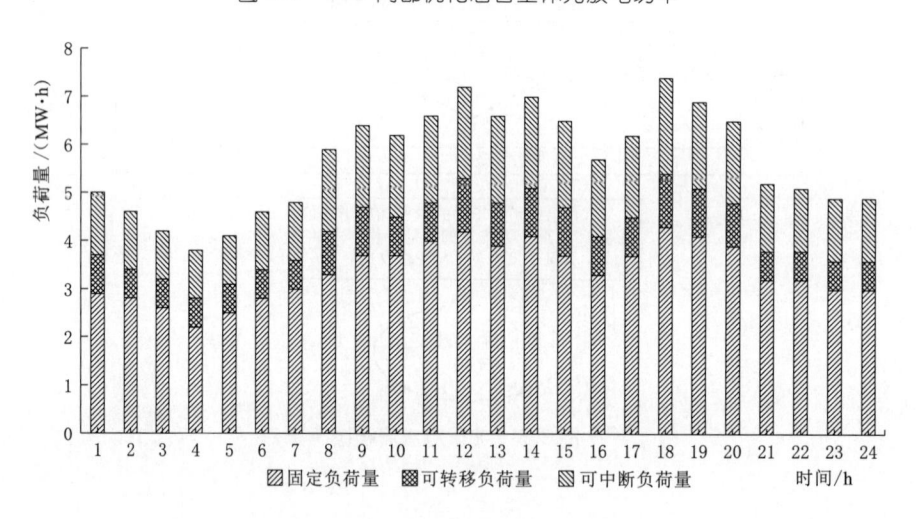

图 7.7　VPP 内部负荷优化后的电量

这是由于风电在夜间提供了较大的出力,正午时太阳的光照能力较强,此时光伏提供较大的出力。在 9∶00—11∶00 与 17∶00—19∶00 期间 VPP 需要从电网购买电量,这是由于 VPP 内负荷用电量较大(图 7.6)。

对比图 7.9 和图 7.10,VPP 承担了系统主要的调频容量和调频里程任务。这是由于相较于常规机组的调节输出,提供相同的调节容量时,VPP 中因含有分布式储能装置,在向上和向下方向上对调节信号的响应更加频繁,因此能够比常规机组提供更多的调频里程,在调频市场上会被系统优先调用。

不同市场主体收益对比见表 7.1,可以看出,传统机组 G1、G2、G6 的主要收益主要来自日前能量市场,VPP 的主要收益主要包括日前能量市场收益与调频容量收

7.3 仿真分析

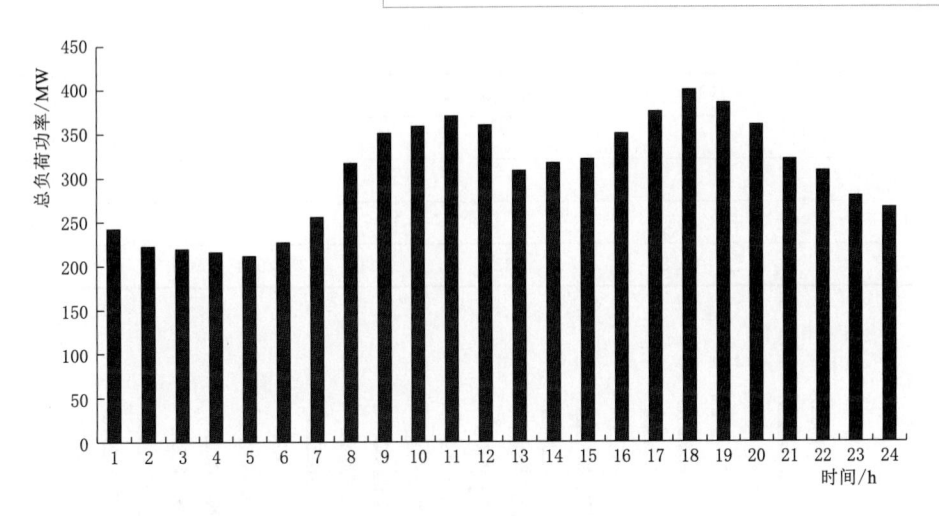

图 7.8 系统负荷功率预测

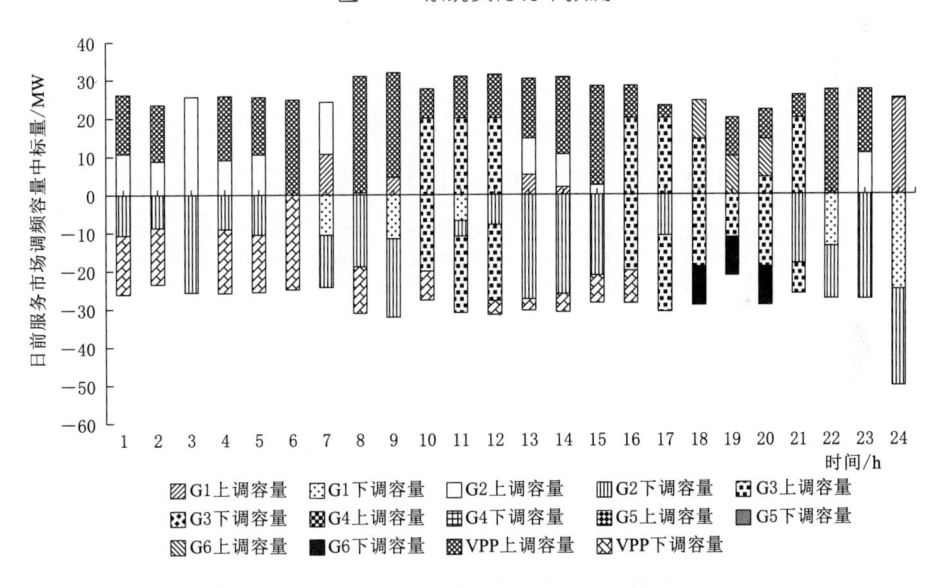

图 7.9 各市场主体日前辅助市场调频容量中标情况

益。本书算例中选取的机组 G4、G5 发电成本和启停成本较高（结合附表 A1 中常规机组的成本特性系数 a、b、c 可计算出）。结果显示机组 G4 和 G5 在能量市场、调频市场上的中标量全为 0，表明 G4 和 G5 未参与到联合市场中运行，进而相应的市场收益（能量收益、调频容量收益、调频里程收益）合计为 0。

表 7.1 不同市场主体收益对比表

机组	能量收益/元	调频容量收益/元	调频里程收益/元	总收益/元
G1	606877	12748.30	2929.529	622554.8
G2	407513	41241.41	5238.318	453992.7
G3	141146	23828.51	2409.054	167383.5

第7章
售电市场短期运行仿真

续表

机组	能量收益/元	调频容量收益/元	调频里程收益/元	总收益/元
G4	0	0	0	0
G5	0	0	0	0
G6	43055	3600	1075	47730
VPP	37319.89	46367.62	7367.094	91054.6

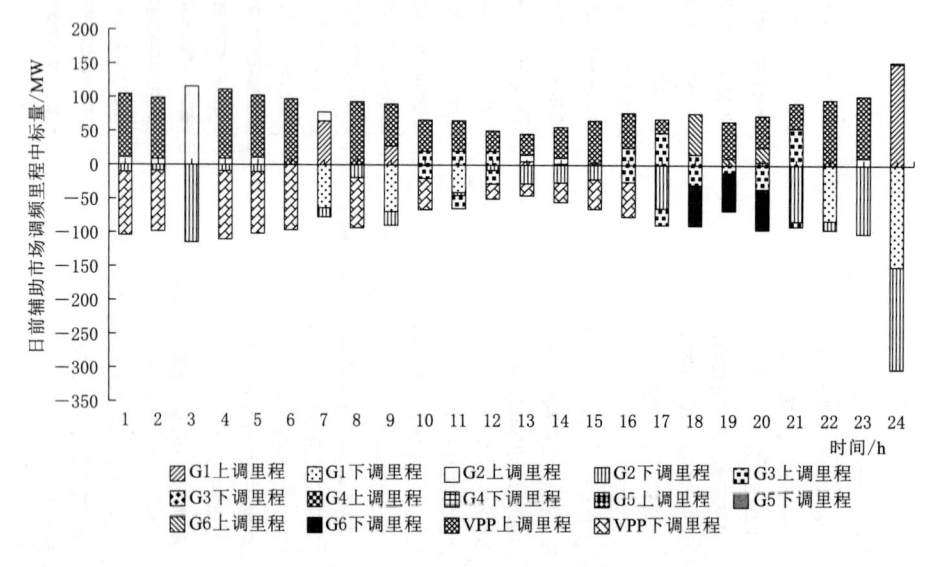

图7.10 各市场主体日前辅助市场调频里程中标情况

3. VPP 的最优竞价策略

VPP 在各市场中的最优报价如图 7.11 所示，可以看出，由于 VPP 根据价格差来赚取利润，因此 VPP 放电报价总要高于充电报价。VPP 调频容量报价虽然有所波动，但是整体维持在一条直线上，而 VPP 调频里程报价为一条直线。

VPP 在各市场中的最优报量如图 7.12 所示，可以更直观地看出，VPP 在负荷较低的时段对其内部的储能装置进行充电，在负荷较高时，储能装置对外进行放电。VPP 调频能力较强，所以其调频容量与调频里程的中标量较高。

4. 联合市场的出清价格

日前能量市场联合出清价格如图 7.13 所示，可以看出，能量市场出清电价与负荷走势相近，呈现夜间低白天高的变化趋势，是由于常规机组按发电成本报价，报价和发电量线性相关，报价趋势和负荷走势相近。

日前辅助市场出清价格如图 7.14 所示，可以看出，在日前辅助市场其调频容量以及调频里程的出清价格都是随着时间上下波动的。它们都遵循着一个规律：4:00—6:00 出清的价格最低，12:00—14:00、20:00—23:00 出清价格最高，但是整体的出清价格没有较大的波动，都维持在一个大致的水平上。

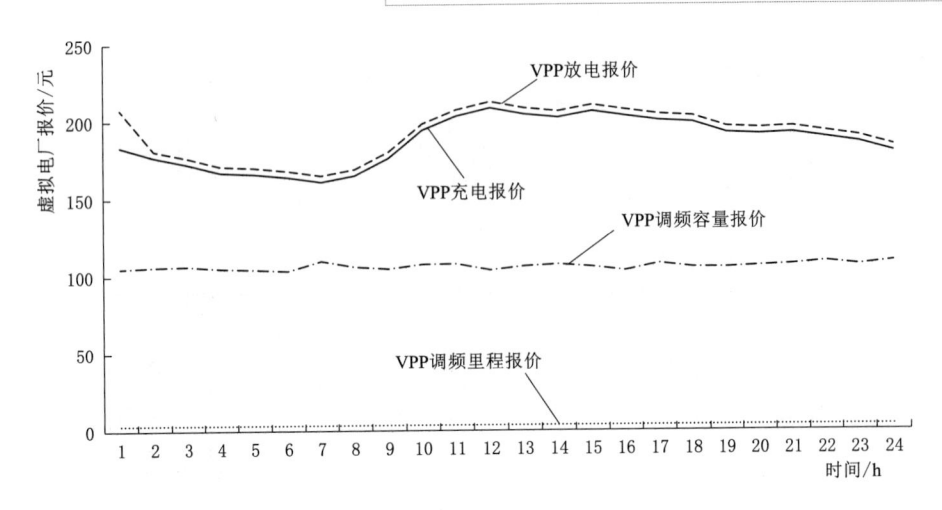

图 7.11 VPP 在各市场中的最优报价

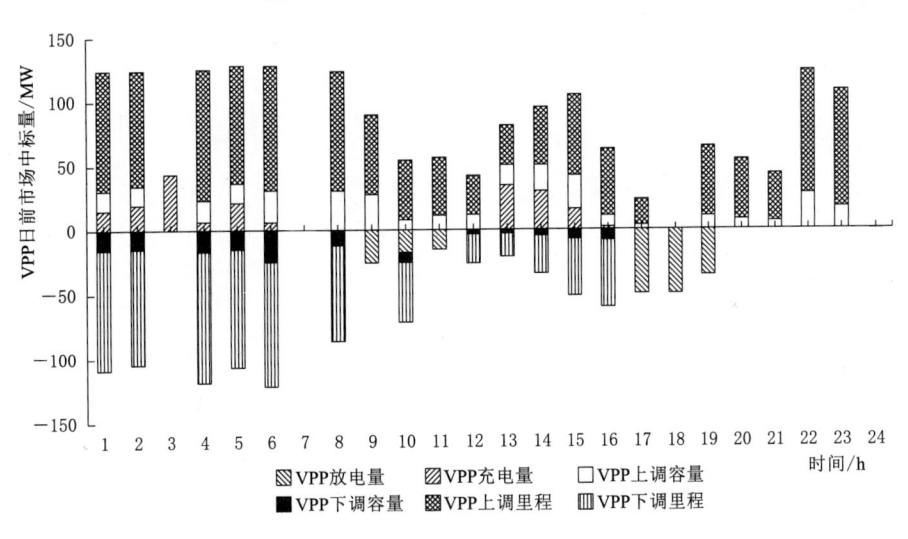

图 7.12 VPP 在各市场中的最优报量

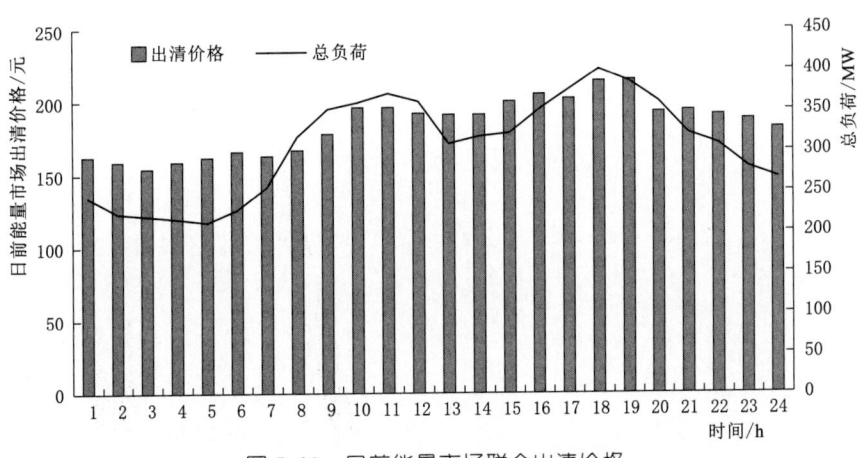

图 7.13 日前能量市场联合出清价格

第 7 章
售电市场短期运行仿真

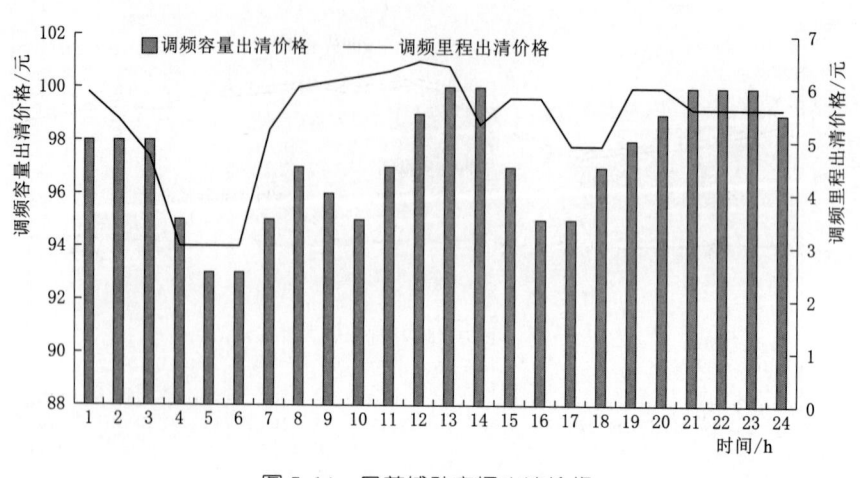

图 7.14 日前辅助市场出清价格

第8章

适应河南电网的零售市场多阶段建设路径

8.1 电力零售市场演化路径

近几年我国电力零售市场政策见表8.1。电力零售市场发展的初期阶段，采取分层运行模式，即"统一市场，两级运作"的市场运作模式。统一市场体现在统一市场框架、统一核心规则、统一运营平台、统一服务范围；两级运作是指省间、省内交易协调运营。省间交易实现国家能源战略、促进清洁能源消纳和大规模资源优化配置，建立资源配置型市场，省间交易在北京、广州电力交易平台上开展。省内交易实现省内资源优化配置，并保障电力供需平衡和电网安全稳定运行，建立电力平衡型市场，省内交易在省电力交易平台上开展。

表 8.1 近几年电力零售市场政策

发布时间	发布部门	文件名称	内容
2015年11月	国家发展改革委 国家能源局	《关于推进电力市场建设的实时意见》	选择具备条件的地区开展试点，建成包括中长期和现货市场等较为完整的电力市场
2017年8月	国家发展改革委 国家能源局	《关于推进电力市场建设的实时意见》	选择南方（以广东起步）、蒙西、浙江、山西、山东、福建、四川、甘肃8个地区作为第一批电力零售市场建设试点，要求试点地区2018年底启动电力零售市场试运行
2018年11月	国家能源局	《国家能源局综合司关于健全完善电力零售市场建设试点工作通知》	建立协调联系机制、信息报送机制等措施，将第一批试点地区试运行实现调整为2019年6月底
2019年3月	国家能源局综合司	《关于征求进一步推进电力零售市场建设试点工作的意见函》	要求合理设计零售市场建设方案，统筹协调电力零售市场衔接机制
2019年8月	国家发展改革委 国家能源局	《关于深化电力零售市场建设试点工作的意见》	进一步发挥市场决定价格的作用，建立完善的现货交易机制

初期阶段，明确省间、省内交易定位，处理好各市场成员在省间和省内两个市场的衔接，在交易时序、市场空间、偏差处理、安全校核及阻塞管理等方面做好统筹，兼顾省间交易资源优化配置及省内平衡市场的安全稳定。开展基于可用输电能

第8章 适应河南电网的零售市场多阶段建设路径

力（ATC）的中长期交易，进一步挖掘特高压输电通道潜力。各省大部分电源和负荷通过省级电网公司代理参与省间市场，省间交易先于省内交易开展，其结果是作为省内交易的边界条件，实际偏差电量按照产生原因进行考核。

初期阶段，为适应清洁能源有效消纳和能源资源的大范围优化配置，省间交易应在考虑送受电省市场主体意愿、可再生能源消纳责任、电力供应效率等因素的基础上，开展基于电网安全约束的省间全通道集中优化，大幅提高交易组织效率、提升资源配置效益，实现两级市场的协同优化。

中期阶段，采取松耦合运行模式，即省间交易统筹考虑各省总的发电曲线和总的购电曲线、各省简化的等值模型，并考虑全网发用电平衡、省间联络线输送能力，将省间优化出清后的结果作为省内交易出清的边界。以国家电网经营区为例，全网27个省的市场出清可分解为"1+27"子模型，省间模型只需考虑各省总发电曲线和购电曲线，省内模型只需考虑控制区内发电商、电力用户和售电商等市场成员。

随着市场逐渐成熟、优化技术能力的提升、调度和交易协同机制不断优化，市场进入成熟阶段，采取紧耦合运行模式，即在省间交易与省内交易出清中，联络线交换电量和市场价格保持一致。上层的省间交易和下层的省内交易通过主子联合优化的方式进行出清计算。在省间交易中，纳入各市场成员的报价、关键通道安全约束，并考虑全网发用电平衡、省间联络线输送能力，省内线路输电能力，全局优化出清。实现省间与省内交易协同开展、一级运作的全国统一电力市场，并适时开展容量交易、输电权交易。

8.2 当前河南省电力改革方向

1. 组建和规范运行相对独立的电力交易机构

（1）组建河南电力交易中心。组建股份制河南电力交易中心，对现有的交易中心进行股份制改造。将原来由电网企业承担的交易业务与其他业务分开，实现交易机构相对独立运行。交易中心不以盈利为目的，按照省政府批准的规则为电力市场交易提供服务，日常管理运营不受市场主体干预，接受政府监管。

（2）明确河南电力交易中心职能。主要负责市场交易平台的建设、运营和管理；负责市场交易组织，提供结算依据和服务，汇总电力用户与发电企业自主签订的双边合同；负责市场主体注册和相应管理，披露和发布市场信息等。

（3）成立电力市场管理委员会。成立由电网企业、发电企业、售电企业、电力用户等组成的电力市场管理委员会，按类别选派代表组成，负责研究讨论河南电力交易中心章程、交易和运营规则，协调电力市场相关事项等。电力市场管理委员会实行按市场主体类别投票表决等合理议事机制。国家能源局和政府有关部门派出机构可以派人员参加电力市场管理委员会有关会议。电力市场管理委员会审议结果经审定后执行，国家能源局和政府有关部门派出机构可以行使否决权。

2. 推进输配电价改革

（1）开展输配电价摸底测算。学习借鉴输配电价改革试点省份经验，全面调查摸清电网输配电资产、成本和企业经营情况，全省电价水平和各类用户电价间交叉补贴数额情况，以及现有各类用户电量、各电压等级电能损耗平均水平情况等。根据全省经济社会发展规划，科学预测全社会用电需求，合理确定电网投资规模。深入分析输配电价管理中存在的主要矛盾和问题，按照国家有关规定，研究测算分电压等级输配电价。

（2）配合做好输配电定价成本监审工作。按照国家发展改革委统一部署，根据《输配电定价成本监审办法（试行）》，结合河南省实际，积极配合国家开展输配电定价成本交叉监审（第三方监审）工作，科学核定电网有效资产和准许成本费用，严格核减不相关、不合理的投资和成本费用。

（3）核定分电压等级输配电价。依据国家发展改革委审核出具的成本监审报告，结合河南省实际，统筹保持电网可持续发展和努力降低社会用电成本的需要，合理确定体现河南省特点的定价参数、价格调整周期等，按照"准许成本加合理收益"原则提出电网企业准许总收入和分电压等级输配电价的核定意见，报国家发展改革委批准。各类用户电价间交叉补贴数额，通过输配电价回收。建立平衡账户机制，实施总收入和价格水平监管。健全对电网企业的约束和激励机制，促进电网企业改进管理、降低成本、提高效率。

（4）明确过渡期间电力直接交易的输配电价政策。在国家发展改革委未批准输配电价前，电力直接交易采取保持电网购销差价不变的方式，即发电企业上网电价调整多少则销售电价调整多少，差价不变。

3. 开展售电侧改革试点

（1）培育售电市场主体。在国家确定的售电侧市场主体准入和退出条件的基础上，结合河南省实际，确定符合技术、安全、环保、节能和社会责任要求的售电主体条件。允许符合条件的产业集聚区（包括高新产业园区和经济技术开发区）组建售电主体直接购电；鼓励社会资本投资成立售电主体，从事购售电业务；允许拥有分布式电源的用户或微网系统参与电力交易；鼓励供水、供气、供热等公共服务行业和能源服务公司从事售电业务；允许符合条件的发电企业投资和组建售电主体进入售电市场，从事售电业务；允许电网企业组建独立法人资格的售电公司，开展市场化售电业务。逐步形成多层次的售电市场主体，开展售电侧竞争。

（2）赋予售电市场主体相应的权责。售电主体可以采取多种方式通过电力市场购电，包括向发电企业购电、通过集中竞价购电、向其他售电商购电等。售电主体、用户、其他相关方依法签订合同，明确相应的权利义务。鼓励售电主体创新服务，向用

第8章
适应河南电网的零售市场多阶段建设路径

户提供包括用电设备维护、合同能源管理、综合节能和用能咨询等增值服务。各种电力生产方式都要严格按照国家有关规定承担政府性基金、政策性交叉补贴、普遍服务、社会责任等义务。

（3）稳步推进市场化交易。售电公司可参加批发市场并与其他市场主体开展零售交易业务。市场交易价格可以通过双方自主协商确定或通过集中撮合、市场竞价的方式确定。购电价格由市场交易价格、输配电价（含线损和交叉补贴）、政府性基金三部分组成。市场有关各方应依法依规签订合同，明确相应的权利义务关系，约定交易、服务等事项。交易结果应报河南电力交易中心备案。

（4）探索社会资本投资增量配电业务的有效途径。按照有利于促进配电网建设发展、提高配电网运营效率的要求，在不增加用户用电成本的情况下，以产业集聚区、大型矿区等为重点，逐步向符合条件的市场主体放开增量配电投资业务，鼓励以混合所有制方式发展配电业务。国网河南省电力公司以外的存量配电资产视同增量配电业务，按照实际覆盖范围划分配电区域。

（5）建立保底供电服务制度。电网企业在其供电营业区内应履行保底供电服务义务，履行确保居民、农业、重要公用事业和公益性服务等用电的基本责任。当售电公司终止经营或无力提供售电服务时，电网企业在保障电网安全和不影响其他用户正常电的前提下，按照规定的程序、内容和质量要求向相关用户供电，并向不参与市场交易的工商业用户和无议价能力用户供电，按照政府规定收费。

4. 推进电力市场建设

（1）建立优先购电制度。优先购电是指按照政府定价优先购买电力电量，并获得优先用电保障。享有优先购电的主要包括：一产用电，三产中的党政军机关、学校、医院、公共交通、金融、通信、邮政、供水、供气等重要公用事业、公益性服务行业用电，以及居民生活用电。制定优先购电保障措施，优先购电用户在编制有序用电方案时列入优先保障序列，原则上不参与限电，初期不参与市场竞争。

（2）建立优先发电制度。优先发电是指按照政府定价或同等优先原则，优先出售电力电量。优先发电容量通过充分安排发电量计划并严格执行予以保障，拥有分布式风电、太阳能发电的用户通过供电企业足额收购予以保障。按照国家优先发电适用范围，河南省一类优先保障包括纳入规划的风能、太阳能、生物质能等可再生能源发电，调峰调频电量，背压式供热机组发电、纳入规划保障民生的抽凝式热电联产机组采暖期发电等，按照政府定价优先出售电量；二类优先保障包括水电、余热余压余气发电等，年度计划电量按照政府定价优先出售，超年度计划电量原则上按照企业参与市场确定的价格或按照市场最低价格优先出售。

（3）有序放开发用电计划。综合考虑全省经济结构、电源结构、电价水平、受电规模、供电能力、市场基础等因素，在保障电力系统安全运行、可靠供电、优先购电、优先发电的前提下，有序放开发用电计划，剩余计划电量按照节能低碳原则安排并实施调度。

（4）建立完善电力市场交易机制。建立健全购售电市场主体准入和退出机制，制定交易规则。支持市场主体通过双边或多边交易方式开展多年、年、季、月等电能量交易，鼓励市场主体开展双边协商方式的多年电能量交易，加快市场化改革进程，建立完善实现合同调整及偏差电量处理的交易平衡机制。适时开展周电能量交易。

（5）研究探索跨省跨区电力市场交易机制。积极落实国家能源发展战略，按照河南省"内节外引"能源发展方针，在经济、节能、环保、安全的原则下，加强与输电通道送端省份的沟通协作，合理承担辅助服务，推进跨省跨区送受电计划逐步放开，降低用户用电成本。探索推进跨省跨区输电工程建设市场化。

（6）建立辅助服务分担共享新机制。适应电网调峰、备用和用户可中断负荷等辅助服务新要求，完善并网发电企业辅助服务市场交易机制。按照谁受益、谁承担的原则，研究建立电力用户参与的辅助服务分担共享机制，发挥各类型发电企业和电力用户参与辅助服务的积极性。

（7）建立市场风险防范和应急处置机制。不断完善市场操纵力评价标准，加强预防与监管。加强调度管理，提高电力设备管理水平，确保市场在电力电量平衡基础上正常运行。通过实施需求响应和有序用电方案，完善电力电量平衡的应急保障机制和体系。

（8）建立健全电力市场主体信用体系。加强市场主体诚信建设，规范市场秩序。省政府或省政府授权部门建立企业法人及其负责人、从业人员信用记录，将其纳入统一的信用信息平台，使各类企业的信用状况透明、可追溯、可核查。加大监管力度，对企业和个人的违法失信行为予以公开，违法失信行为严重且影响电力安全的，实行严格的行业禁入措施。充分发挥第三方征信机构在电力行业信用体系建设中的作用，参与自主交易的电力市场主体应向政府引入的第三方征信机构备案。

8.3 河南省零售市场存在的主要问题

（1）发电背景售电公司市场意识不强。截至 2021 年年底，河南电力市场化改革已经 4 年，虽然发电企业的市场意识有所提高，但对新形势下电力市场的认识，还远远跟不上形势的发展与市场的变化。特别是目前还有一部分基础电量，虽然逐年基础电量在不断减少，但让发电企业感觉还有一定的保障，距离市场还比较远，危机意识、紧迫意识、竞争意识、市场意识还不够强，开拓市场的主动性不足。

（2）售电公司盈利模式单一化。河南售电公司从 2017 年 6 月正式进入市场，电改初期，售电公司利用电力用户和发电企业之间的信息不对称，通过自己所联系的电厂侧资源进行购电议价，结合河南火电装机容量过剩的现状，让作为买方的售电公司拥有一定的议价权，压低火电利润。大多数售电公司与代理用户签订长协合同，合同中约定了合同电量、合同电价或者分成模式。目前河南售电公司仅通过赚取差价作为盈利模式，盈利手段较为单一。

（3）售电公司信息系统建设滞后。目前河南省交易中心要求所有新进入市场的售电公司必须提供拥有售电管理平台的支撑材料，但是多数售电公司仅初期开发或租赁售电平台，根本没有深入开发和利用其真正的价值。在缺少售电平台建设的情况下，大量的营销数据的统计分析工作需要人工开展，手动完成，工作效率无法满足市场快速变化分析需要，售电公司迫切需要建设与售电规模相适应的信息系统和客户服务平台。

（4）售电公司增值服务开展不充分。随着河南电力市场的逐步放开，将使售电公司仅通过购售电价差盈利的运营方式发生彻底性改变。在市场化环境下，各售电公司为了吸引更多的用户，将会提供与电力消费密切相关的各种增值服务。目前河南省内售电公司开展增值服务种类少，吸引力有限。由于独立售电公司大多是轻资产运作，几十个人就成立一个售电公司。没有发电资产，连保障供电稳定的能力都没有，增值服务更无从谈起。独立售电公司能力有限，拥有发电背景的售电公司也缺乏动力，综合能源服务的热度并没有想象中的高，用户侧对与类似用能咨询服务的认可程度也低于预期。

8.4　河南省零售市场多阶段建设路径

新型电力零售市场机制设计需要遵循系统性、包容性和激励相容原则。缺乏顶层设计的盲目渐进探索式改革往往容易顾此失彼导致机制缺陷，与之相匹配的查漏补缺"摞补丁式"机制设计则会导致规则冗余复杂、运行效率低下等问题，在电力零售市场机制设计中坚持系统性思维尤为重要。好的机制设计应具备包容性，能适应技术经济现状以及未来发展需要，电力零售市场机制设计同样需要能兼容当前新能源发电等技术不具备竞争优势的现状，以及未来竞争能力可能改变的前瞻需要。激励相容是评价机制设计优劣的重要标准之一，新能源大规模发展是实现碳达峰、碳中和目标，推动构建新型电力系统的必然选择，但是新能源过快发展将推高供给成本，而发展过慢则无法按期达成碳减排目标，需要通过满足激励相容性的市场机制设计，引导新能源实现有序发展。

实现安全、经济、绿色目标协同，是新型电力零售市场机制设计目的也是难点。目前，世界各国大同小异的电能量市场大都发挥了价格发现作用，通过市场竞争激励各主体提高运营效率，基本满足了经济目标需要。然而，安全、绿色目标具有明显外部性，难以通过直接市场竞争实现，电力零售市场建设与能源绿色低碳转型具有非同步性，世界各国多通过额外的政策补丁来解决这一问题，比如，能源绿色转型往往通过专项补贴、配额制与绿证市场等额外政策来实现，长期供给安全则通过容量补贴、容量市场等机制来保障。总的来看，这种政策补丁方式在实现多目标调控需要的同时，也带来一系列问题，比如现有市场体系不能很好兼容新能源发展需要，对常规能源存续造成冲击，危及能源电力供给安全，多政策线条也导致协同成本高，政策调控难度大等。

创新重构容量市场机制，推动电力批发市场迭代升级。现有典型电能量市场已较好地解决了经济目标优化问题，而能源绿色低碳转型本质是供给结构的调整优化，与提升供给安全水平相似，在一定技术条件下往往意味着增加供给成本，因此，安全和绿色同属于非经济效率目标。借鉴美国 PJM、英国等应用容量市场来解决中长期供给安全的制度设计经验，在现有容量市场机制框架下引入结构调控理念，就可以同时满足安全、绿色两个目标调控需要，由此兼顾安全、经济、绿色目标调控需要的新型电力市场方案呼之欲出。通过建立包含全时段电力供需特性信息的新型容量市场优化出清模型，并创新引入资源结构等出清约束指标，以系统总成本最小化为目标进行市场出清，即能得到满足安全、绿色目标约束的经济最优容量出清方案。在此基础上，现有电能量市场和辅助服务市场等几乎无需调整，适应新能源大规模发展的新型电力市场体系也即基本成型。

以分布式资源聚合畅通中小用户参与市场渠道，推动电力零售市场深刻变革。分布式能源发电蓬勃发展，导致以中小用户为代表的产销者大量涌现，催生了大量分散化、小规模的电力交易需求。将该部分交易直接纳入集中批发市场，将超出批发市场出清优化维数限制，不具备技术可行性，同时单笔交易成本也将远超交易电量价值，不具备经济可行性。因此，需要创新商业模式，以虚拟电厂、负荷聚合商等方式聚合分布式发电及储能、可调节负荷等资源，聚合体内部可选结合资源特性、用户需求等个性化定制内部交易品种，满足分布式资源交易灵活性需要，聚合体再以单一市场主体形式参与批发市场，既节约了交易成本，也能有效衔接现有批发市场机制。

建立新型电力零售市场机制能有效应对当前面临的挑战及难题。创新重构的新型电力零售市场机制既能实现对名目繁多、调整频繁的新能源补贴、配额制和绿证市场等政策机制的有效替代，也有助于简化能源政策管控体系，满足多目标调控需要；既能通过容量市场给出清晰的长期价格信号，激励投资主体及时作出电源建设投资决策，保障中长期能源电力供给安全，也能以充分市场竞争发现边际成本，更好地适应风、光、储等技术成本持续下降以及市场竞争形势动态演变，实现新能源等技术应用的激励相容发展；既能为改革搁浅成本问题提供市场化解决方案，在保证市场效率前提下兼顾公平，也能简化市场监管，将市场竞争提前至投资建设前以提升竞争强度，

第8章 适应河南电网的零售市场多阶段建设路径

有助于防范市场力。河南省电力零售市场多阶段建设路径如图 8.1 所示。

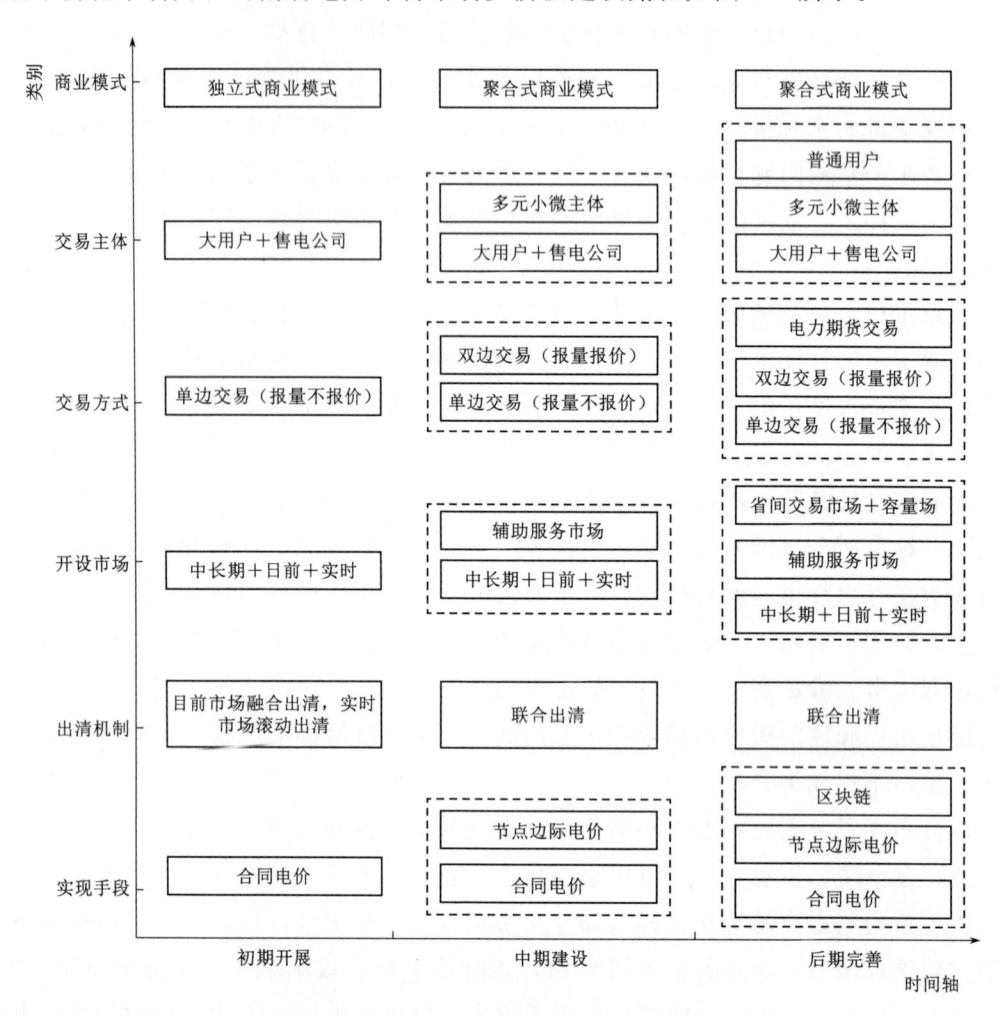

类别	初期开展	中期建设	后期完善
商业模式	独立式商业模式	聚合式商业模式	聚合式商业模式
交易主体	大用户＋售电公司	多元小微主体；大用户＋售电公司	普通用户；多元小微主体；大用户＋售电公司
交易方式	单边交易（报量不报价）	双边交易（报量报价）；单边交易（报量不报价）	电力期货交易；双边交易（报量报价）；单边交易（报量不报价）
开设市场	中长期＋日前＋实时	辅助服务市场；中长期＋日前＋实时	省间交易市场＋容量场；辅助服务市场；中长期＋日前＋实时
出清机制	目前市场融合出清，实时市场滚动出清	联合出清	联合出清
实现手段	合同电价	节点边际电价；合同电价	区块链；节点边际电价；合同电价

图 8.1 河南省电力零售市场多阶段建设路径

1. 河南零售市场初期开展

一般而言，用户接入的电压等级越高，其负荷率也越高，系统的可调度性越好，其交易与系统平衡的关系也较易控制。此外，接入高电压等级的用户，用电量也较大，单位交易成本相对较低，从而也较易接受市场化的用电选择方案。因此，国外的售电价格放开大多以此原则为据。河南省如果决心在零售侧引入竞争，价格放开的范围也应以用户接入系统的电压等级为依据。工商业等高电压等级大用户可先给予购电选择权，可向售电商购电，也可直接向批发市场购电，其用电价格自然放开。那些未获购电选择权的小用户，仍需在位的电网企业供电，其购电价格由政府基于"合理成本、合理盈利"原则核定。

起步阶段报量不报价，报量报价是最终目标，但当前选择不报价，是因为市场设计达到最优解需要有时间，市场出清的时间成本和工作量成本使得当前选择了不报价的方式，当前虽然市场效率不高，但需逐步推进，现阶段首先要把基础模型算法建立起来，然后再一步步达到最优解。

河南省电力零售市场初期开设的市场分为中长期市场、日前市场与实时市场，日前市场包括调频市场和日前能量市场，两者融合出清，但融合出清并不是（我们通常说的）联合出清。这里的融合出清是日前市场首先定下机组组合，再从中选择进行调频服务的机组，预留调频的容量，而后对调频容量以外的进行出力曲线的优化。在实时市场中基于机组状态进行正式滚动调频出清，根据更新的负荷预测和电网状况调整快速启停机组的机组组合，日内计划会再进行优化，正式出清，而后进行实时经济调度。

2. 河南零售市场中期建设

河南电力零售市场建设的中期应逐步放开多元小微主体，如风电、光伏的拥有者等参与到售电市场中来，并在输、配、售分开核算基础上引入供电公司间的零售竞争。当风电、光伏参与到零售市场后，售电的主体会更加丰富，但是对于电网与交易中心的要求也会提高，应开展为期半年的试运行阶段，发现运行过程中出现的问题，并出台相关规则或政策去解决这些问题。

随着河南省电力零售市场运行不断深化，各方面的规则与制度不断优化。河南省电力零售市场交易方式应从报量不报价向报量报价逐步过渡，这就需要售电公司申报到每个节点的价格，每个节点的出清的电价不同，客户有了更多的选择权力。在电力市场中，不能再要求发电厂和用户无条件地提供辅助服务，因此必须解决一系列问题，如与每一项辅助服务相关的费用、各辅助服务供应者的贡献、各用户使用了哪些辅助服务和使用量是多少等，所以在河南零售市场建设的中期时段，应尝试引入辅助服务市场。出清方式应由原来的融合出清改变为联合出清，联合出清能够找到最优的系统运行方式，实现系统资源最经济的利用与市场的公平性。

3. 河南零售市场后期完善

待河南零售市场建设到后期，参与的主体应全部放开，上至售电公司下至小用户。在放开小用户的相当长的时期内，小用户的供电纠纷可能长期存在，因而有必要实施保底供电商制度。监管机构指定或通过竞争选择保底供电商，是国外先期电力市场化改革国家和地区通用的做法，目的是让那些虽有选择权但因种种原因未获供电保证的小用户也能获得可靠的电力供应。

保底供电商可由在位的供电公司承担。保底供电的范围应随零售电价放开的步伐而逐步缩小，最终限定在低电压等级的小用户范围。保底供电价格应基于供电成本核定，且应与批发市场价格联动，周期可设为半年或 3 个月。

电力期货市场为零售市场的最终形态，从我国目前情况来看，电力市场在实现逐

第 8 章
适应河南电网的零售市场多阶段建设路径

步转型,诸如远期交易等电力交易都已逐步应用到实际电力交易中,但是,现有的电力交易模式仍然存在着电力供应缺少长期、稳定的计划,电价的剧烈波动、交易方法很不灵活,电力消费者不易主动参与市场竞争等问题,在电力市场上电力交易依旧缺乏一定的灵活性,电力市场中的电力交易产品也显得不充分,也使得国内的电力交易者面临较大风险。但是国外诸多发达国家都已相继在电力市场中推出电力期货、期权等电力衍生产品,利用新的金融工具的创新和发展,利用期货的套期保值、风险规避功能,减少价格波动带来的巨大市场冲击。不仅对规避本国的电力交易风险起到了一定的作用,并且也使得本国的电力资源使用效率大大提高。国际上先进成功的电力改革经验已向我们说明,只有建立电力期货市场才能走出电力市场化改革的困境。

河南省电力零售市场最后阶段开设的市场为省间交易市场。交易主体主要包括在交易中心注册的省内电厂、售电公司和用电企业。省内交易某种程度上打破了当地电网的供电垄断,还当地电力用户和电厂"市场选择权"。而跨省跨区交易则是期望通过进一步扩大市场交易范围,利用市场手段实现更广阔的"电力资源共享,用电市场共享",从根本上促进电力资源大范围优化配置和清洁能源消纳。不过,跨省跨区市场化交易落地较省内交易困难得多、复杂得多。除了政策上有力支持跨省跨区交易,实质放开省间主体交易限制以外,也依赖于更坚强的电力通道保障、更先进的电网调度能力支撑,更合理的价格机制、更高效的市场化交易组织等。

第 9 章

结　语

本书就能源互联网体系下竞争性售电市场的新型市场机制进行了研究，得到的主要结论和建议如下。

1. 明确分布式能源、储能、虚拟电厂等新兴主体的出力特性、交易特性，梳理得到了市场主体的利益流动关系

（1）风电的出力特性可以总结为三个方面：随机性，即使每天相同的时段，但由于风力的随机性而影响发电能力，大致呈现出白天为出力低谷时段，夜晚为出力高峰时段；间歇性，风速具有比较明显的间歇性，同时受到切入速度、切出速度的影响；季节变化特性，冬季风电出力最大，秋季风电出力最小，差别相对比较明显。光伏的出力特性可以总结为两个方面：受季节属性的影响，光伏发电可出力时段受到日出时刻和日落时刻的限制，而且夏冬两季的光伏电站起始发电时刻相差达 2h；气象条件的影响，由于光伏发电直接受到太阳辐射的影响，因此不同的天气情况也会对光伏发电系统的出力水平造成影响。储能以及电动汽车出力特性可以归结为两个方面：响应速度快，不受爬坡能力的限制，能迅速响应系统的调频需求；同时具有充放电两种特性，当电网负载较大时，能够充当发电机向电网送电，当电网负载较小时，能够充当电池吸收电网中多余的电量。

（2）随着电力改革进入深水区，售电侧的逐步放开，新兴主体交易的对象有了更多的选择，例如：售电公司，小用户，电网等。交易的方式也变得多元化，例如：直接入市交易、聚合商代理入市、"去中心化"入市等。无论哪种方式，其目的都在于让电力新兴市场主体拥有与传统能源一样的市场主体地位，并逐步通过自身优势获得占据市场空间的能力。

（3）新兴市场主体参与电力零售市场的利益流动可以分为外部和内部两个部分。分析外部利益流动从三个方面来分析：一是直接交易的方式，电力新兴市场主体直接与用电主体签订购电合同，实施一定的交易策略，进行电能交易，此时利益仅在发电商和用电主体之间流动，没有第三方参与；二是部分电力新兴市场主体规模较小或者无法满足入网条件，则进行聚合，采用聚合商代理的模式进行电能交易此时利益流动就牵扯到第三方，利益按照"发电商—共享经济交易平台—用电主体"的路线进行流

第9章 结语

动；三是"去中心化"的交易方式，此时利益流动发生了较大的改变，利益可以在各个发电商、用电主体之间进行流通，利益链更加复杂化。分析内部利益流动从两个方面进行分析：一是峰时，若某新兴主体在峰时发电能力不足时，可以从其他新兴主体处购买电量，也可以利用储能装置进行发电。此时的利益在其新兴市场主体之间流动；二是谷时，具备储能装置的新兴主体可以从别的发电商那里购买廉价的电能，并在峰时消耗，此时的利益流动关系也是在内部发生。

2. 基于电力零售市场中各市场主体的利益关系，构建了开放共享的售电市场价值体系，提出了面向新业态接入的电力物联网售电市场服务模式。针对多元售电主体投资回报途径和经济性问题，提出了适应新型多元市场主体的商业模式

（1）鉴于新兴市场主体参与零售市场对内各主体间的利益关系，对外与售电公司、用户、平台的利益关系，并且随着能源物联网技术的不断成熟，将赋予新兴市场主体自主选择权，能够支撑新兴市场主体广泛接入，营造开放共享的市场环境。在此背景下，本书提出了以"数据信息价值—电力电量价值—绿色清洁价值"为代表的售电市场价值体系，其中，数据信息价值是基础，能源互联网环境下电力零售主体广泛接入，基于所产生的大量电力数据，为电力市场交易及服务创造的价值，主要包括数据驱动业务和数据辅助决策价值。电力电量价值为核心，电力零售主体聚合后，助力电力电量平衡体现的价值。绿色清洁价值为目标。电力零售主体聚合后，消纳清洁能源实现的清洁与低碳价值。

（2）随着售电侧逐步放开，大量售电公司与新兴市场主体涌入市场。供电企业不能仅仅提供优质电能，更要为客户提供优质的相关服务。也就是说，供电企业未来的主要工作不限于简单向顾客提供电能，更要提供有价值的相关业务。根据电力产品的无形性、不可分割性、异质性、不可储存性，本书面向新业态接入的电力物联网售电市场提出了一种常规供用电服务和多元化增值服务相结合的全新服务模式。常规供用电服务主要是基于互动化的手段，围绕传统的供用电业务提供手段灵活的用电服务，开展差异化服务，实现传统电力服务的升级。服务内容包括：用电信息查询、故障报修、维修进度告知、业扩报装、费用结算等方面的互动化服务。多元化增值服务包含基础增值服务和扩大增值服务两个层面：一是基于新兴市场主体的建设衍生的电力增值服务，属于传统用电服务的延伸；二是为用户提供便捷的信息服务、生活服务、金融服务等，拓展公共服务领域。服务内容包括分布式电源接入、储能装置接入、电动汽车充电计量和监测、用户参与需求响应、能效管理等新型智能用电的延伸服务；天气、交通、新闻、股票、社交等信息资讯，公用事业缴费、健康医疗、网络购物、家居安防等，资产保险、电子商务、支付平台、融资租赁等。

（3）本轮电力体制改革的重点任务之一是推进售电侧市场化改革，并充分发挥其在市场资源配置中的重要作用。未来电力行业会与现在大为不同，发电侧会逐渐走向

分布式和集中式协同发展局面，电网的拓扑结构也会随着发电侧的分布而发生改变。消费者在产业链中的价值越来越大，成为整个产业链价值的推动者。新兴市场主体会作为产业链中新的环节存在，会对电力系统产生重大影响。对于商业模式的提出，本书首先建设以区块链技术为支撑，P2P机制为基础理念的分布式共享平台；其次提出包含分布式共享平台在内的适应信息多元市场主体的商业模式，分别为独立式商业模式、集成式商业模式、共享式商业模式。同时构建两种交易品种：跨省批发—省内零售的直接交易、以虚拟电厂为载体的集中交易。

3. 针对售电市场下新兴主体的交易特性，结合交易共识和安全机制等分布式交易支撑技术，梳理了面向新兴主体参与电力零售市场对交易平台的功能需求变化，并提出了相应的交易平台完善建议

(1) 目前零售市场的交易都需要在电力交易中心的参与下完成，但是随着风电、光伏、电动汽车的大量参与到售电市场中去，电力交易中心在短时间内无法完成数量如此之大的交易，并且交易信息不会对外公布，具有不透明性。而区块链技术是一种"去中心化"，透明开放，公正对等的互联网技术。区块链是采用了共识机制和"去中心"实现的公共数据库。共识机制是引入了可以实现数据一致性的信息技术算法；"去中心"是指应用区块链技术的应用中没有统筹数据生成的中心节点，每一个系统节点都具有对等的权责；公开的数据库是指所有系统节点都可以查看已有的数据和交易记录，从而确保在"去中心"的网络环境下系统的数据无法造假和随意修改。区块链技术凭借"去中心化"、透明化、数据安全性、系统自治性的特点，能有效解决能源互联网系统的各节点的信任问题，有效解决能源互联网中源端追溯、网端互信、荷端自律、储端互补等关键问题，而区块链作技术核心体现在去中心化的交易上，"去中心化"的能源交易平台是实现以上能源互联网发展愿景的基础，实现能源区块链的交易模式对能源区块链的发展和落地有着重要的指导作用和意义，"去中心化"的P2P交易模式未来能够颠覆传统能源行业的交易流程，使得能源交易更加有效可靠。

(2) 区块链核心的应用在于"去中心化"的信任交易，所以实现能源互联网在区块链上的应用场景，该架构中的核心部分为区块链平台，平台能够接入能源流与信息流，区块链交易平台是实现能源互联网在区块链技术应用场景的合理模式，区块链交易平台可分为三层：区块链交易平台底层，区块链交易容器，以及区块链交易平台Web应用。区块链交易平台底层负责物理层与信息层的耦合，中间的区块链交易容器负责区块链交易模式的实现，上层区块链交易平台Web应用负责用户的直接交互与区块链业务管理。三层结构体系满足能源应用场景下完整的区块链"去中心化"交易。

4. 基于新型多元市场主体的商业模式和交易策略，构建了面向电力物联网的电力零售市场短期运营仿真模型

虚拟电厂可有效解决独立多元小微主体之间缺乏有效协调控制的问题，随着我国

第9章 结语

电改进入深水区，虚拟电厂逐渐作为一种综合性售电商参与到市场的竞争中。本书从零售市场出发，提出了一种虚拟电厂参与现货联合市场的两阶段双层随机竞价策略模型。第一阶段以VPP优化调度为研究对象，目的是使各主体出力曲线与电网负荷预测曲线吻合度最大，受到各多元主体运营约束以及VPP内部功率平衡约束。第二阶段为Stackelberg博弈双层模型，上层模型以VPP作为研究对象，建立VPP作为投标主体进行竞价决策的交易决策模型；下层模型为现货市场出清模型，包括集中竞价交易模式下日前电能量市场与辅助服务市场联合出清。上层模型中的VPP作为领导者以自身利润最大化为目标函数进行日前联合竞价，并受到外部的竞标约束以及内部调频容量、调频里程的约束。下层模型是以调度和交易中心为跟随者，以购电成本最小为目标函数，并受到日前功率平衡约束、网络安全约束等约束。此外，引入多场景描述交易决策博弈过程中竞争对手的不确定性给虚拟电厂收益带来的风险。通过算例分析可以得出以下的结论：

（1）将分散的多元小微主体聚合为一个虚拟电厂VPP，由VPP运营商统一调度，可以很好利用小微主体出力的互补性，提升了各主体的经济效益。

（2）VPP在日前能量市场与传统机组进行联合竞价的时候，传统机组利用其出力大，频率稳定的特性，竞标到了绝大多数的电量。VPP只有在夜间或正午风电、光伏出力较大时才有较少的中标电量。

（3）VPP在日前辅助市场上竞标到了绝大多数调频容量以及调频里程，这是由于VPP内部的储能设备发挥作用的缘故。在调频市场上，低廉的价格和优越的调频性能使得VPP被系统优先调用，获得可观收益。

5. 通过分析电力零售市场长期分阶段演化路径，提出了典型省份电力零售市场建设的多阶段路径

以河南省为例，结合目前河南电力零售市场改革的进程与改革的趋势，本书分三个阶段对河南零售市场建设进行演化。初期建设阶段，交易的主体仅有售电公司与大用户，交易方式为报量不报价，报量报价是最终目标，但当前选择不报价，是因为，市场设计达到最优解需要有时间，市场出清的时间成本和工作量成本使得当前选择了不报价的方式，当前虽然市场效率不高，但还是要一步步来，我们当前先把这个市场转起来，然后再一步步达到最优解。初期开设的市场分为中长期市场、日前市场与实时市场，日前市场包括调频市场和日前能量市场，两者融合出清，在实时市场中基于机组状态进行正式滚动调频出清。中期过渡阶段，允许新兴市场主体，例如：风电、光伏、储能、电动汽车等参与到零售市场中去，随着河南省电力零售市场运行不断深化，各方面的规则与制度不断优化。河南省电力零售市场交易方式应从报量不报价向报量报价逐步过渡，出清机制为联合出清，开设辅助服务市场。后期完善阶段，待河南零售市场建设到后期，参与的主体应全部放开，上至售电公司下至小用户。参与

的市场也应该多元化，例如：省间交易市场、容量市场等，出清方式延续中期阶段的联合出清，电力期货市场为零售市场的最终形态，利用期货的套期保值、风险规避功能，实现与全国统一电力市场体系的协同融合，减少价格波动带来的市场冲击。

参 考 文 献

[1] 胡晨，杜松怀，苏娟，等．新电改背景下我国售电公司的购售电途径与经营模式探讨［J］．电网技术，2016，40（11）：3293-3299．
[2] 张晓萱，薛松，杨素，等．售电侧市场放开国际经验及其启示［J］．电力系统自动化，2016，40（9）：1-8．
[3] 白杨，李昂，夏清．新形势下电力市场营销模式与新型电价体系［J］．电力系统保护与控制，2016，44（5）：10-16．
[4] 郭庆来，辛蜀骏，王剑辉，等．由乌克兰停电事件看信息能源系统综合安全评估［J］．电力系统自动化，2016，40（5）：145-147．
[5] 杨旭英，周明，李庚银．智能电网下需求响应机理分析与建模综述［J］．电网技术，2016，40（1）：220-226．
[6] 白杨，谢乐，夏清，等．中国推进售电侧市场化的制度设计与建议［J］．电力系统自动化，2015，39（14）：1-7．
[7] 辛耀中，石俊杰，周京阳，等．智能电网调度控制系统现状与技术展望［J］．电力系统自动化，2015，39（1）：2-8．
[8] 卢强，陈来军，梅生伟．博弈论在电力系统中典型应用及若干展望［J］．中国电机工程学报，2014，34（29）：5009-5017．
[9] 王锡凡，肖云鹏，王秀丽．新形势下电力系统供需互动问题研究及分析［J］．中国电机工程学报，2014，34（29）：5018-5028．
[10] 刘吉臻，李明扬，房方，等．虚拟发电厂研究综述［J］．中国电机工程学报，2014，34（29）：5103-5111．
[11] 王成山，武震，李鹏．分布式电能存储技术的应用前景与挑战［J］．电力系统自动化，2014，38（16）：1-8，73．
[12] 田世明，王蓓蓓，张晶．智能电网条件下的需求响应关键技术［J］．中国电机工程学报，2014，34（22）：3576-3589．
[13] 马莉，范孟华，郭磊，等．国外电力市场最新发展动向及其启示［J］．电力系统自动化，2014，38（13）：1-9．
[14] 杨甲甲，赵俊华，文福拴，等．含电动汽车和风电机组的虚拟发电厂竞价策略［J］．电力系统自动化，2014，38（13）：92-102．
[15] 邹鹏，陈启鑫，夏清，等．国外电力现货市场建设的逻辑分析及对中国的启示与建议［J］．电力系统自动化，2014，38（13）：18-27．
[16] 高赐威，梁甜甜，李扬．自动需求响应的理论与实践综述［J］．电网技术，2014，38（2）：352-359．
[17] 高赐威，李倩玉，李慧星，等．基于负荷聚合商业务的需求响应资源整合方法与运营机制［J］．电力系统自动化，2013，37（17）：78-86．
[18] 陈春武，李娜，钟朋园，等．虚拟电厂发展的国际经验及启示［J］．电网技术，2013，37（8）：2258-2263．

[19] 卫志农，余爽，孙国强，等. 虚拟电厂的概念与发展 [J]. 电力系统自动化，2013，37 (13)：1-9.

[20] 陆凌蓉，文福拴，薛禹胜，等. 电动汽车提供辅助服务的经济性分析 [J]. 电力系统自动化，2013，37 (14)：43-49，58.

[21] 陈大宇，张粒子，王澍，等. 储能在美国调频市场中的发展及启示 [J]. 电力系统自动化，2013，37 (1)：9-13.

[22] 刘小聪，王蓓蓓，李扬，等. 智能电网下计及用户侧互动的发电日前调度计划模型 [J]. 中国电机工程学报，2013，33 (1)：30-38.

[23] 曾鸣，李红林，薛松，等. 系统安全背景下未来智能电网建设关键技术发展方向——印度大停电事故深层次原因分析及对中国电力工业的启示 [J]. 中国电机工程学报，2012，32 (25)：175-181，24.

[24] 阮文骏，王蓓蓓，李扬，等. 峰谷分时电价下的用户响应行为研究 [J]. 电网技术，2012，36 (7)：86-93.

[25] 毛安家，张戈力，吕跃春，等. 2011年9月8日美墨大停电事故的分析及其对我国电力调度运行管理的启示 [J]. 电网技术，2012，36 (4)：74-78.

[26] 陈昌松. 光伏微网的发电预测与能量管理技术研究 [D]. 武汉：华中科技大学，2011.

[27] 张颖媛. 微网系统的运行优化与能量管理研究 [D]. 合肥：合肥工业大学，2011.

[28] 曾鸣，田廓，李娜，等. 分布式发电经济效益分析及其评估模型 [J]. 电网技术，2010，34 (8)：129-133.

[29] 鲁刚，魏玢，马莉. 智能电网建设与电力市场发展 [J]. 电力系统自动化，2010，34 (9)：1-6，22.

[30] 赵鸿图，朱治中，于尔铿. 电力市场中需求响应市场与需求响应项目研究 [J]. 电网技术，2010，34 (5)：146-153.

[31] 王思彤，周晖，袁瑞铭，等. 智能电表的概念及应用 [J]. 电网技术，2010，34 (4)：17-23.

[32] 葛炬，王飞，张粒子. 含风电场电力系统旋转备用获取模型 [J]. 电力系统自动化，2010，34 (6)：32-36.

[33] 王明俊. 智能电网热点问题探讨 [J]. 电网技术，2009，33 (18)：9-16.

[34] 常康，薛峰，杨卫东. 中国智能电网基本特征及其技术进展评述 [J]. 电力系统自动化，2009，33 (17)：10-15.

[35] 张钦，王锡凡，付敏，等. 需求响应视角下的智能电网 [J]. 电力系统自动化，2009，33 (17)：49-55.

[36] 李兴源，魏巍，王渝红，等. 坚强智能电网发展技术的研究 [J]. 电力系统保护与控制，2009，37 (17)：1-7.

[37] 张文亮，刘壮志，王明俊，等. 智能电网的研究进展及发展趋势 [J]. 电网技术，2009，33 (13)：1-11.

[38] 王钦，文福拴，刘敏，等. 基于模糊集理论和层次分析法的电力市场综合评价 [J]. 电力系统自动化，2009，33 (7)：32-37.

[39] 康重庆，陈启鑫，夏清. 低碳电力技术的研究展望 [J]. 电网技术，2009，33 (2)：1-7.

[40] 章文俊，程浩忠，程正敏，等. 配电网优化规划研究综述 [J]. 电力系统及其自动化学报，2008 (5)：16-23，55.

[41] 谢开，刘永奇，朱治中，等. 面向未来的智能电网 [J]. 中国电力，2008 (6)：19-22.

[42] 张钦，王锡凡，王建学，等. 电力市场下需求响应研究综述 [J]. 电力系统自动化，2008 (3)：97-106.

[43] 尚金成，张立庆. 电力节能减排与资源优化配置技术的研究与应用 [J]. 电网技术，2007 (22)：

58-63.
- [44] 周林, 栗秋华, 刘华勇, 等. 用模糊神经网络模型评估电能质量 [J]. 高电压技术, 2007 (9): 66-69.
- [45] 姚建国, 杨胜春, 高宗和, 等. 电网调度自动化系统发展趋势展望 [J]. 电力系统自动化, 2007 (13): 7-11.
- [46] 钱科军, 袁越. 分布式发电技术及其对电力系统的影响 [J]. 继电器, 2007 (13): 25-29.
- [47] 陈琳. 分布式发电接入电力系统若干问题的研究 [D]. 杭州: 浙江大学, 2007.
- [48] 薛禹胜, 罗运虎, 李碧君, 等. 关于可中断负荷参与系统备用的评述 [J]. 电力系统自动化, 2007 (10): 1-6.
- [49] 葛睿, 董昱, 吕跃春. 欧洲"11.4"大停电事故分析及对我国电网运行工作的启示 [J]. 电网技术, 2007 (3): 1-6.
- [50] 韦钢, 吴伟力, 胡丹云, 等. 分布式电源及其并网时对电网的影响 [J]. 高电压技术, 2007 (1): 36-40.
- [51] 李再华, 白晓民, 丁剑, 等. 西欧大停电事故分析 [J]. 电力系统自动化, 2007 (1): 1-3, 32.
- [52] 陈向宜, 陈允平, 李春艳, 等. 构建大电网安全防御体系——欧洲大停电事故的分析及思考 [J]. 电力系统自动化, 2007 (1): 4-8.
- [53] 李春艳, 孙元章, 陈向宜, 等. 西欧"11.4"大停电事故的初步分析及防止我国大面积停电事故的措施 [J]. 电网技术, 2006 (24): 16-21.
- [54] 王乐, 余志伟, 文福拴. 基于机会约束规划的最优旋转备用容量确定 [J]. 电网技术, 2006 (20): 14-19.
- [55] 周明, 聂艳丽, 李庚银, 等. 电力市场下长期购电方案及风险评估 [J]. 中国电机工程学报, 2006 (6): 116-122.
- [56] 王雁凌, 张粒子, 杨以涵. 基于水火电置换的发电权调节市场 [J]. 中国电机工程学报, 2006 (5): 131-136.
- [57] 雷绍兰, 孙才新, 周湶, 等. 基于径向基神经网络和自适应神经模糊系统的电力短期负荷预测方法 [J]. 中国电机工程学报, 2005 (22): 81-85.
- [58] 李扬, 王蓓蓓, 宋宏坤. 需求响应及其应用 [J]. 电力需求侧管理, 2005 (6): 13-15, 18.
- [59] 张显, 王锡凡. 电力金融市场综述 [J]. 电力系统自动化, 2005 (20): 5-13, 23.
- [60] 林伯强. 中国电力工业发展: 改革进程与配套改革 [J]. 管理世界, 2005 (8): 65-79, 171-172.
- [61] 王壬, 尚金成, 冯旸, 等. 基于CVaR风险计量指标的发电商投标组合策略及模型 [J]. 电力系统自动化, 2005 (14): 5-9.
- [62] 雷亚洲, Gordon Lightbody. 风力发电与电力市场 [J]. 电力系统自动化, 2005 (10): 1-5.
- [63] 王建学, 王锡凡, 王秀丽. 电力市场可中断负荷合同模型研究 [J]. 中国电机工程学报, 2005 (9): 11-16.
- [64] 王明俊. 市场环境下的负荷管理和需求侧管理 [J]. 电网技术, 2005 (5): 1-5.
- [65] 周明, 李庚银, 倪以信. 电力市场下电力需求侧管理实施机制初探 [J]. 电网技术, 2005 (5): 6-11.
- [66] 周明, 严正, 倪以信, 等. 含误差预测校正的ARIMA电价预测新方法 [J]. 中国电机工程学报, 2004 (12): 67-72.
- [67] 李晖, 康重庆, 夏清. 考虑用户满意度的需求侧管理价格决策模型 [J]. 电网技术, 2004 (23): 1-6.
- [68] 徐永海, 肖湘宁. 电力市场环境下的电能质量问题 [J]. 电网技术, 2004 (22): 48-52.
- [69] 袁晓辉, 王乘, 张勇传, 等. 粒子群优化算法在电力系统中的应用 [J]. 电网技术, 2004 (19):

14-19.

[70] 康重庆，白利超，夏清，等. 电力市场中发电商的风险决策 [J]. 中国电机工程学报，2004（8）：4-9.

[71] 杨宁，文福拴. 基于机会约束规划的输电系统规划方法 [J]. 电力系统自动化，2004（14）：23-27.

[72] 郭金，江伟，谭忠富. 风险条件下供电公司最优购电问题研究 [J]. 电网技术，2004（11）：18-22.

[73] 林伯强. 电力短缺、短期措施与长期战略 [J]. 经济研究，2004（3）：28-36.

[74] 秦祯芳，岳顺民，余贻鑫，等. 零售端电力市场中的电量电价弹性矩阵 [J]. 电力系统自动化，2004（5）：16-19, 24.

[75] 王明俊. 我国电网调度自动化的发展——从SCADA到EMS [J]. 电网技术，2004（4）：43-46.

[76] 莫维仁，张伯明，孙宏斌，等. 短期负荷预测中选择相似日的探讨 [J]. 清华大学学报（自然科学版），2004（1）：106-109.

[77] 黄志刚，李林川，杨理，等. 电力市场环境下的无功优化模型及求解方法 [J]. 中国电机工程学报，2003（12）：82-86.

[78] 梁有伟，胡志坚，陈允平. 分布式发电及其在电力系统中的应用研究综述 [J]. 电网技术，2003（12）：71-75, 88.

[79] 赵希正. 强化电网安全保障可靠供电——美加"8·14"停电事件给我们的启示 [J]. 电网技术，2003（10）：1-7.

[80] 薛禹胜. 综合防御由偶然故障演化为电力灾难——北美"8·14"大停电的警示 [J]. 电力系统自动化，2003（18）：1-5, 37.

[81] 赖业宁，薛禹胜，王海风. 电力市场稳定性及其风险管理 [J]. 电力系统自动化，2003（12）：18-24.

[82] 黎灿兵，康重庆，夏清，等. 发电权交易及其机理分析 [J]. 电力系统自动化，2003（6）：13-18.

[83] 夏清，黎灿兵，江健健，等. 国外电力市场的监管方法、指标与手段 [J]. 电网技术，2003（3）：1-4.

[84] 江辉，彭建春，欧亚平，等. 基于概率统计和矢量代数的电能质量归一量化与评价 [J]. 湖南大学学报（自然科学版），2003（1）：66-70.

[85] 许文超，郭伟. 电力系统无功优化的模型及算法综述 [J]. 电力系统及其自动化学报，2003（1）：100-104.

[86] 汪峰，白晓民. 基于最优潮流方法的传输容量计算研究 [J]. 中国电机工程学报，2002（11）：36-41.

[87] 林济铿，倪以信，吴复立. 电力市场中的市场力评述 [J]. 电网技术，2002（11）：70-76.

[88] 薛禹胜. 电力市场稳定性与电力系统稳定性的相互影响 [J]. 电力系统自动化，2002（21）：1-6, 33.

[89] 张慎明，刘国定. IEC61970标准系列简介 [J]. 电力系统自动化，2002（14）：1-6.

[90] 白利超，康重庆，夏清，等. 不确定性电价分析 [J]. 中国电机工程学报，2002（5）：37-42.

[91] 武智勇，康重庆，夏清，等. 基于博弈论的发电商报价策略 [J]. 电力系统自动化，2002（9）：7-11.

[92] 尚金成，黄永皓，张维存，等. 一种基于博弈论的发电商竞价策略模型与算法 [J]. 电力系统自动化，2002（9）：12-15.

[93] 马莉，文福拴，A. K. David. 采用分段报价规则的竞价策略初探 [J]. 电力系统自动化，2002（9）：16-19, 65.

参考文献

[94] 胡炎,董名垂,韩英铎. 电力工业信息安全的思考 [J]. 电力系统自动化,2002 (7):1-4,12.

[95] 王秀丽,甘志,雷兵,等. 输电阻塞管理的灵敏度分析模型及算法 [J]. 电力系统自动化,2002 (4):10-13,22.

[96] 周佃民,管晓宏,孙婕,等. 基于神经网络的电力系统短期负荷预测研究 [J]. 电网技术,2002 (2):10-13,18.

[97] 吕伟业. 中国电力工业发展及产业结构调整 [J]. 中国电力,2002 (1):5-11.

[98] 王锡凡. 分段竞价的电力市场 [J]. 中国电机工程学报,2001 (12):2-7.

[99] 辛耀中. 新世纪电网调度自动化技术发展趋势 [J]. 电网技术,2001 (12):1-10.

[100] 丁宁,吴军基,邹云. 基于DSM的峰谷时段划分及分时电价研究 [J]. 电力系统自动化,2001 (23):9-12,16.

[101] 刘红进,袁斌,戴宏伟,等. 多代理系统及其在电力系统中的应用 [J]. 电力系统自动化,2001 (19):45-52.

[102] 李扬,王治华,卢毅,等. 峰谷分时电价的实施及大工业用户的响应 [J]. 电力系统自动化,2001 (8):45-48.

[103] 文福拴,A. K. David. 加州电力市场失败的教训 [J]. 电力系统自动化,2001 (5):1-5.

[104] 于尔铿,周京阳,吴玉生. 发电竞价算法(一)——排队法 [J]. 电力系统自动化,2001 (4):16-19.

[105] 于尔铿,周京阳,吴玉生. 发电报价曲线研究 [J]. 电力系统自动化,2001 (2):23-26.

[106] 刁勤华,林济铿,倪以信,等. 博弈论及其在电力市场中的应用 [J]. 电力系统自动化,2001 (1):19-23.

[107] 于尔铿,周京阳,张学松. 电力市场竞价模型与原理 [J]. 电力系统自动化,2001 (1):24-27.

[108] 黄日星,康重庆,夏清. 电力市场中的边际电价预测 [J]. 电力系统自动化,2000 (22):9-12,51.

[109] 陆波,唐国庆. 基于风险的安全评估方法在电力系统中的应用 [J]. 电力系统自动化,2000 (22):61-64.

[110] 张国全,王秀丽,王锡凡. 电力市场中旋转备用的效益和成本分析 [J]. 电力系统自动化,2000 (21):14-18.

[111] 曾庆禹. 变电站自动化技术的未来发展(一)——电力市场与协调型自动化 [J]. 电力系统自动化,2000 (18):1-4,34.

[112] 文福拴,A. K. David. 电力市场中的投标策略 [J]. 电力系统自动化,2000 (14):1-6.

[113] 贾清泉,宋家骅,兰华,等. 电能质量及其模糊方法评价 [J]. 电网技术,2000 (6):46-49.

[114] 戴彦,倪以信,文福拴,等. 电力市场下的无功电价研究 [J]. 电力系统自动化,2000 (5):9-14,53.

[115] 沈瑜,夏清,康重庆. 中国电力市场模式的探讨 [J]. 电力系统自动化,2000 (4):6-9.

[116] 史连军,韩放. 中国电力市场的现状与展望 [J]. 电力系统自动化,2000 (3):1-4.

[117] 辛耀中. 新一代电网调度自动化系统 [J]. 电力系统自动化,1999 (2):1-4.

[118] 李帆,朱敏. 英国电力市场及输电系统简介 [J]. 电力系统自动化,1999 (2):33-40.

[119] 王锡凡,王秀丽,郑斌. 电力市场过网费的潮流分析基础——网损分摊问题 [J]. 中国电力,1998 (6):6-9.

[120] 何大愚. 对于美国西部电力系统1996年7月2日大停电事故的初步认识 [J]. 电网技术,1996 (9):35-39.